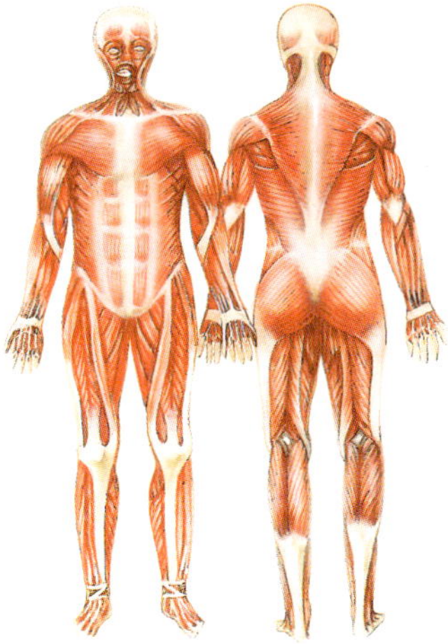

QUESTIONS & RÉPONSES

NOTRE MONDE

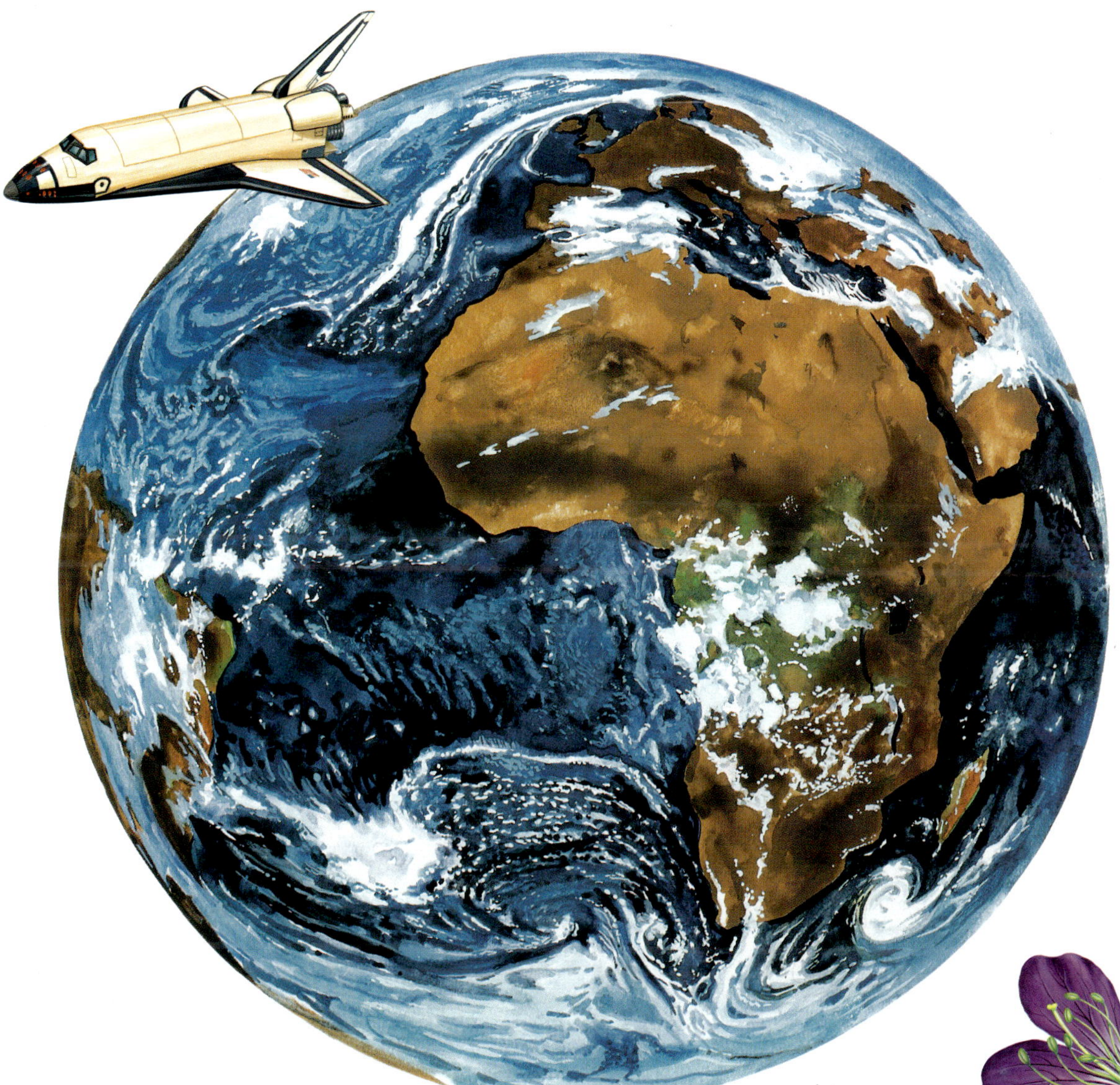

QUESTIONS & RÉPONSES

NOTRE MONDE

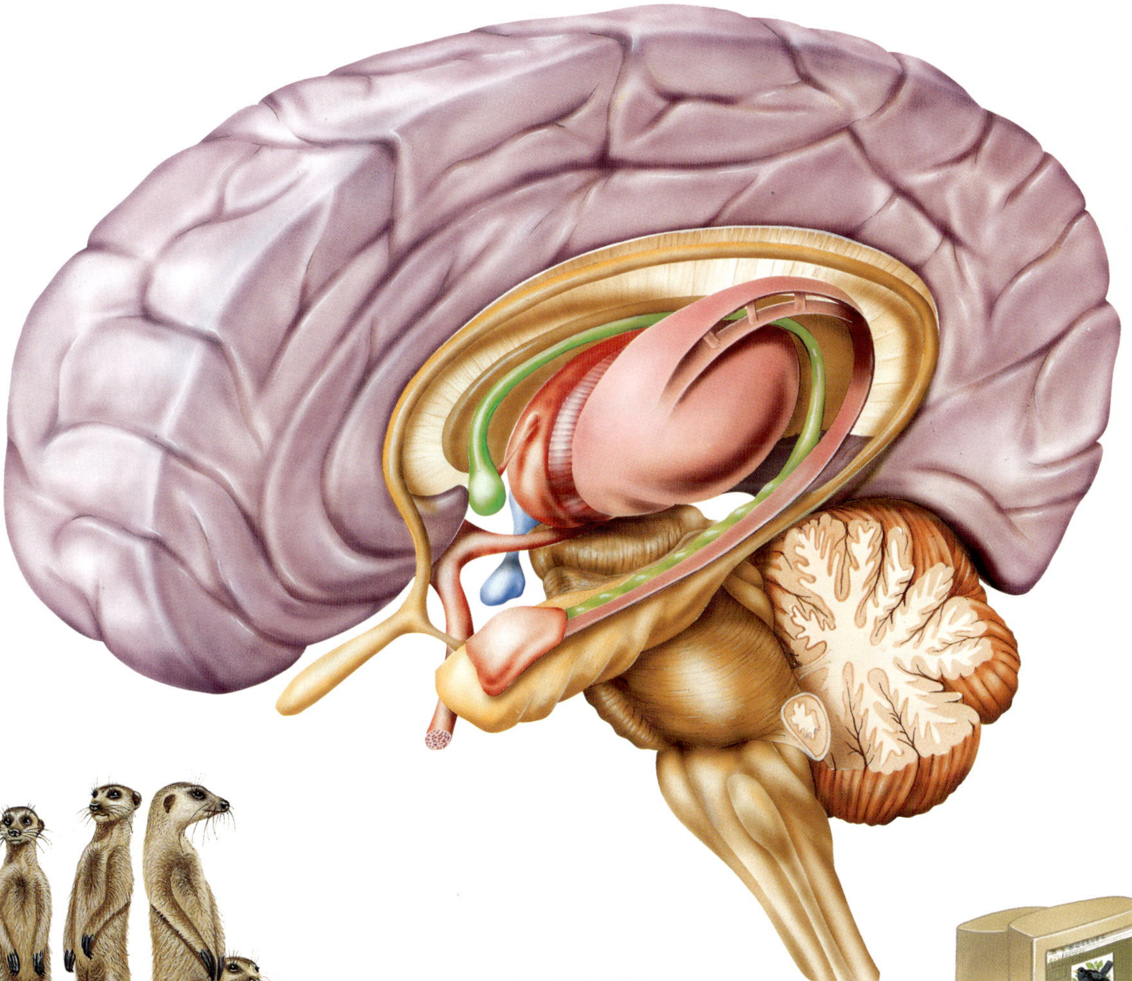

p

Conception et réalisation : Blackjacks Limited
Textes : John Farndon, Colin Hynson, Ian James, Jinny Johnson, Fiona Macdonald, Angela Royston, Philip Steele, Martin Walters.

Illustrations : David Ashby, Mike Atkinson, Julian Baker, Andrew Farmer, Rob Jakeway, John James, Roger Kent, David McAllister.

Parragon
Queen Street House
4 Queen Street
Bath BA1 1HE, Royaume-Uni

Réalisation : InTexte Édition, Toulouse
Traduction de l'anglais : Dominique Autié

ISBN 1-40540-084-6

Imprimé en Chine

SOMMAIRE

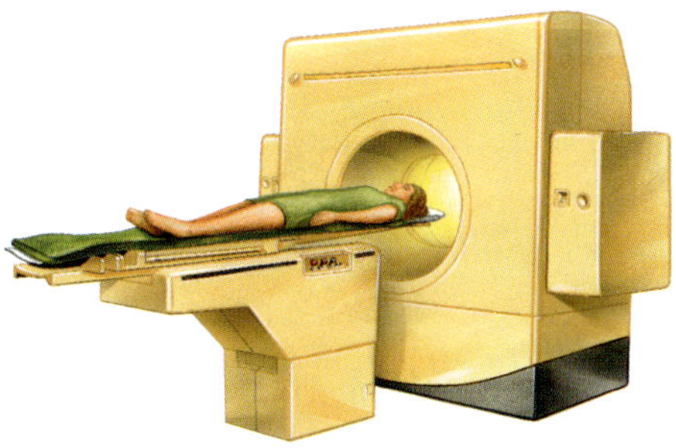

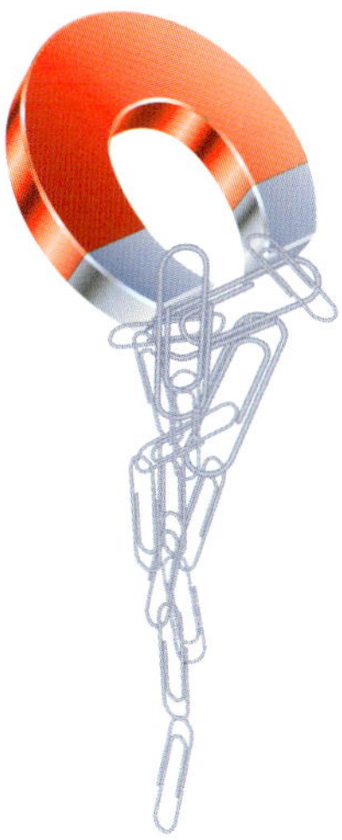

CHAPITRE UN

NOTRE PLANÈTE

ARCHÉEN 4 600-2 500 Ma

LA FORMATION DE LA TERRE

L'ÉCHELLE DU TEMPS GÉOLOGIQUE

La Terre s'est formée à partir d'un nuage de gaz et de poussière il y a environ 4 600 millions d'années.

PROTÉROZOÏQUE 2 500-590 Ma

COMMENT SE DIVISE L'HISTOIRE DE LA TERRE ?

Les scientifiques divisent les derniers 590 millions d'années de l'histoire de la Terre en trois grandes ères : le paléozoïque (« vie ancienne »), le mésozoïque (« vie moyenne ») et le cénozoïque (« vie récente »). Les ères sont elles-mêmes divisées en périodes – pour certaines encore divisées en époques. La première période de l'ère paléozoïque est le cambrien. Toute l'histoire de la Terre avant le cambrien est appelée le précambrien. Les scientifiques divisent le précambrien en deux âges : l'archéen et le protérozoïque. Les scientifiques savent peu de choses sur la vie dans le précambrien, car les fossiles datant de cette époque sont rares.

À QUOI RESSEMBLAIT LA TERRE APRÈS SA FORMATION ?

La surface terrestre est probablement restée en fusion (brûlante et liquide) pendant plusieurs millions d'années après sa formation. Les roches les plus anciennes que l'on connaît datent d'environ 3 960 millions d'années.

QUAND LA VIE A-T-ELLE APPARU SUR LA TERRE ?

Les plus anciens fossiles connus (des bactéries microscopiques) datent d'environ 3 500 millions d'années. Des formes primitives de vie pourraient avoir apparu il y a environ 3 850 millions d'années.

POURQUOI LE CAMBRIEN EST-IL UNE PÉRIODE IMPORTANTE ?

Pendant le précambrien, la plupart des organismes avaient un corps mou et laissèrent peu de fossiles. Pendant le cambrien, de nombreux êtres vivants avaient des parties dures qui furent conservées sous forme de fossiles dans les couches rocheuses.

QUELS FURENT LES PREMIERS ANIMAUX DOTÉS D'UNE COLONNE VERTÉBRALE ?

Les poissons agnathes (dépourvus de mâchoires) furent les premiers vertébrés. Ils apparurent pendant l'ordovicien. Les poissons à squelette cartilagineux, tels que les requins, apparurent pendant le dévonien.

QUAND LES PLANTES ONT-ELLES COMMENCÉ À POUSSER SUR TERRE ?

Les premières plantes terrestres apparurent pendant le silurien. Les plantes produisirent de l'oxygène et procurèrent la nourriture des premiers animaux terrestres, qui étaient amphibies. Les amphibiens apparurent au dévonien.

QUAND LES MAMMIFÈRES ONT-ILS APPARU ?

Les mammifères vivent sur la Terre depuis au moins le début de la période jurassique. Mais ils ne devinrent communs qu'après l'extinction des dinosaures.

QUAND L'HOMME A-T-IL PEUPLÉ LA TERRE ?

Les hominidés (à l'allure de grands singes marchant debout) apparurent il y a plus de 4 millions d'années ; mais l'Homme lui-même n'existe que depuis 100 000 ans environ.

POURQUOI LES DINOSAURES S'ÉTEIGNIRENT-ILS ?

Les dinosaures apparurent sur Terre pendant la période triasique. Ils dominèrent le règne animal au jurassique, mais à la fin du crétacé, il y a 65 millions d'années, ils s'éteignirent. Les scientifiques continuent de s'interroger sur les raisons de leur disparition, mais beaucoup sont désormais convaincus qu'un énorme astéroïde heurta la Terre il y a 65 millions d'années. L'impact souleva un immense nuage de poussière qui fit écran à la lumière du soleil pendant une longue période. Les plantes dépérirent et les dinosaures moururent de faim.

Les âges archéen et protérozoïque ont représenté 87 % de l'histoire de la Terre.

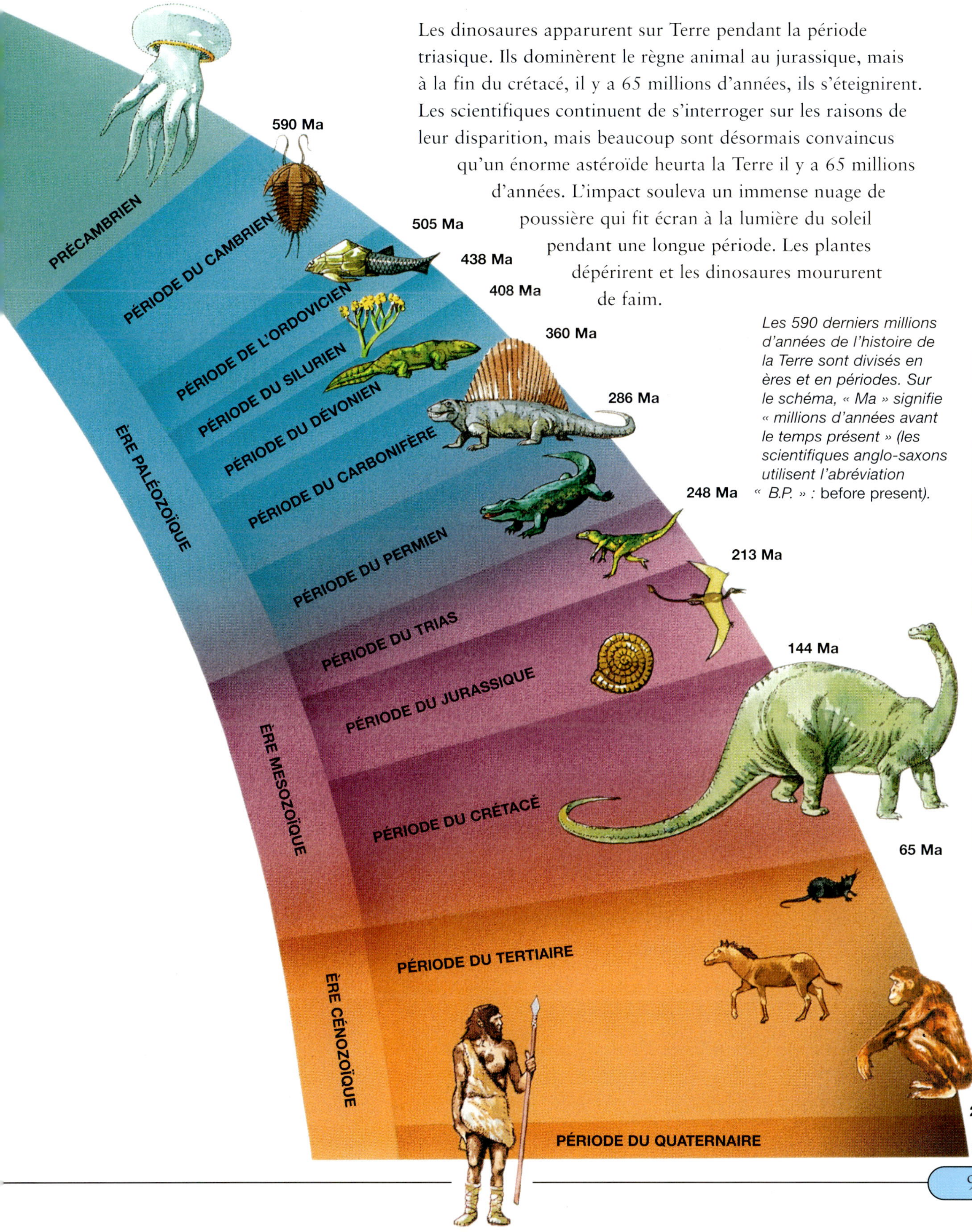

Les 590 derniers millions d'années de l'histoire de la Terre sont divisés en ères et en périodes. Sur le schéma, « Ma » signifie « millions d'années avant le temps présent » (les scientifiques anglo-saxons utilisent l'abréviation « B.P. » : before present).

QUEL EST LE CONTINENT LE PLUS GRAND ?

L'Asie couvre une superficie de 44 009 000 km². Les autres continents, par ordre de grandeur, sont l'Afrique (30 246 000 km²), l'Amérique du Nord (24 219 000 km²), l'Amérique du Sud (17 832 000 km²), l'Antarctique (14 000 000 km²), l'Europe (10 443 000 km²) et l'Australie (7 713 000 km²).

QUELLE PART DE LA PLANÈTE EST COUVERTE PAR LES CONTINENTS ?

Les terres représentent environ 148 460 000 km², soit 29 % de la surface totale de la Terre. L'eau occupe les 71 % restants.

QUELLE EST L'ÎLE LA PLUS GRANDE DU MONDE ?

Le Groenland couvre environ 2 175 000 km². Les géographes considèrent l'Australie comme un continent, non comme une île.

QUEL EST LE HAUT PLATEAU LE PLUS VASTE DU MONDE ?

Le plateau du Tibet en Chine, que balayent les vents, couvre environ 1 850 000 km².

OÙ SE TROUVE LE POINT LE PLUS BAS RELEVÉ SUR LA TERRE FERME ?

Le littoral de la mer Morte, entre Israël et la Jordanie, est 400 mètres en dessous du niveau de la Méditerranée toute proche.

QUEL EST LE SOMMET LE PLUS HAUT DU MONDE ?

Le mont Everest, à la frontière du Népal et de la Chine, atteint 8 848 mètres au-dessus du niveau de la mer. Mesuré depuis sa base sous-marine, le Mauna Kea à Hawaï fait 10 203 mètres, dont 4 205 mètres seulement au-dessus du niveau de la mer.

OÙ VIVENT LA PLUPART DES ÊTRES HUMAINS ?

Le continent le plus peuplé est l'Asie, qui compte plus de 3 milliards d'habitants. L'Europe occupe le deuxième rang en termes de population, suivie par l'Afrique, l'Amérique du Nord, l'Amérique du Sud et l'Australie. Le continent antarctique est inhabité.

QUEL EST LE LAC LE PLUS GRAND DU MONDE ?

Aux confins de l'Europe et de l'Asie, la mer Caspienne – qui est salée – couvre environ 371 380 km^2 Le plan d'eau douce le plus étendu est le lac Supérieur, l'un des Grands Lacs d'Amérique du Nord. La superficie de ce lac est de 82 350 km^2.

QUEL EST LE FLEUVE LE PLUS LONG DU MONDE ?

Le Nil, dans le nord-est de l'Afrique, atteint 6 617 km. Le deuxième par sa longueur est l'Amazone, qui déverse plus de 60 fois plus d'eau que le Nil.

QUEL EST LE LAC LE PLUS PROFOND ?

Le lac Baïkal, en Sibérie, dans l'est de la Russie, est le lac le plus profond du monde. Le point le plus profond mesuré à ce jour est à -1 637 mètres.

QUEL EST LE BASSIN FLUVIAL LE PLUS VASTE DU MONDE ?

Celui de l'Amazone, en Amérique du Sud, couvre environ 7 millions de km^2. Avec 3 380 km, le Madeira, qui se jette dans l'Amazone, est le plus long affluent du monde.

QUEL EST LE DÉSERT LE PLUS VASTE DU MONDE ?

Le Sahara, dans le Nord de l'Afrique, couvre une superficie d'environ 9 269 000 km^2. Il est presque aussi étendu que les États-Unis.

Quand les volcans entrent en éruption, ils peuvent projeter des roches et de la cendre, et la lave coule sur ses flancs.

QU'EST-CE QUI PROVOQUE L'ÉRUPTION DES VOLCANS ?

Les volcans entrent en éruption lorsque la roche en fusion monte depuis les profondeurs de la Terre à travers les couches dures de l'écorce terrestre et atteint la surface. La roche en fusion est appelée magma ; lorsqu'elle atteint la surface, on la nomme lave. La plupart des volcans se forment sur le bord des plaques tectoniques. Beaucoup surgissent des océans le long des chaînes sous-marines, où le magma remplit les failles lorsque les plaques se dissocient. Les autres volcans tirent leur magma des plaques qui se désagrègent lorsqu'elles sont poussées sous d'autres plaques.

DE QUOI SONT CONSTITUÉS LES VOLCANS ?

Certains volcans ont la forme de cônes et sont faits de cendre volcanique ou de scories. Les volcans boucliers en forme de dômes sont faits de lave durcie. Les volcans de type mixte contiennent des couches de cendre et de lave.

Le magma atteint la surface à travers des cheminées, qui sont des canaux dans les profondeurs du sol.

La lave peut jaillir d'une cheminée centrale ou latérale.

Les coulées de lave brûlent tout sur leur passage.

LES VOLCANS ENTRENT-ILS TOUS EN ÉRUPTION DE LA MÊME FAÇON ?

Non. Les volcans peuvent donner lieu à des éruptions calmes (effusives) ou explosives, par la verticale ou par les côtés. Enfermées à l'intérieur du magma des volcans en activité se trouvent de grandes quantités de gaz et de vapeur d'eau. Ces gaz désagrègent le magma et projettent des colonnes de cendre et de fine poussière volcaniques. Les débris de magma désagrégé sont appelés pyroclastites. Parfois, des nuages de cendre et de gaz brûlants sont expulsés par les flancs du volcan. Ils dévalent à grande vitesse, détruisant tout sur leur chemin. Dans les éruptions effusives, le magma émerge à la surface sous forme de lave liquide qui s'écoule.

LES TYPES DE VOLCANS

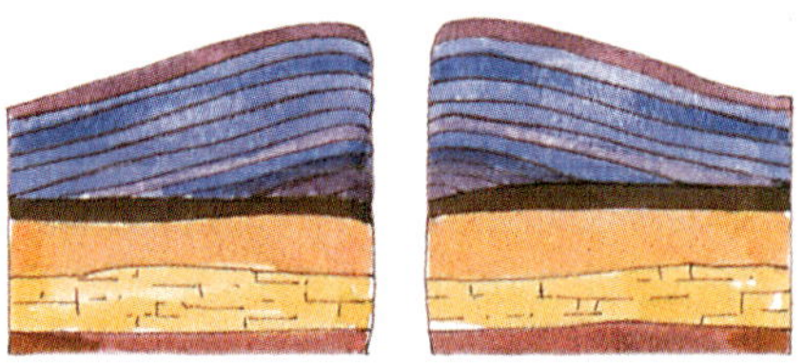

VOLCAN BOUCLIER
Certains volcans, en forme de bouclier retourné, sont constitués par des éruptions effusives, au cours desquelles des flux de lave très fluide sont émis.

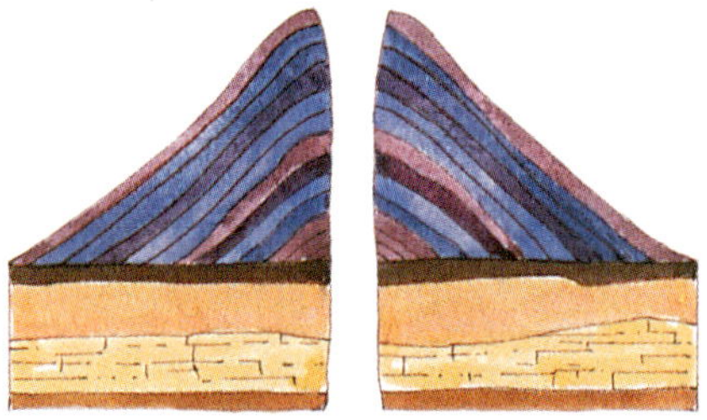

VOLCAN EXPLOSIF
Les éruptions explosives se produisent lorsque le magma est épais et contient des gaz explosifs. Les volcans explosifs sont constitués de cendre et de scories. Leurs flancs sont abrupts.

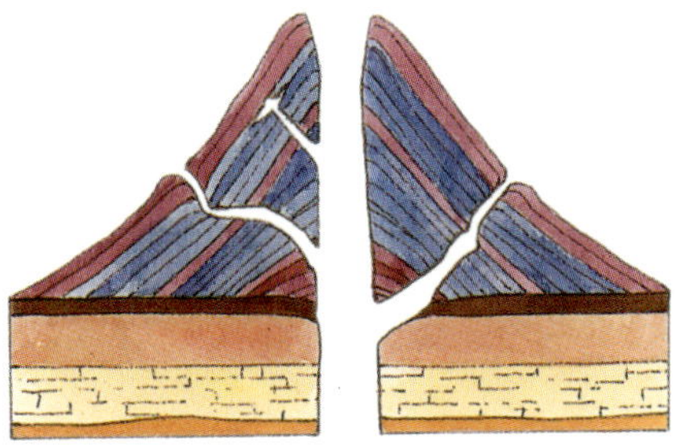

VOLCAN DE TYPE MIXTE
Les volcans de type mixte sont en forme de cône. Ils sont composés d'une alternance de couches de cendre et de lave pétrifiée.

Certains volcans projettent dans l'atmosphère des fontaines de roche en fusion.

QU'EST-CE QU'UN VOLCAN ÉTEINT ?

Les volcans qui ne sont pas entrés en éruption depuis les temps historiques sont dits éteints et supposés ne plus se réveiller.

QUE SONT LES « HOT SPOTS » (POINTS CHAUDS) ?

Certains volcans sont éloignés du bord des plaques. Ils se forment au-dessus de points chauds, des zones de très grande chaleur dans la Terre. Hawaï, dans l'océan Pacifique, est ainsi situé sur un point chaud.

QU'EST-CE QU'UN VOLCAN ENDORMI ?

Certains volcans restent en éruption pendant de longues périodes. Mais d'autres volcans actifs n'entrent en éruption que de temps à autre. Lorsqu'ils ne sont pas en éruption, on les dit endormis.

Lorsque la lave et la cendre durcissent, elles se décomposent lentement pour former le sol.

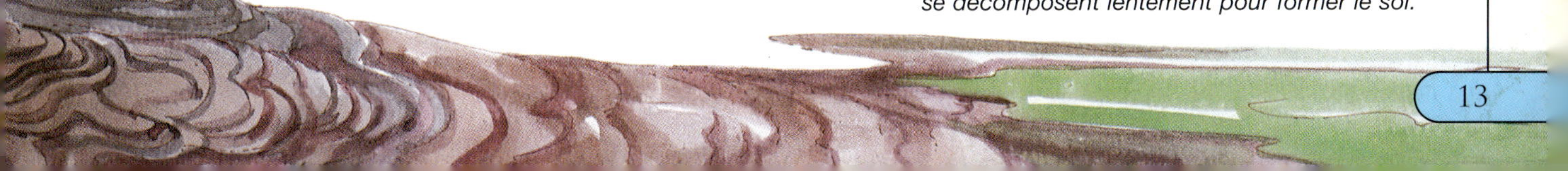

L'ACTION DES AGENTS ATMOSPHÉRIQUES SUR LE RELIEF

COMMENT LES AGENTS ATMOSPHÉRIQUES MODÈLENT-ILS LA TERRE ?

L'érosion atmosphérique (*weathering*) entraîne la désagrégation et l'effritement des roches sur la surface de la Terre. L'usure du calcaire est un exemple d'action chimique de l'atmosphère. Le calcaire est surtout constitué de carbonate de calcium. Cette roche réagit à l'eau de pluie, qui contient du gaz carbonique qu'elle dissout dans l'air. L'eau de pluie est un acide à faible teneur qui dissout lentement le calcaire. Elle crevasse la surface du sol, creuse des cavités qui peuvent aboutir à un dédale de grottes immenses reliées entre elles par des galeries.

QU'EST-CE QUE L'ÉROSION BIOLOGIQUE ?

L'érosion biologique inclut l'éclatement des roches sous la pression des racines, leur fractionnement provoqué par l'activité des animaux qui creusent le sol ainsi que leur altération par les bactéries.

QU'EST-CE QU'UN SPÉLÉOLOGUE ?

Les cavernes et les grottes sont des cavités creusées dans la roche. Les spéléologues y descendent pour les explorer. La montée des eaux dans la grotte, conséquence de pluies soudaines, est un danger auquel ils s'exposent.

L'EAU AGIT-ELLE CHIMIQUEMENT SUR D'AUTRES ROCHES ?

L'eau dissout le sel gemme. Elle agit aussi sur certains types de roches dures granitiques, transformant les composants minéraux en une fine argile appelée kaolin.

QU'EST-CE QUE LA NAPPE PHRÉATIQUE ?

Cette nappe est constituée par l'eau qui filtre à travers les roches (grès et calcaires). Son niveau supérieur est appelé niveau hydrostatique.
Les puits doivent être creusés jusqu'à ce niveau.

À QUEL RYTHME S'USE L'ÉCORCE TERRESTRE ?

Les scientifiques ont estimé l'usure de l'écorce terrestre à 3,5 cm tous les 1 000 ans. Cela paraît peu, mais après des millions d'années, les montagnes seront arasées et transformées en plaines.

LA CHALEUR SOLAIRE PRODUIT-ELLE UNE ÉROSION MÉCANIQUE ?

Dans les régions chaudes et sèches, les roches sont chauffées par le Soleil, mais elles refroidissent la nuit. Ces variations font éclater la surface des roches, qui se délite comme la pelure d'un oignon.

QU'EST-CE LES STALAGMITES ?

C'est le contraire des stalactites.
Ce sont des colonnes de carbonate de calcium déposé par l'eau qui goutte.
Les stalagmites s'élèvent en colonne sur le sol des grottes.

QU'EST-CE QU'UNE SOURCE ?

Une source se forme lorsque l'eau de la nappe phréatique surgit à la surface du sol.
Les sources engendrent les rivières. Les sources chaudes se rencontrent dans les zones volcaniques, où la nappe phréatique est chauffée par le magma.

Les racines des arbres font éclater la roche.

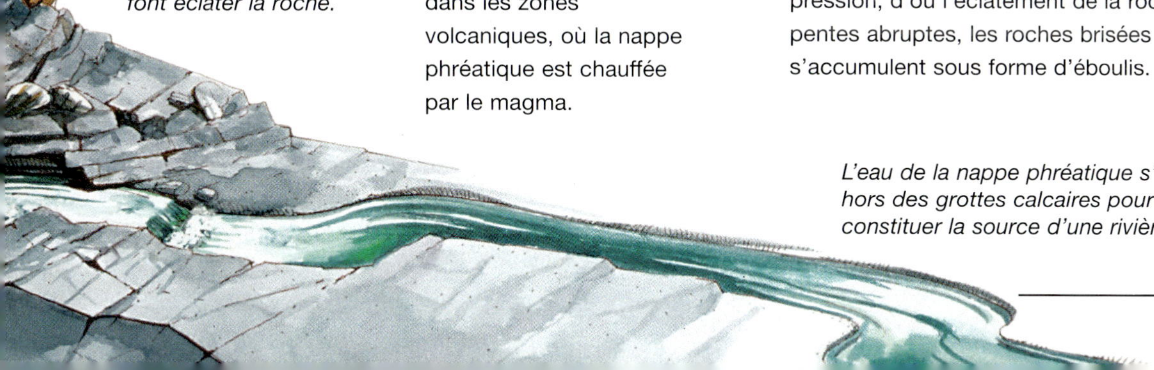

L'eau de la nappe phréatique s'écoule hors des grottes calcaires pour constituer la source d'une rivière.

Les grottes calcaires sont creusées par l'érosion. On y trouve souvent des stalactites et des stalagmites.

QU'EST-CE LES STALACTITES ?

L'eau à forte teneur en carbonate de calcium goutte des plafonds des grottes calcaires.
L'eau dépose peu à peu le carbonate de calcium, qui s'accumule en structures suspendues, ressemblant à des glaçons, qu'on appelle les stalactites.

POURQUOI LES ROCHES SE BRISENT-ELLES SOUS L'ACTION DU GEL ?

La nuit en montagne, on entend des bruits qui évoquent des coups de feu. C'est la roche qui éclate sous l'action du gel. Voilà un exemple de l'action mécanique des agents atmosphériques.
L'eau accumulée dans les crevasses se transforme en glace d'un volume supérieur d'environ un dixième à celui de à l'eau, si bien qu'elle fait pression, d'où l'éclatement de la roche. Sur les pentes abruptes, les roches brisées dévalent et s'accumulent sous forme d'éboulis.

OÙ NAISSENT LES RIVIÈRES ?

Certaines naissent d'une source, là où la nappe phréatique affleure à la surface du sol. D'autres naissent de la fonte des glaciers, d'autres encore constituent le déversoir des lacs.

POURQUOI Y A-T-IL DES CASCADES ?

Elles se forment lorsque des roches plus tendres sont usées en aval et que des roches dures forment une saillie par-dessus laquelle la rivière doit plonger.

QU'EST-CE QU'UN AFFLUENT ?

Un affluent est une rivière qui se jette dans une autre rivière plus importante. L'affluent grossit les eaux de l'autre rivière et augmente ses alluvions.

QU'EST-CE QU'UN DELTA ?

Ce sont des zones où les sédiments (sable, limon, boue) s'accumulent à l'embouchure d'un fleuve. Les courants évacuent dans la mer les alluvions de la plupart des fleuves.

LE TRACÉ D'UNE RIVIÈRE JUSQU'À LA MER

Dans leur phase de « jeunesse », les rivières ont un courant rapide. Elles creusent parfois des gorges profondes, aux parois abruptes.

Dans leur phase de maturité, les rivières ont un régime important. Elles forment souvent d'amples méandres.

Dans leur « grand âge », les rivières coulent plus lentement. Elles modifient parfois leur cours. L'ancien coude devient un bras mort.

Quand de fortes pluies grossissent les rivières, celles-ci débordent et provoquent des inondations.

COMMENT LES RIVIÈRES FAÇONNENT LA TERRE ?

L'eau entraîne les roches érodées et use le sol. Près de leur source, sur les pentes abruptes, les rivières culbutent les rochers, qui raclent leur lit et creusent les vallées. Les rochers s'entrechoquent et se brisent en fragments de plus en plus petits. En aval, sur des pentes plus douces, les rivières font des coudes qu'on nomme des méandres et poursuivent leur travail d'érosion. Puis elles traversent lentement des plaines presque plates, charriant de grandes quantités de sable, de limon et de boue vers d'autres rivières ou vers la mer.

LES VAGUES FAÇONNENT-ELLES LES CÔTES ?

GROTTES, ARCHES ET CHEMINÉES

Les vagues creusent dans les promontoires rocheux des grottes avec des bouches à leur sommet.

Lorsque deux grottes communiquent, une arche naturelle se forme.

Lorsqu'une arche naturelle s'effondre, la pointe du promontoire devient une cheminée isolée.

Lors de tempêtes, des vagues géantes balaient le littoral. Elles charrient du sable et des cailloux, qu'elles projettent avec violence contre les falaises. Elles usent la couche supérieure de la falaise jusqu'à ce que le sommet s'effondre et que la falaise recule. Les vagues creusent des baies dans les roches tendres, laissant les rochers les plus durs avancer dans la mer et former des promontoires.

QU'EST-CE QU'UNE POINTE ?

Les vagues et les courants transportent des sédiments le long des côtes. Là où la côte change de direction, le sable et les cailloux s'accumulent en crêtes étroites appelées pointes (ou flèches).

QU'EST-CE QU'UN CORDON LITTORAL ?

Certaines pointes (ou flèches) relient deux promontoires. Elles coupent alors la baie de la mer, changeant celle-ci en lagune.

LA MER USE-T-ELLE LA TERRE ?

Les vagues usent les roches tendres et creusent des baies, les roches dures forment des promontoires. Certaines portions de côte ont ainsi reculé de plusieurs kilomètres depuis l'Antiquité, d'autres ont avancé dans la mer à cause des alluvions.

L'HOMME PEUT-IL RALENTIR L'ÉROSION ?

Le long de nombreuses plages, on construit des murs perpendiculaires à la côte. Ces brise-lames ralentissent le mouvement du sable sous l'effet des vagues et des courants.

La boue charriée par le fleuve est souvent déposée à l'embouchure, formant de vastes marais que la mer recouvre à marée haute.

COMMENT LA GLACE MODÈLE-T-ELLE LA TERRE ?

Dans les zones montagneuses froides, la neige s'accumule dans les cavités. Peu à peu, elle se change en glace. Il arrive que la glace se répande hors des cavités et se mette à glisser le long de la montagne, formant un glacier. Les glaciers sont comme des tapis roulants. À la surface, ils charrient des rochers brisés par le froid. D'autres débris rocheux sont gelés à l'intérieur des flancs et dans le fond du glacier. Ils permettent au glacier d'user la roche et de creuser les vallées où ils cheminent. Les vallées creusées par la glace sont en forme de U, avec des parois abruptes et un fond plat, ce qui les distingue des vallées en V creusées par les rivières.

La neige tombe sur les montagnes. Elle s'accumule sur les plus hauts sommets.

UNE VALLÉE GLACIAIRE

Dans les cuvettes montagneuses, appelées des cirques, la neige se tasse pour devenir de la glace.

La glace se répand le long de la montagne, formant des rivières de glace. Les glaciers charrient beaucoup de roches usées appelées les moraines.

QUELLES SONT LES PLUS GRANDES FORMATIONS GLACIAIRES AU MONDE ?

Ce sont les banquises de l'Antarctique et du Groenland. De plus petites calottes glaciaires se trouvent dans l'Arctique. Il y a des glaciers de montagne partout dans le monde.

QUELLE EST LA SURFACE TERRESTRE RECOUVERTE PAR LA GLACE ?

La glace couvre environ 11 % des terres émergées. Mais durant la dernière période glaciaire, elle s'étendait sur une bonne partie de l'Amérique du Nord et de l'Europe, la même plaque de glace recouvrant ce qui est aujourd'hui New York ainsi que l'Angleterre.

QU'EST-CE QU'UN BLOC ERRATIQUE ?

Les blocs erratiques sont des rochers de nature différente de ceux sur lesquels ils reposent. Ils ont été transportés à leur emplacement actuel par de la glace en mouvement.

QU'EST-CE QU'UN FJORD ?

Les fjords sont des vallées profondes et abruptes le long des côtes. Ce sont des vallées fluviales qui ont été creusées par un glacier durant la dernière période glaciaire.

CARTE DU MONDE DURANT LA PÉRIODE GLACIAIRE

La glace recouvrait une grande partie de l'Amérique du Nord, de l'Europe et de l'Asie durant la période glaciaire.

QU'EST-CE QU'UNE PÉRIODE GLACIAIRE ?

Pendant les périodes glaciaires, les températures moyennes chutent et les glaces recouvrent de grands territoires. Plusieurs périodes glaciaires se sont succédé dans l'histoire de la Terre.

QUAND LA DERNIERE PÉRIODE GLACIAIRE SE SITUE-T-ELLE ?

Elle a commencé il y a environ deux millions d'années pour s'achever il y a 10 000 ans. La période glaciaire fait alterner des phases de réchauffement et d'autres de grands froids.

COMMENT PEUT-ON DIRE QU'UNE ZONE A ÉTÉ RECOUVERTE PAR LA GLACE ?

Certains traits du paysage ont été modelés par la glace durant les périodes glaciaires. Les zones montagneuses présentent des vallées glaciaires profondes, aux versants abrupts. Les cuvettes glaciaires en forme de fauteuil sont appelées des cirques, les corniches en lame de couteau entre les cirques, des arêtes, tandis que les pics ou verrous ont été ciselés par la formation dos à dos de trois cirques ou davantage. Les pierres et autres débris charriés par la glace sont les moraines, dont l'accumulation prouve que la glace a jadis atteint cette zone.

À l'extrémité du glacier, la glace fond, créant des cours d'eau qui emportent les roches charriées par la glace.

QUELS SONT LES PRINCIPAUX TYPES DE PAYSAGES DÉSERTIQUES ?

Des mots arabes sont utilisés pour qualifier les déserts. *Erg* pour le désert de sable, *reg* pour celui couvert de gravier et de cailloux, et *hamada* pour la région recouverte de roche nue.

QU'EST-CE QUE LA DÉSERTIFICATION ?

Le mauvais emploi des terres près des déserts (abattage des arbres, pâturages surexploités) peut changer la terre fertile en terre aride. C'est cela la désertification. Les changements naturels de climat peuvent aussi créer des déserts. C'est ce qui est arrivé il y a environ 7 000 ans au Sahara.

ROCHERS CHAMPIGNONS

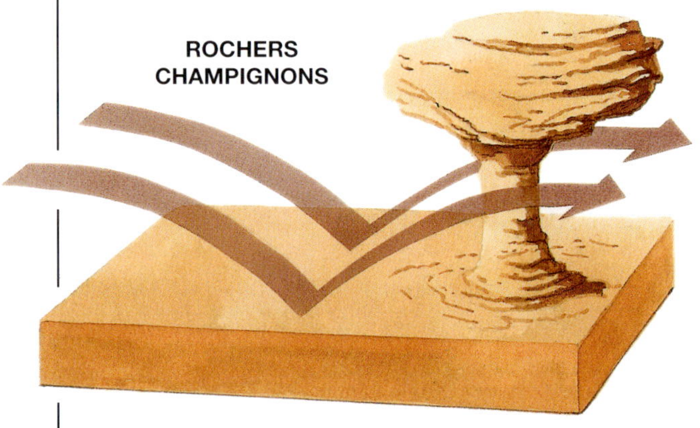

Le sable déplacé par le vent érode la base des rochers, qu'elle rend étroite à force d'usure.

COMMENT LE SABLE SOULEVÉ PAR LE VENT FAÇONNE-T-IL LE PAYSAGE ?

Dans les déserts, le sable soulevé par le vent a une action déterminante sur le paysage. Les vents projettent et font tourbillonner les grains de sable, qui sont lourds et s'élèvent rarement à plus de 2 mètres au-dessus du sol. Mais, à faible hauteur, le sable agit comme celui des sableuses utilisées pour nettoyer les façades. Il polit les rochers, creuse des grottes dans les falaises et cisaille les gros blocs de roche. Ceux dont la base a été usée par le sable sont proéminents et ressemblent à des champignons posés sur un pied très fin.

PAYSAGE DÉSERTIQUE

Les oasis sont des endroits du désert où l'eau affleure à la surface ou que l'on peut capter en forant des puits.

De vastes zones désertiques sont couvertes de gravier et de cailloux. Ce sont les regs.

Des rochers proéminents, usés à la base par des vents de sable, font penser à des champignons.

COMMENT LES DUNES SE FORMENT-ELLES ?

Des dunes en forme de croissant s'élèvent dans les déserts de sable où la direction des vents est constante.

BARKHANE

Le vent qui souffle dans le désert façonne des collines de sable appelées dunes. Quand la direction du vent est changeante, les dunes n'ont pas de forme particulière. Mais lorsque le vent souffle dans une direction dominante, des dunes en forme de croissant nommées barkhanes se forment isolément ou par groupes. Lorsque les vents déplacent les dunes, celles-ci forment des dunes appelées seifs, d'après un mot arabe qui signifie sabre. Les dunes, en avançant, recouvrent parfois les terres cultivées. Pour les arrêter, les hommes plantent des arbres et des graminées pour fixer le sable.

POURQUOI LES HOMMES PORTENT-ILS DES VÊTEMENTS ÉPAIS DANS LES DÉSERTS ?

Les déserts sont souvent froids la nuit. Les vêtements longs et les coiffes permettent aussi de se protéger des vents de sable et des tourbillons de poussière qui irritent la peau, ainsi que du soleil.

QU'EST-CE QU'UNE TEMPÊTE DE POUSSIÈRE ?

Pendant les tempêtes de poussière, qui sont étouffantes, les vents du désert soulèvent dans l'atmosphère de fines particules. Le vent du Sahara apporte souvent une poussière rosâtre jusqu'en Europe du Sud.

QU'EST-CE QU'UN OUED ?

L'oued est le lit asséché d'une rivière. Des voyageurs parfois y trouvent abri pour la nuit. Mais un orage inattendu peut soudain les remplir d'eau et ceux qui dorment là risquent d'être noyés.

QU'EST-CE QU'UNE OASIS ?

Les oasis sont des endroits du désert qui disposent de réserves d'eau. Dans certaines oasis, des puits permettent d'extraire l'eau du sol. Mais parfois l'eau jaillit à la surface sous forme de source.

Environ un cinquième des déserts dans le monde sont recouverts de sable (ergs). Il existe aussi de vastes zones de roche nue (hamadas).

ICEBERGS « POINTUS »

Les icebergs dits « pointus » proviennent des vallées glaciaires.

POURQUOI LES ICEBERGS SONT-ILS DANGEREUX POUR LA NAVIGATION ?

Les icebergs sont d'énormes morceaux de glace détachés des glaciers. Ils flottent à la surface de la mer, les neuf dixièmes de leur masse sont immergés, ce qui les rend extrêmement dangereux pour la navigation. Des icebergs du Groenland ont fait sombrer des navires au large des côtes de l'Amérique du Nord.

QUELS ANIMAUX VIVENT DANS LES RÉGIONS POLAIRES ?

Les manchots sont les animaux les plus connus de l'Antarctique. Les ours polaires, les caribous, les bœufs musqués et les rennes sont les grands animaux qui vivent dans la région arctique.

À QUOI RESSEMBLE LA RÉGION DU PÔLE NORD ?

Il y fait très froid. Le pôle Nord s'étend au milieu de l'océan Arctique, qui baigne les côtes d'Amérique du Nord, d'Asie et d'Europe. La mer de glace couvre la plus grande partie de cet océan presque toute l'année. Au printemps, la glace est épaisse d'environ 3 mètres en plein océan et les explorateurs peuvent y circuler à pied. L'océan Arctique comporte plusieurs îles, dont le Groenland, l'île la plus vaste du monde. Une immense langue de glace, la plus étendue après celle de l'Antarctique, recouvre les quatre cinquièmes du Groenland.

LA GLACE DES PÔLES FOND-ELLE ?

Dans certaines parties de l'Antarctique, la banquise a commencé à fondre dans les années 1900. Certains pensent que cela démontre le réchauffement du climat dû à la pollution.

DE QUELLE ÉPAISSEUR EST LA GLACE DE L'ANTARCTIQUE ?

Le pôle Sud se trouve sur l'Antarctique, continent froid et venteux plus vaste que l'Europe ou l'Australie. La glace et la neige recouvrent 98 % de l'Antarctique, même si quelques zones côtières et certains sommets sont à nu. La langue de glace qui le recouvre est la plus vaste du monde et représente les sept dixièmes environ de l'eau douce de la planète. Par endroits, la glace est épaisse de près de 5 km. Le record mondial de la plus basse température, -89,2 °C, a été enregistré en 1983 à la station de recherche de Vostok.

LES ICEBERGS DANS LES OCÉANS

La masse de glace de l'iceberg est immergée.

Les icebergs contiennent des rochers qui ont été arrachés à la terre ferme.

Les icebergs fondent en s'éloignant des pôles et sous l'effet du réchauffement climatique.

Quand les glaciers fondent, ils libèrent des rochers qui se déposent au fond de l'océan.

QU'EST-CE QUE LES PÔLES ?

La Terre tourne sur son axe, d'où la formation du jour et de la nuit. Les points situés à chaque extrémité de cet axe déterminent les pôles géographiques Nord et Sud.

QU'EST-CE QUE LES PÔLES MAGNÉTIQUES ?

La Terre est semblable à un aimant géant avec deux pôles magnétiques. Ils sont situés près des pôles géographiques, bien que leur position change de temps à autre.

QU'EST-CE QUE LA BANQUISE ?

La banquise est une masse de glace rattachée à l'Antarctique, mais qui émerge. De gros morceaux s'en détachent pour former des icebergs à dessus plat. Certains sont énormes. L'un d'eux est grand comme la Belgique.

Y A-T-IL UN LAC SOUS L'ANTARCTIQUE ?

Les scientifiques ont trouvé un lac, environ de la taille du lac Ontario en Amérique du Nord, caché sous l'Antarctique. Il pourrait receler des espèces qui vivaient sur Terre il y a des millions d'années.

Les icebergs dits « en bloc » (dessus plat, parois abruptes) se forment au large de l'Antarctique.

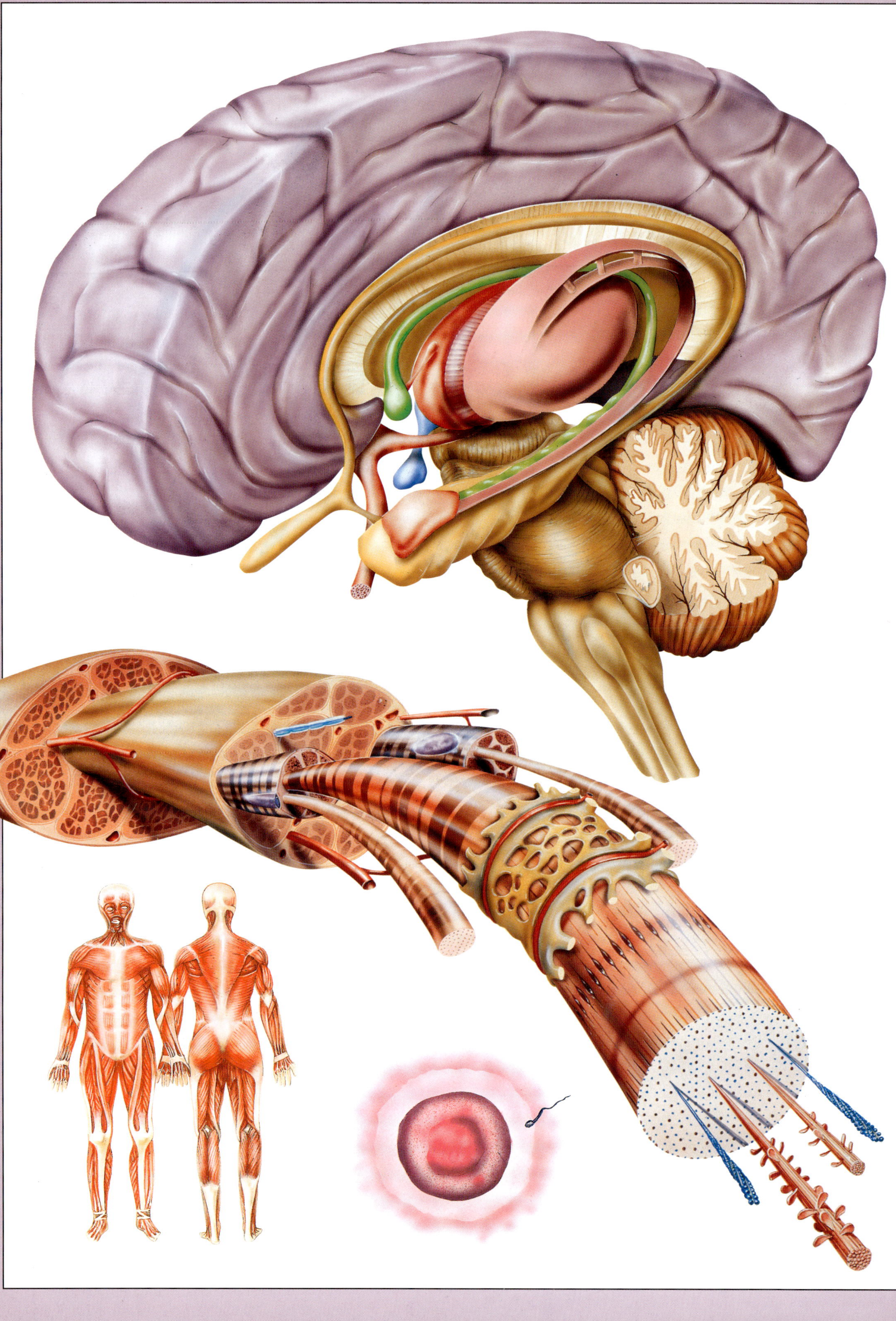

CHAPITRE DEUX

NOTRE CORPS

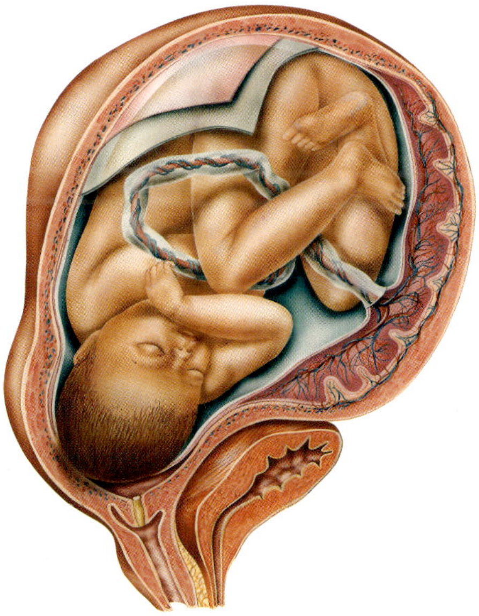

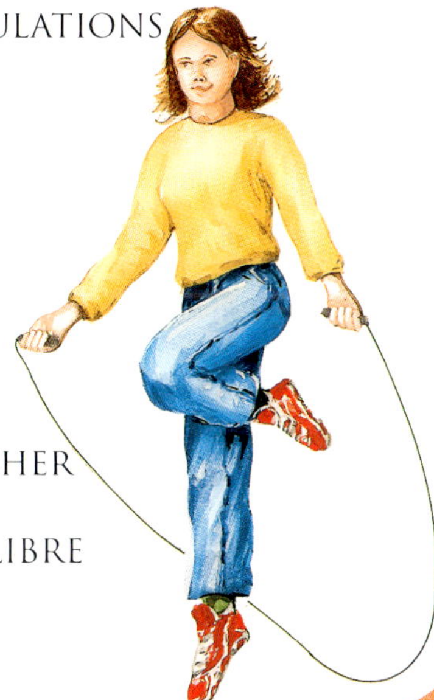

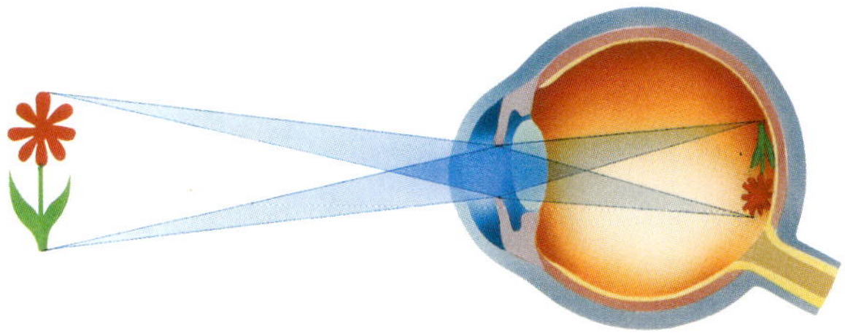

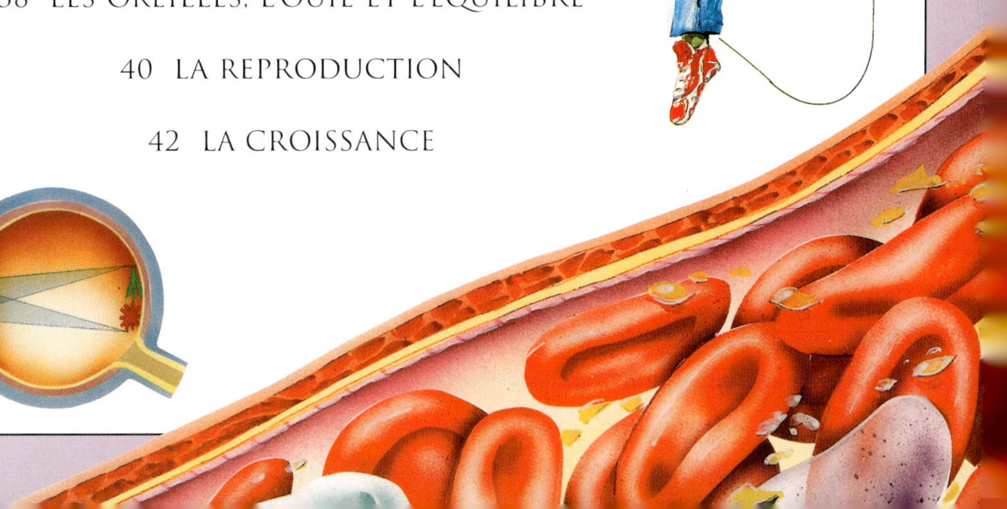

À QUOI SERVENT LES OS ?

Les os constituent une charpente solide qui supporte le reste du corps. Sans les os, nous serions mous comme une pieuvre. Une partie des os forment comme une armure interne qui protège le cerveau, les poumons, le cœur et les autres organes vitaux. L'ensemble des os s'appelle le squelette. On peut faire bouger et plier certaines parties du corps parce que les os se rejoignent aux articulations.

COMBIEN D'OS A-T-ON ?

Le nourrisson possède plus de 300 os mais, pendant la croissance, certains se soudent entre eux. À l'âge adulte, le corps humain compte 206 os.

QU'EST-CE QU'UNE VERTÈBRE ?

Une vertèbre est l'un des os de la colonne vertébrale. Les 26 vertèbres s'assemblent pour former une colonne résistante qui supporte une grande part du poids du corps. Les vertèbres permettent aussi de se pencher et d'effectuer un mouvement de rotation.

QUEL EST L'OS LE PLUS PETIT ?

L'os le plus petit s'appelle l'étrier et il n'est pas plus gros qu'un grain de riz. Il est dans l'oreille et son rôle est de transmettre les sons de l'oreille externe et moyenne à l'oreille interne.

QUEL EST L'OS LE PLUS LONG ?

Le fémur, dans la partie supérieure de la jambe, est l'os le plus long du corps humain. Il représente plus du quart de la taille de l'adulte.

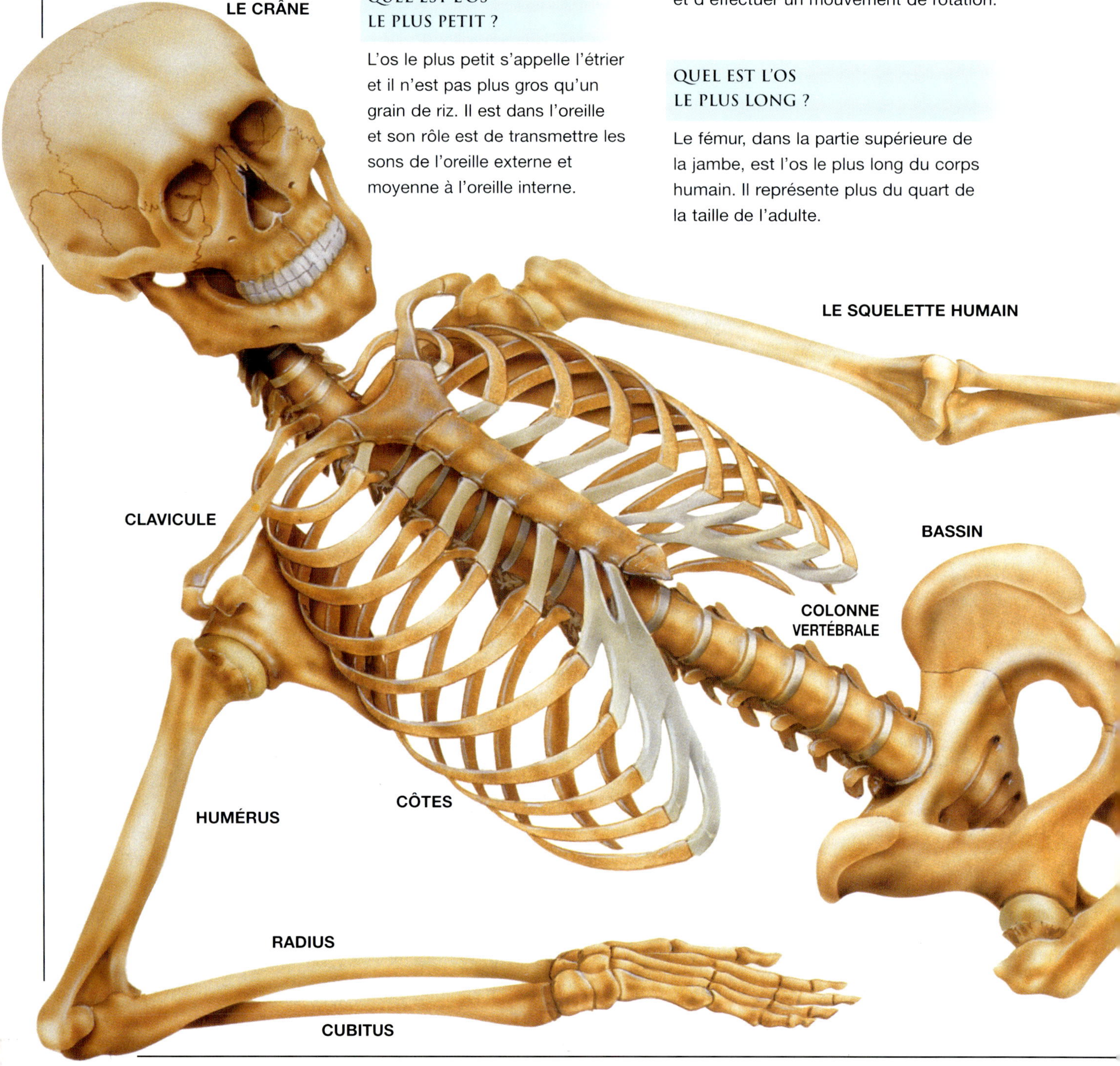

LE SQUELETTE HUMAIN

QU'Y A-T-IL DANS UN OS ?

À l'intérieur d'un os il y a une matière osseuse plus légère et alvéolée, l'os spongieux. Les vaisseaux sanguins zigzaguent dans l'os, maintenant les cellules en vie. Au centre de certains os se trouve de la moelle osseuse.

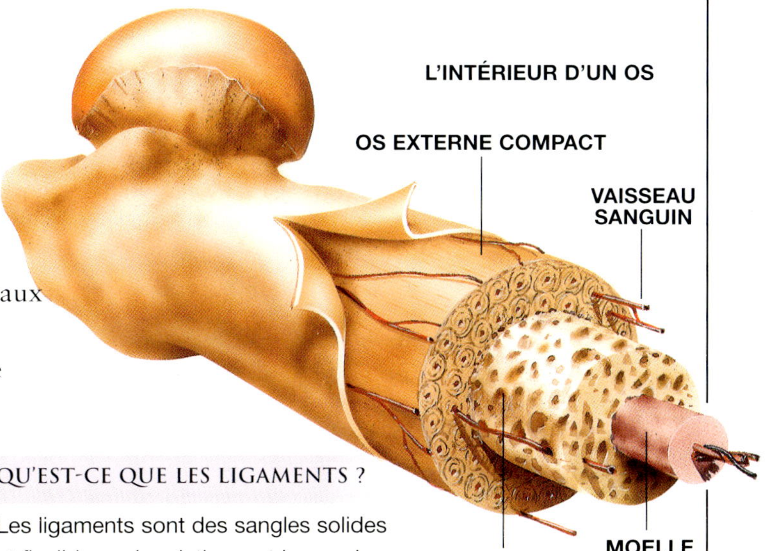

POURQUOI LES OS NE GRINCENT PAS ?

Les articulations sont garnies de cartilages doux et mous. Beaucoup d'articulations contiennent un liquide, la synovie, qui joue le rôle de l'huile et leur permet de fonctionner en douceur et sans peine.

QU'EST-CE QUE LES LIGAMENTS ?

Les ligaments sont des sangles solides et flexibles qui maintiennent les os dans une articulation. Presque toutes les articulations disposent de ligaments.

L'épaule et la hanche ont ce type d'articulation

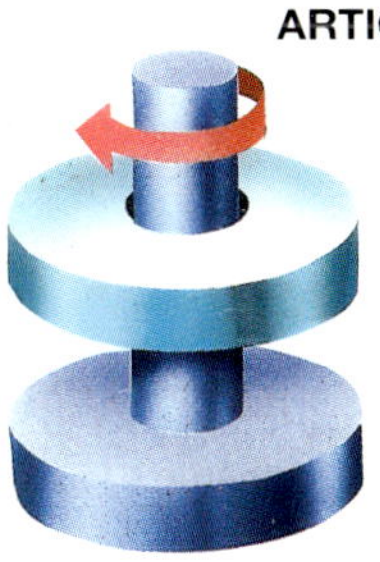

On trouve l'articulation à pivot dans le cou

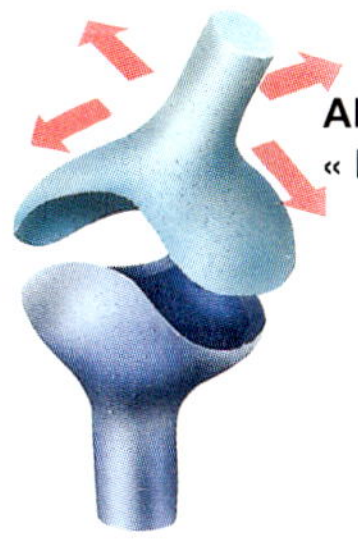

Ce type d'articulation se trouve à la base du pouce.

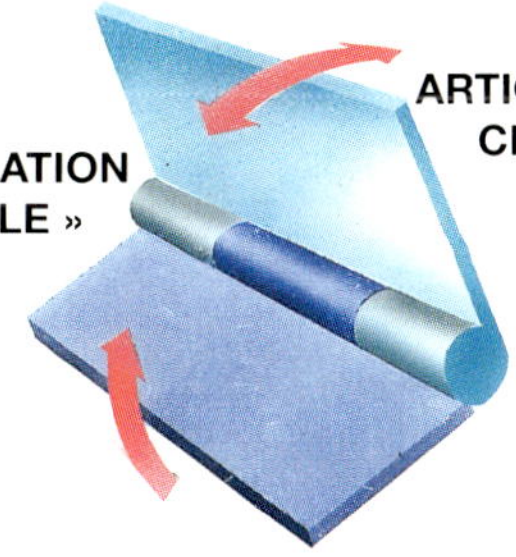

On trouve des articulations fonctionnant comme une charnière dans le genou, le coude, les doigts et les orteils.

QU'EST-CE QU'UNE ARTICULATION ?

À la jointure de deux os, leurs extrémités constituent par leur forme les différents types d'articulation. Chacune assure un lien solide tout en permettant certains types de mouvements. L'articulation du genou agit comme une charnière qui ne permet à la jambe de se mouvoir que d'avant en arrière. L'articulation de la hanche autorise les mouvements circulaires de la cuisse et celle du pouce un très grand choix de positions et de gestes.

QUELLE ARTICULATION TRAVAILLE LE PLUS ?

L'articulation de l'épaule est faite d'une tête et d'une cavité sphériques et permet la plus grande variété de mouvements dans toutes les directions.

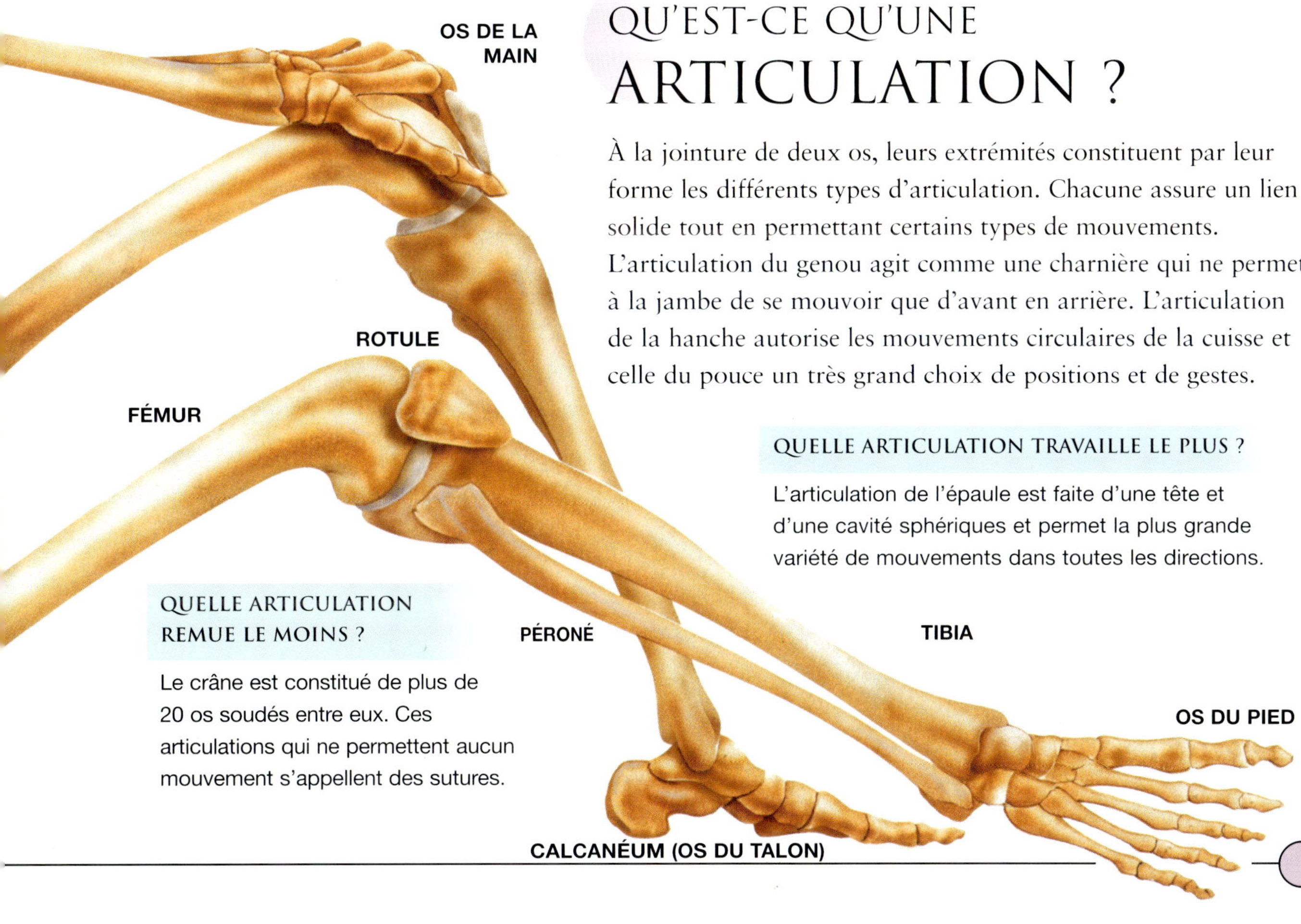

QUELLE ARTICULATION REMUE LE MOINS ?

Le crâne est constitué de plus de 20 os soudés entre eux. Ces articulations qui ne permettent aucun mouvement s'appellent des sutures.

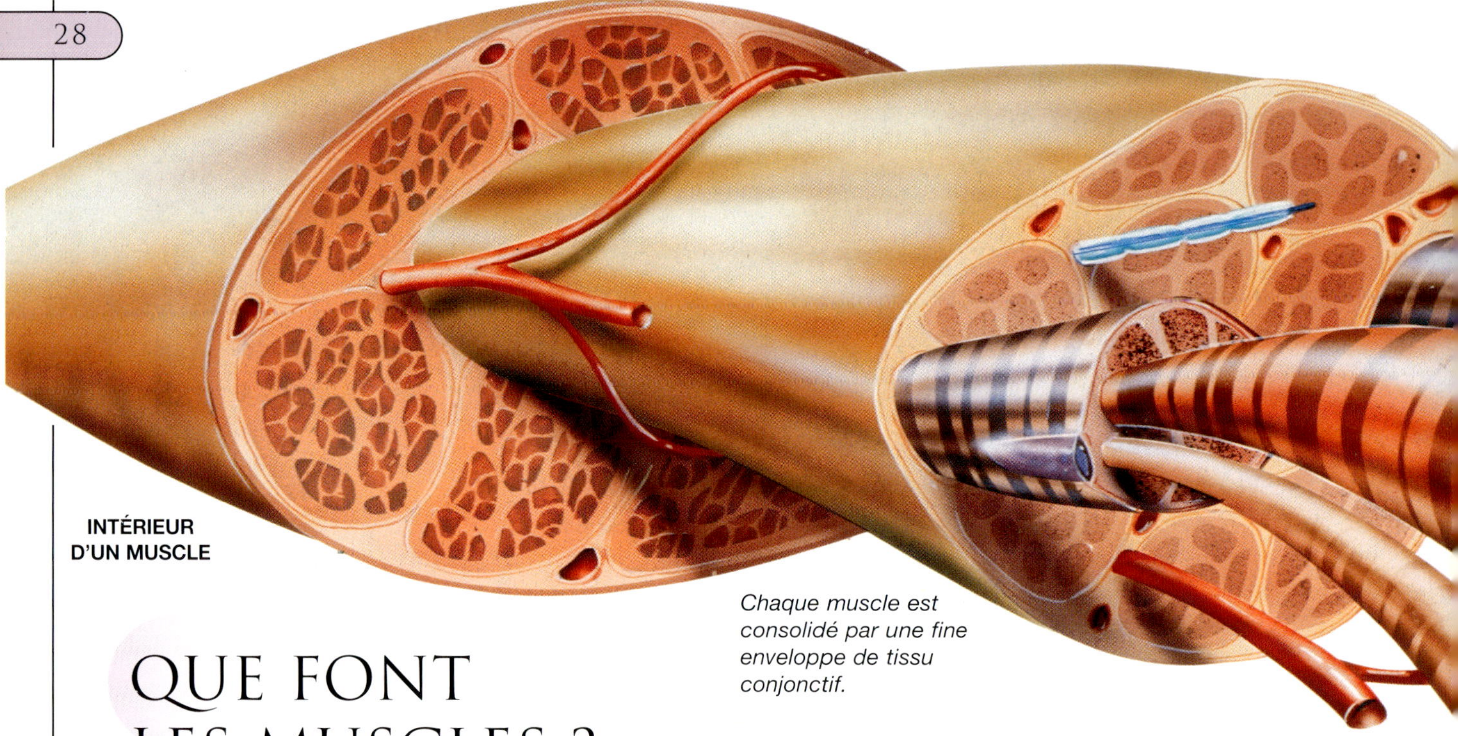

INTÉRIEUR D'UN MUSCLE

Chaque muscle est consolidé par une fine enveloppe de tissu conjonctif.

QUE FONT LES MUSCLES ?

Ils sont en partie responsables des mouvements du corps. Le squelette est recouvert de muscles qui font bouger les os et qui donnent au corps sa silhouette. Les muscles du visage font bouger les joues, les sourcils, le nez, la bouche, la langue et la mâchoire inférieure. Des muscles d'un type différent fonctionnent dans l'œsophage (le conduit par lequel passe la nourriture), l'estomac et les intestins pour acheminer les aliments. Le cœur est un troisième type de muscle – il ne cesse jamais de battre pour faire circuler le sang dans le corps.

LES MUSCLES DU CORPS

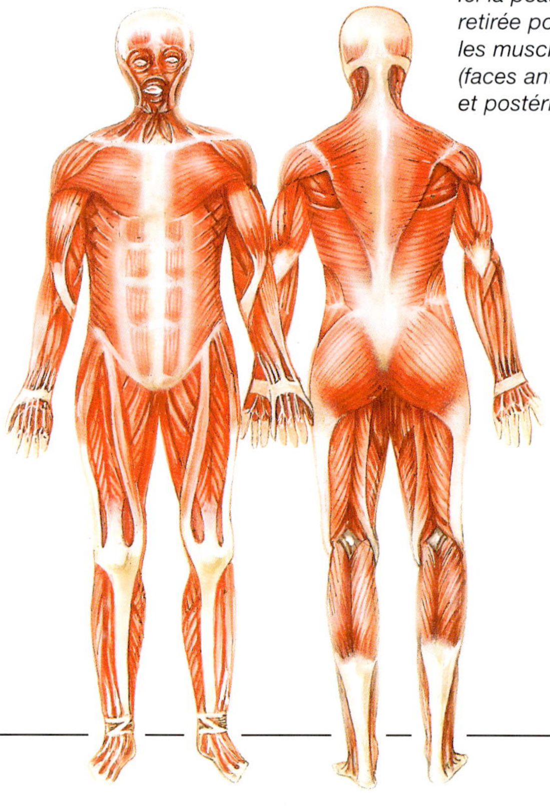

Ici la peau a été retirée pour montrer les muscles du corps (faces antérieure et postérieure).

POURQUOI LES EXERCICES PHYSIQUES RENFORCENT-ILS LES MUSCLES ?

Un muscle est constitué de faisceaux de fibres qui se contractent. Plus on utilise le muscle, plus les fibres deviennent épaisses. Elles se contractent avec plus d'efficacité, ce qui prouve que le muscle est plus fort.

COMMENT TRAVAILLENT LES MUSCLES ?

Les muscles travaillent en se contractant. Ils deviennent plus courts et plus épais, de sorte qu'ils tirent sur l'os ou toute autre partie du corps à laquelle ils sont attachés, qu'ils font ainsi remuer.

QU'EST-CE QU'UN TENDON ?

Un tendon est comme une corde solide qui attache un muscle à un os. Quand on replie les doigts ou qu'on les tend, on sent les tendons de la main. Le tendon le plus puissant dans le corps est le tendon d'Achille, que l'on sent dans le talon.

QUEL EST LE MUSCLE LE PLUS GRAND ?

Le muscle le plus grand est le grand fessier. Il sert à tendre la jambe lorsqu'on se lève et il constitue un coussin bien confortable lorsqu'on est assis.

POURQUOI LES MUSCLES TRAVAILLENT DEUX PAR DEUX ?

Les muscles ne poussent pas – ils tirent seulement –, c'est pouquoi il faut deux ensembles de muscles pour exécuter beaucoup de gestes. Le biceps dans le bras plie le coude et on le sent se contracter si on le palpe avec la main. Pour remettre le coude droit, il faut relâcher le biceps et contracter le triceps, qui est le muscle situé à l'arrière du bras. De même, un dispositif de muscles permet de soulever la jambe, un autre de la tendre.

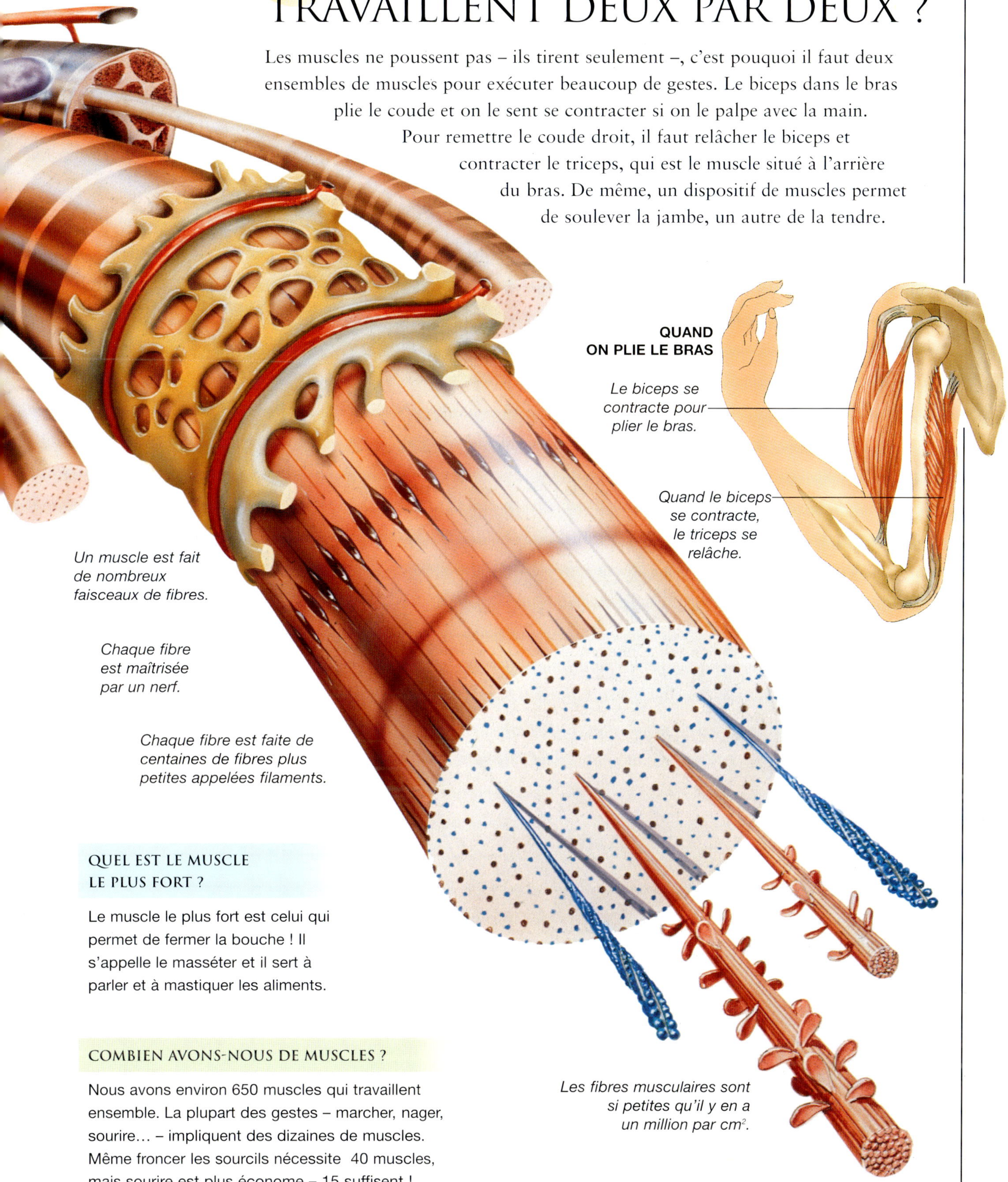

QUEL EST LE MUSCLE LE PLUS FORT ?

Le muscle le plus fort est celui qui permet de fermer la bouche ! Il s'appelle le masséter et il sert à parler et à mastiquer les aliments.

COMBIEN AVONS-NOUS DE MUSCLES ?

Nous avons environ 650 muscles qui travaillent ensemble. La plupart des gestes – marcher, nager, sourire... – impliquent des dizaines de muscles. Même froncer les sourcils nécessite 40 muscles, mais sourire est plus économe – 15 suffisent !

QUELLE EST LA GROSSEUR DU CŒUR ?

Le cœur est à peu près gros comme le poing. Il est à peu près au milieu de la cage thoracique et son extrémité inférieure est inclinée vers la gauche du corps.

DE QUOI EST-IL CONSTITUÉ ?

Le cœur est fait d'un muscle particulier, appelé muscle cardiaque, qui ne se fatigue pas.

À QUEL RYTHME LE SANG CIRCULE-T-IL DANS LE CORPS ?

Le sang parcourt le corps une fois par minute environ, soit 1 500 fois par jour.

QU'EST-CE QUE LE PLASMA ?

Un peu plus de la moitié du sang est constitué d'un liquide jaunâtre nommé le plasma. C'est principalement de l'eau avec des molécules d'aliments digérés et des sels minéraux dissous.

QU'EST-CE QU'UN VAISSEAU CAPILLAIRE ?

Le sang circule à travers le corps dans des tuyaux appelés artères et veines. Ils se ramifient en tuyaux de plus en plus petits qui atteignent chaque cellule du corps. Les vaisseaux capillaires sont les plus fins. La plupart sont plus minces qu'un cheveu. Si les vaisseaux capillaires d'un adulte étaient déroulés bout à bout, ils se déploieraient sur 100 000 km – près de deux fois et demie la circonférence de la Terre.

COMMENT FONCTIONNE LE CŒUR ?

Le rôle du cœur est de propulser le sang vers les poumons puis dans tout le corps. La partie droite du cœur recueille le sang venu du corps et l'envoie dans les poumons. La partie gauche fait circuler dans le reste du corps le sang rempli d'oxygène venu des poumons. À l'intérieur du cœur, des valves empêchent le sang de circuler dans le mauvais sens. On peut sentir son cœur battre en posant la main sur la poitrine.

À QUEL RYTHME LE CŒUR BAT-IL ?

Le cœur d'un enfant bat normalement autour de 80 fois par minute, un peu plus vite que celui de l'adulte (70 fois). Quand on court ou que l'on fait quelque chose de fatigant, le cœur bat plus vite pour envoyer plus de sang dans les muscles.

QUE SONT LES GROUPES SANGUINS ?

Il existe quatre principaux groupes sanguins, appelés A, B, AB et O. Seuls certains groupes peuvent être mélangés avec d'autres, c'est pourquoi les médecins font rechercher le groupe sanguin d'un malade avant de procéder à une transfusion.

À QUOI SERVENT LES GLOBULES BLANCS ?

Les globules blancs encerclent et détruisent les microbes et autres cellules indésirables qui pénètrent dans le sang.

POURQUOI LE SANG EST-IL ROUGE ?

Chaque petite goutte de sang contient jusqu'à 5 millions de globules rouges qui donnent au sang sa couleur. Les globules rouges contiennent une substance appelée l'hémoglobine, qui recueille l'oxygène dans les poumons. Le sang riche en oxygène est rouge vif. À mesure que ce sang est diffusé dans tout le corps, l'oxygène est petit à petit assimilé par les cellules. Le temps que le sang retourne au cœur, il est un peu plus foncé, tirant sur le brun.

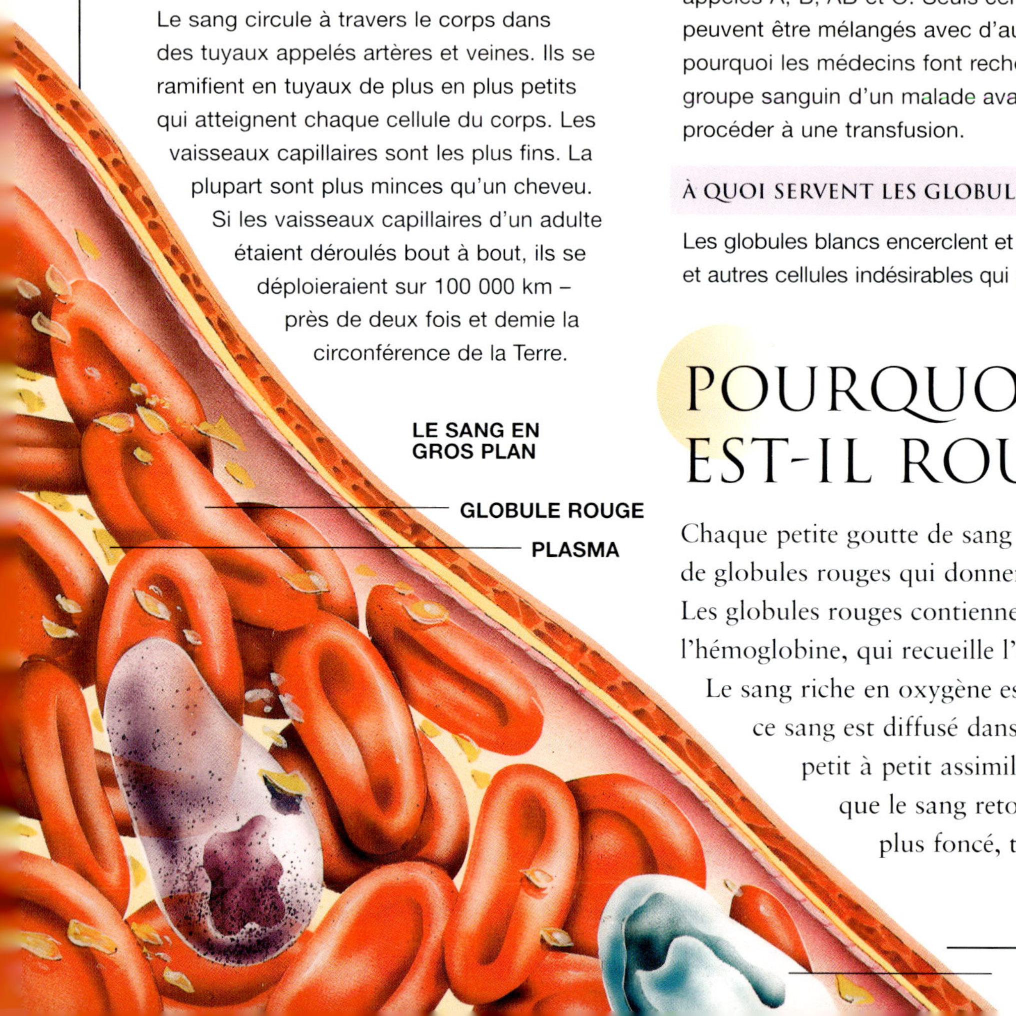

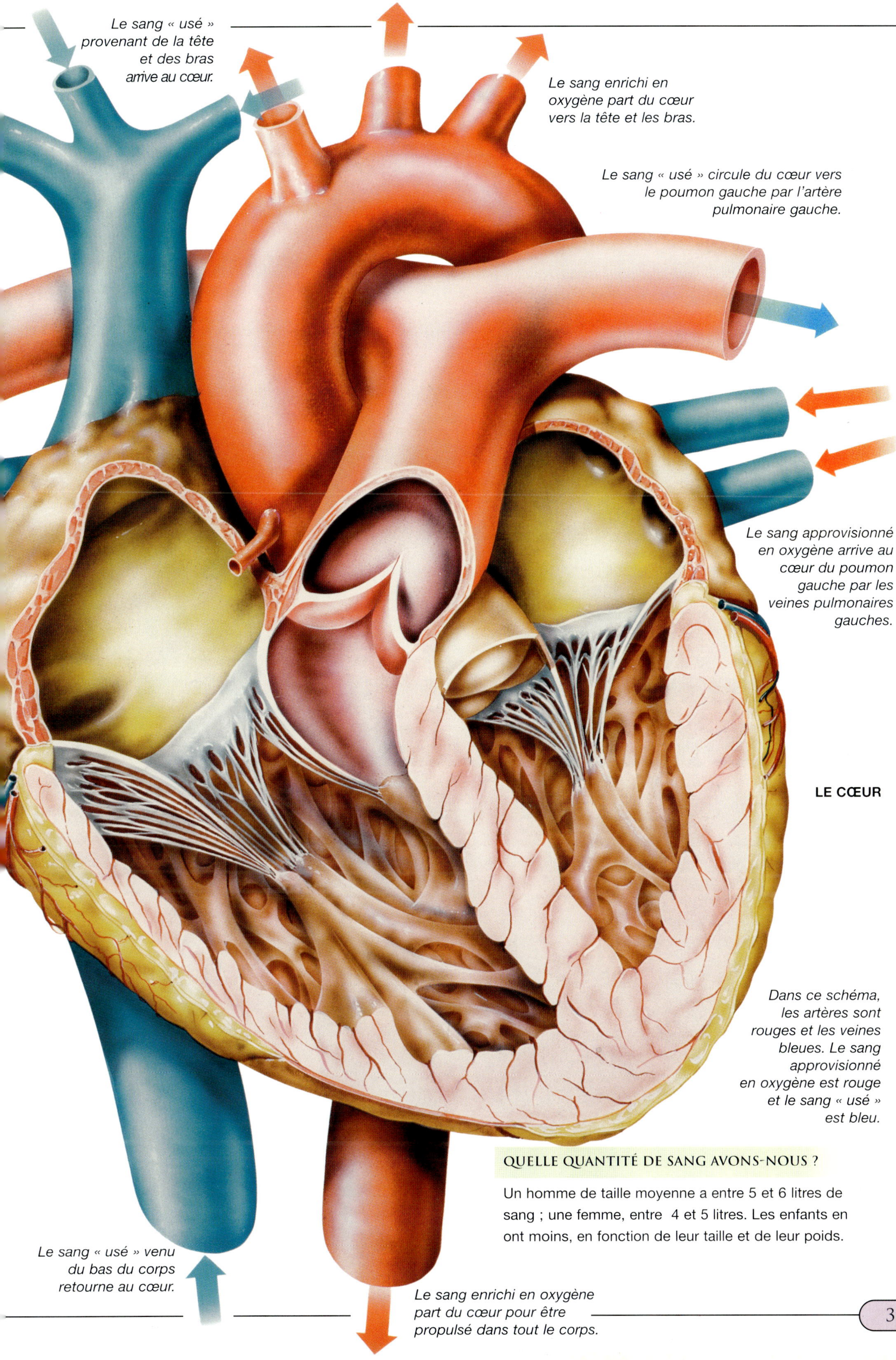

LE CŒUR

QUELLE QUANTITÉ DE SANG AVONS-NOUS ?

Un homme de taille moyenne a entre 5 et 6 litres de sang ; une femme, entre 4 et 5 litres. Les enfants en ont moins, en fonction de leur taille et de leur poids.

À QUOI SERT LE CERVEAU ?

Le cerveau contrôle le corps. C'est lui qui fait travailler le cœur, l'estomac, les poumons, les reins et les autres organes vitaux. Les informations recueillies par les sens sont traitées par les différentes parties du cerveau. Certaines sont rejetées, d'autres mises en réserve, d'autres envoyées aussitôt sous forme de messages du cerveau aux muscles et aux glandes. C'est le cerveau qui fait prendre à chacun conscience de son identité. Les souvenirs y sont conservés et tout ce que nous pensons, sentons et faisons est contrôlé par le cerveau.

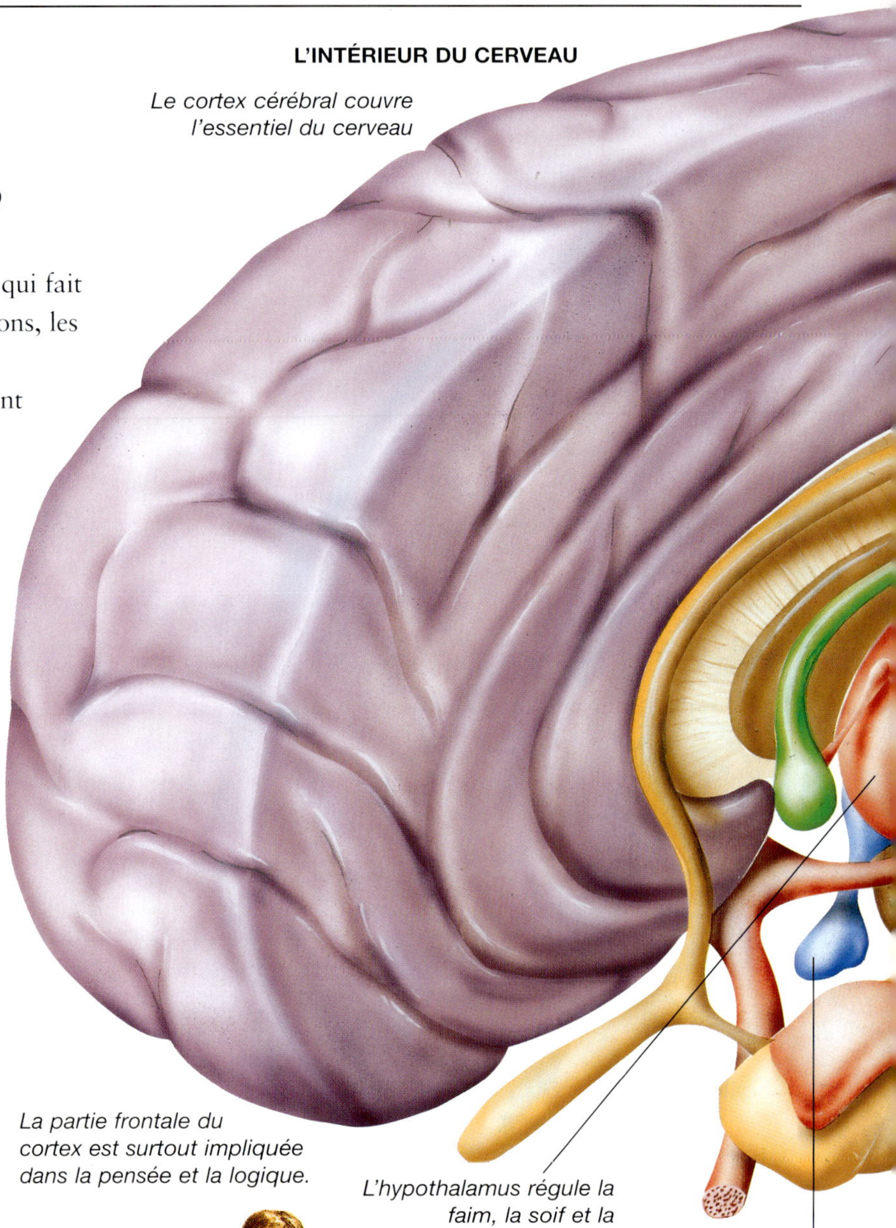

POURQUOI CERTAINS SONT-ILS GAUCHERS ?

La plupart d'entre nous sont droitiers parce que la partie gauche de notre cerveau est dominante. C'est l'inverse chez le gaucher. La partie du cerveau qui contrôle le langage est d'habitude du côté dominant.

DE QUOI EST FAIT LE CERVEAU ?

Le cerveau est constitué d'eau et de milliards de cellules et de fibres nerveuses. Il est entouré d'enveloppes protectrices : les méninges.

POURQUOI SE RAPPELLE-T-ON CERTAINES CHOSES ET OUBLIE-T-ON LE RESTE ?

Dans l'ensemble, chacun se souvient de ce qui est important pour lui. Certaines choses n'ont besoin d'être mémorisées que très peu de temps. On peut, par exemple, chercher un numéro de téléphone, s'en souvenir le temps de le composer et l'oublier ensuite complètement.

SAUT À LA CORDE

Quand on saute à la corde, le cerveau coordonne l'équilibre des mouvements des bras et des jambes.

À QUOI LE CERVEAU RESSEMBLE-T-IL ?

Le cerveau ressemble à un gros œillet mou et grisâtre. Le dessus est ridé comme une noix et recouvert d'un grand nombre de fins tuyaux pour le sang. La moelle épinière relie le cerveau au reste du corps.

POURQUOI CERTAINS SONT-ILS PLUS ARTISTES QUE D'AUTRES ?

Un côté du cerveau se charge plutôt de la musique et des capacités artistiques, l'autre des capacités logiques. Il dépend de la partie dominante du cerveau de chacun d'avoir l'esprit plutôt artiste ou mathématique.

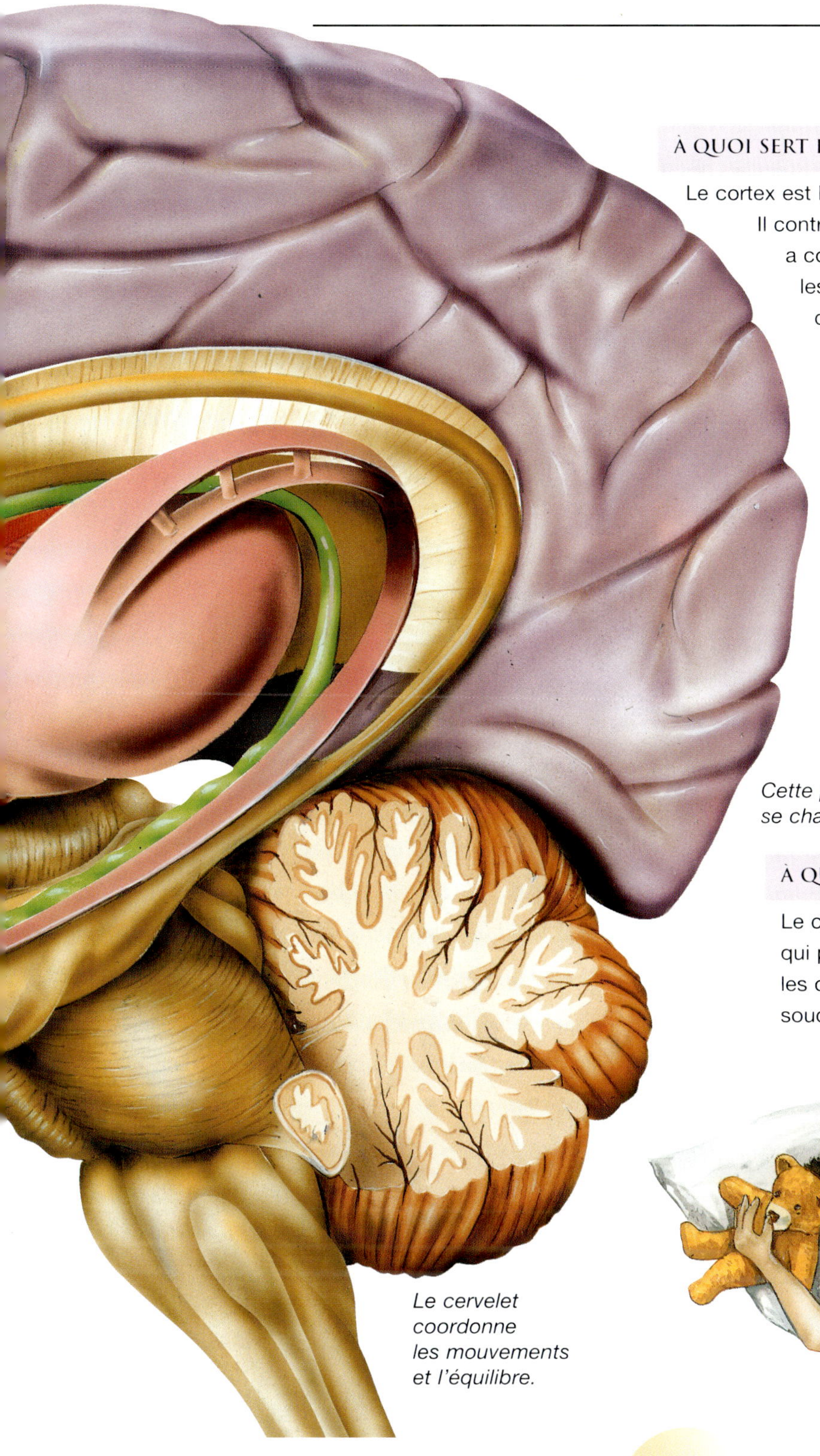

Cette partie du cortex se charge de la vue.

Le cervelet coordonne les mouvements et l'équilibre.

À QUOI SERT LE CORTEX CÉRÉBRAL ?

Le cortex est la partie supérieure plissée du cerveau. Il contrôle toutes les activités cérébrales dont on a conscience – la vue, la pensée, la lecture, les sentiments et les gestes. Seul les humains disposent d'un cortex si développé. Chaque partie du cortex se charge d'activités distinctes. La partie gauche du cortex contrôle la partie droite du corps, tandis que la droite contrôle la partie gauche du corps.

POURQUOI CERTAINS SONT-ILS SOMNAMBULES ?

Il arrive qu'on se lève pendant le sommeil parce qu'on est inquiet ou anxieux. En présence d'un somnambule, il faut le raccompagner doucement dans son lit.

À QUOI SERT LE CRÂNE ?

Le crâne est une enveloppe osseuse résistante qui protège le cerveau comme un casque. Tous les os du crâne, hormis le maxillaire inférieur, sont soudés pour en accroître la solidité.

Quand nous dormons, le cerveau neutralise les signaux extérieurs. S'ils sont trop puissants, ils nous réveillent.

LE SOMMEIL

LE CERVEAU SE REPOSE-T-IL ?

Même pendant le sommeil, le cerveau continue de contôler les activités du corps telles que la respiration, le rythme cardiaque et la digestion.

RÊVE-T-ON SOUVENT ?

Il est probable qu'on rêve environ cinq fois par nuit, mais on n'en prend conscience que lorsqu'on se réveille pendant un rêve.

POURQUOI A-T-ON BESOIN DE DORMIR ?

Un enfant de 10 ans dort en moyenne 9 à 10 heures. Mais le temps de sommeil varie d'un individu à l'autre de 4 à 12 heures. Celui qui dort 8 heures passe un tiers de sa vie au lit ! On a besoin de dormir pour reposer les muscles et pour donner au corps le temps de reconstituer ses forces et renouveler les cellules endommagées.

POURQUOI LES GENS ONT-ILS DES YEUX DE COULEURS DIFFÉRENTES ?

L'iris est l'anneau coloré qui entoure la pupille. La couleur est produite par une substance, la mélanine – les yeux marron ont beaucoup de mélanine, les gens aux yeux bleus en ont très peu.

QUELLE EST LA TAILLE DU GLOBE OCULAIRE ?

Un globe oculaire adulte est de la grosseur d'une balle de golf, mais la majeure partie est cachée dans la tête.

POURQUOI LA PUPILLE CHANGE DE TAILLE ?

La pupille se rétrécit à la lumière vive pour empêcher celle-ci d'abîmer la rétine. Elle s'ouvre pour laisser entrer le plus de lumière possible quand il y en a peu. L'iris est un muscle qui ouvre et ferme la pupille automatiquement.

LES YEUX

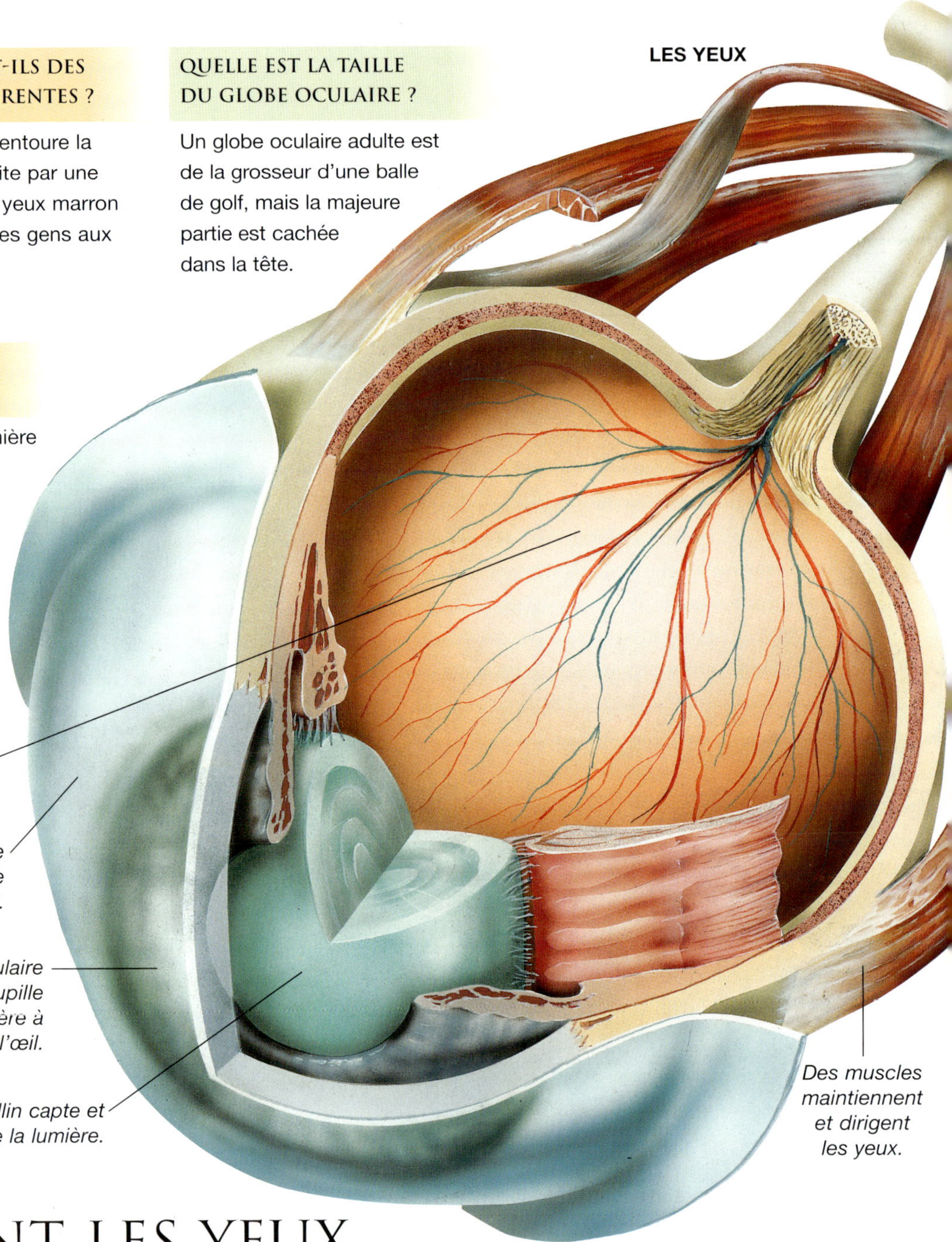

COMMENT LES YEUX VOIENT-ILS LES OBJETS ?

On voit un objet lorsqu'il réfléchit la lumière qui est absorbée par l'œil. Le disque noir au centre de l'œil est un trou, c'est la pupille. La lumière passe à travers la pupille, elle est concentrée par le cristallin sur la rétine dans le fond de l'œil. Des nerfs aboutissant dans la rétine envoient des signaux le long du nerf optique vers le cerveau. L'image formée sur la rétine est inversée, mais le cerveau la remet à l'endroit pour qu'on perçoive les objets dans le bon sens.

QU'EST-CE QUI FAIT PLEURER ?

Si de la poussière ou quoi que ce soit rentre dans l'œil, les glandes lacrimales sur le dessus de l'œil libèrent des larmes pour l'évacuer. L'émotion aussi fait pleurer.

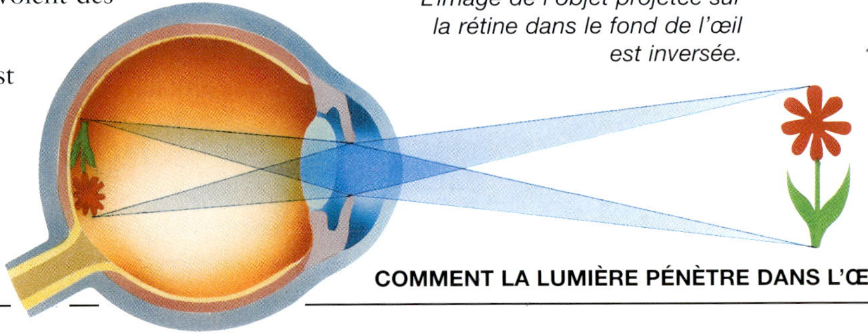

COMMENT LA LUMIÈRE PÉNÈTRE DANS L'ŒIL

POURQUOI CLIGNE-T-ON DES YEUX ?

Pour nettoyer et protéger les yeux. Chaque œil est recouvert d'un mince film d'eau salée. À chaque battement, la paupière lave le globe oculaire et chasse les poussières et les germes. Cette eau s'écoule dans le nez. On cligne également pour protéger l'œil d'un objet qui se rapproche trop. Cligner est si important qu'on le fait automatiquement.

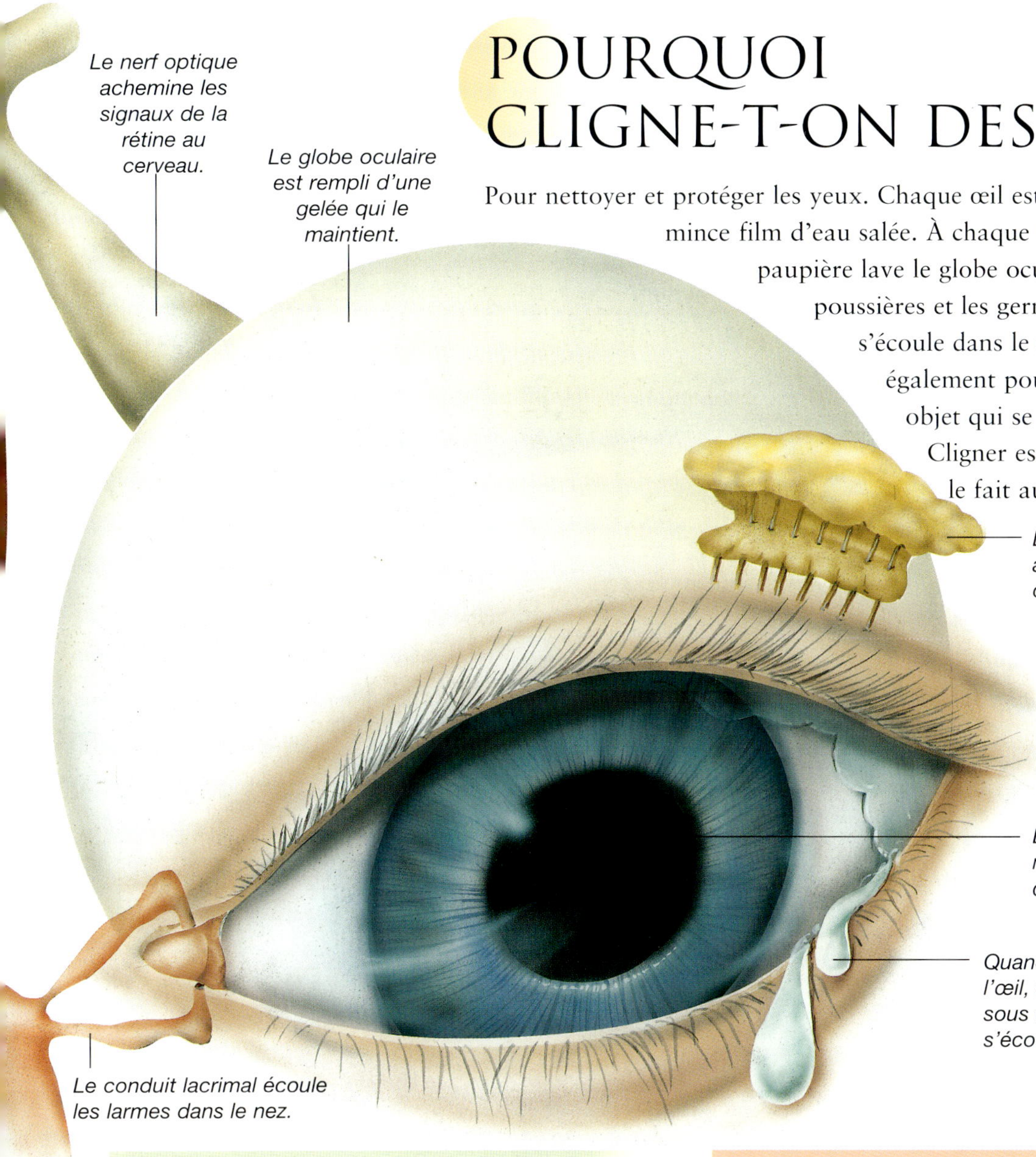

COMMENT PERÇOIT-ON LES COULEURS ?

Différentes cellules nerveuses dans la rétine réagissent aux couleurs rouge, bleu et vert. Ensemble, elles composent les autres couleurs.

POURQUOI NE RECONNAÎT-ON PLUS LES COULEURS QUAND IL FAIT SOMBRE ?

Les cellules nommées les cônes, qui réagissent à la lumière et aux couleurs, ne fonctionnent bien qu'à la lumière vive. Les autres cellules, nommées les bâtonnets, repèrent le blanc, le noir et le gris et fonctionnent le soir.

QU'EST-CE QUI MAINTIENT LES YEUX ?

Le globe oculaire est solidement maintenu par six muscles fixés sur le sommet, le dessous et les côtés de l'œil. Ces muscles agissent ensemble pour orienter les yeux et rendre le regard mobile.

LE SOLEIL PEUT-IL ENDOMMAGER LES YEUX ?

La lumière solaire contient des rayons ultraviolets qui peuvent endommager les yeux tout comme la peau. Il faut mettre des lunettes fumées lorsque le soleil est intense et ne jamais, jamais regarder le Soleil en face.

QU'EST-CE QUE LA TACHE AVEUGLE ?

La tache aveugle se situe sur la rétine, là où le nerf optique sort de l'œil. Il n'y a pas à cet endroit de cellules sensibles à la lumière.

POURQUOI A-T-ON DEUX YEUX ?

Les yeux nous aident à apprécier les distances. Chaque œil capte une image très légèrement différente, que le cerveau synthétise en une image en trois dimensions (ou image 3D). Une image 3D restitue la profondeur avec la même précision que la hauteur et la largeur.

COMMENT SENT-ON ?

Une odeur est constituée de minuscules particules en suspension dans l'air. Pendant la respiration, elles atteignent les récepteurs de l'odorat dans le nez. Ceux-ci réagissent aux substances chimiques dissoutes dans le mucus à l'intérieur du nez et envoient un message au cerveau.

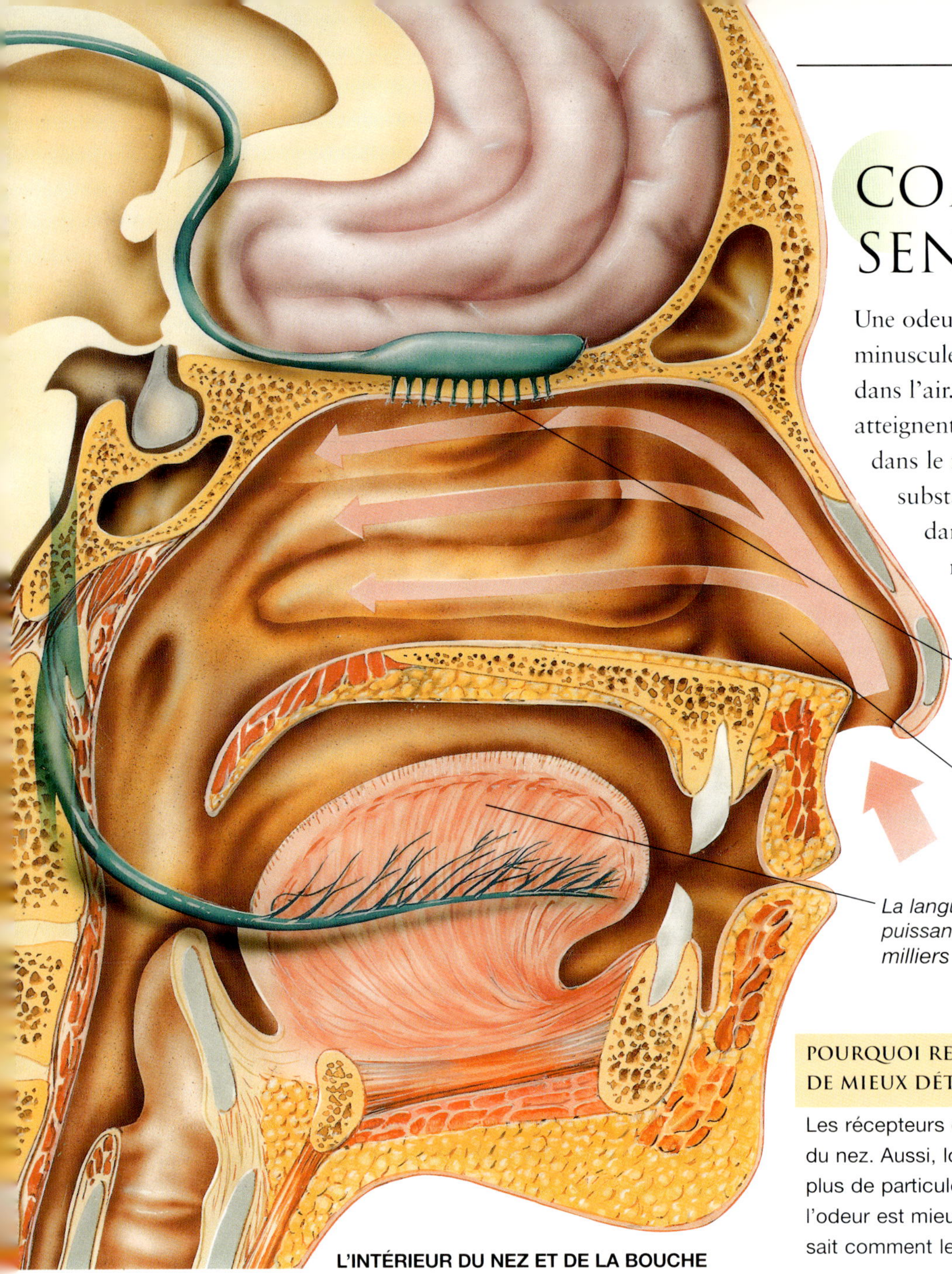

L'INTÉRIEUR DU NEZ ET DE LA BOUCHE

POURQUOI RENIFLER PERMET DE MIEUX DÉTECTER LES ODEURS ?

Les récepteurs de l'odorat sont situés au fond du nez. Aussi, lorsqu'on renifle, envoie-t-on plus de particules odoriférantes, de sorte que l'odeur est mieux détectée. Mais personne ne sait comment le cerveau identifie les odeurs.

POURQUOI CERTAINES CHOSES SENTENT-ELLES PLUS QUE D'AUTRES ?

Les choses qui sentent fort, telles que les parfums ou de la nourriture qui cuit, dispersent dans l'air plus de particules odoriférantes.

QUELLES PARTIES DU CORPS SONT LES PLUS SENSIBLES AU TOUCHER ?

Les parties du corps qui ont beaucoup de récepteurs sensitifs sont particulièrement sensibles au toucher : ainsi les lèvres, la langue, le bout des doigts, la plante des pieds.

COMMENT FONCTIONNE LE TOUCHER ?

Le toucher nous indique si un objet est rugueux, lisse, humide, froid… Il y a plusieurs types de récepteurs sensitifs dans la peau, qui réagissent entre eux au toucher, à la chaleur, au froid et à la douleur. Certains récepteurs du toucher réagissent au signal le plus léger, tandis que d'autres ont besoin de beaucoup des sollicitations pour répondre. Le cerveau fait la synthèse des messages pour identifier la texture de l'objet.

POURQUOI CERTAINS ANIMAUX ONT L'ODORAT PLUS AIGU ?

Beaucoup d'animaux comptent sur leur flair pour trouver leur nourriture ou repérer un agresseur. Leur nez est tapissé d'un très grand nombre de récepteurs olfactifs situés tout près des naseaux.

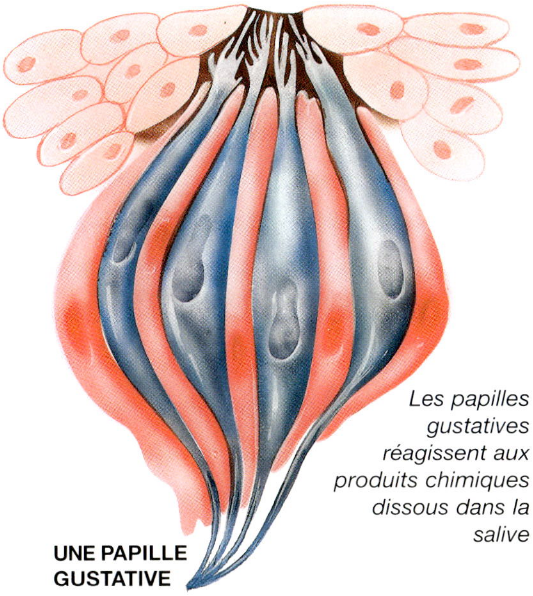

UNE PAPILLE GUSTATIVE

Les papilles gustatives réagissent aux produits chimiques dissous dans la salive

COMMENT PERÇOIT-ON LES SAVEURS ?

Environ 10 000 papilles gustatives sont logées à la surface de la langue. Quand on mâche, de minuscules particules d'aliments se dissolvent dans la salive et se répandent sur les papilles. Les récepteurs gustatifs réagissent et envoient des informations au cerveau sur le goût. Il existe quatre goûts primaires – sucré, salé, amer, acide –, chacun étant constitué d'un composé des quatre. Les papilles gustatives réparties sur la langue réagissent principalement à l'un de ces goûts primaires.

POURQUOI LE NEZ BOUCHÉ EMPÊCHE-T-IL DE PERCEVOIR LE GOÛT ?

On perçoit à la fois le goût et l'odeur de ce qu'on mange. Si on a le nez bouché à cause du froid, on ne peut pas sentir correctement, et la nourriture paraît avoir moins de goût.

POURQUOI AIME-T-ON CERTAINES SAVEURS PLUS QUE D'AUTRES ?

La plupart d'entre nous préfèrent les goûts sucrés et légèrement salés. Mais il arrive que l'on s'habitue à trop de sucre et de sel. Nos goûts en matière de nourriture sont fortement influencés par nos habitudes alimentaires.

LES SAVEURS ONT-ELLES DE L'IMPORTANCE ?

Un goût désagréable peut indiquer qu'un aliment a tourné ou qu'il est toxique. Le corps a besoin d'une nourriture saine ; en apprécier le goût incite à bien se nourrir.

QUELLES PARTIES DU CORPS SONT LES PLUS SENSIBLES À LA CHALEUR ?

Les coudes et les pieds sont plus sensibles à la chaleur que bien d'autres parties du corps. Vous avez remarqué que l'eau du bain paraît beaucoup plus chaude pour le pied que pour la main. Les lèvres et la bouche sont également très sensibles à la chaleur.

COMMENT LES AVEUGLES UTILISENT LE TOUCHER POUR « VOIR » ?

Les aveugles peuvent décrire un objet en le touchant. Dehors, ils utilisent une longue canne pour explorer le sol devant eux. Les aveugles lisent par le toucher, en déchiffrant du bout des doigts le Braille – un alphabet en relief.

QUELLE EST LA PARTIE DU CORPS LA MOINS SENSIBLE AU TOUCHER ?

Le dos est l'une des zones les moins sensibles du corps.

LA LANGUE

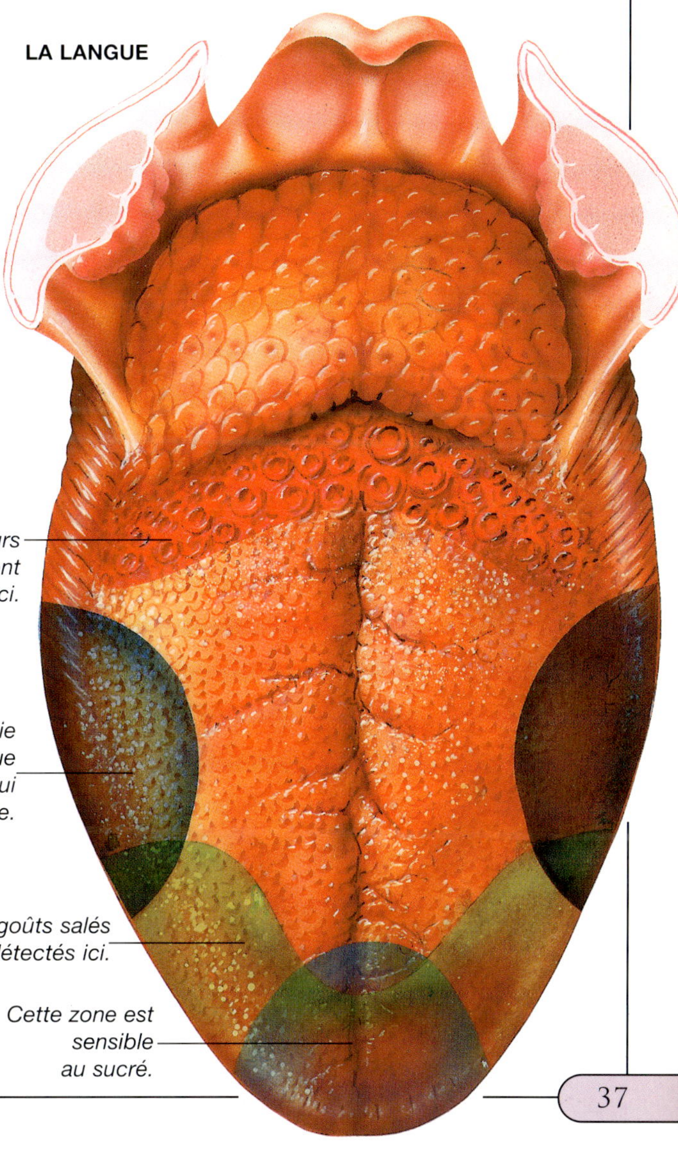

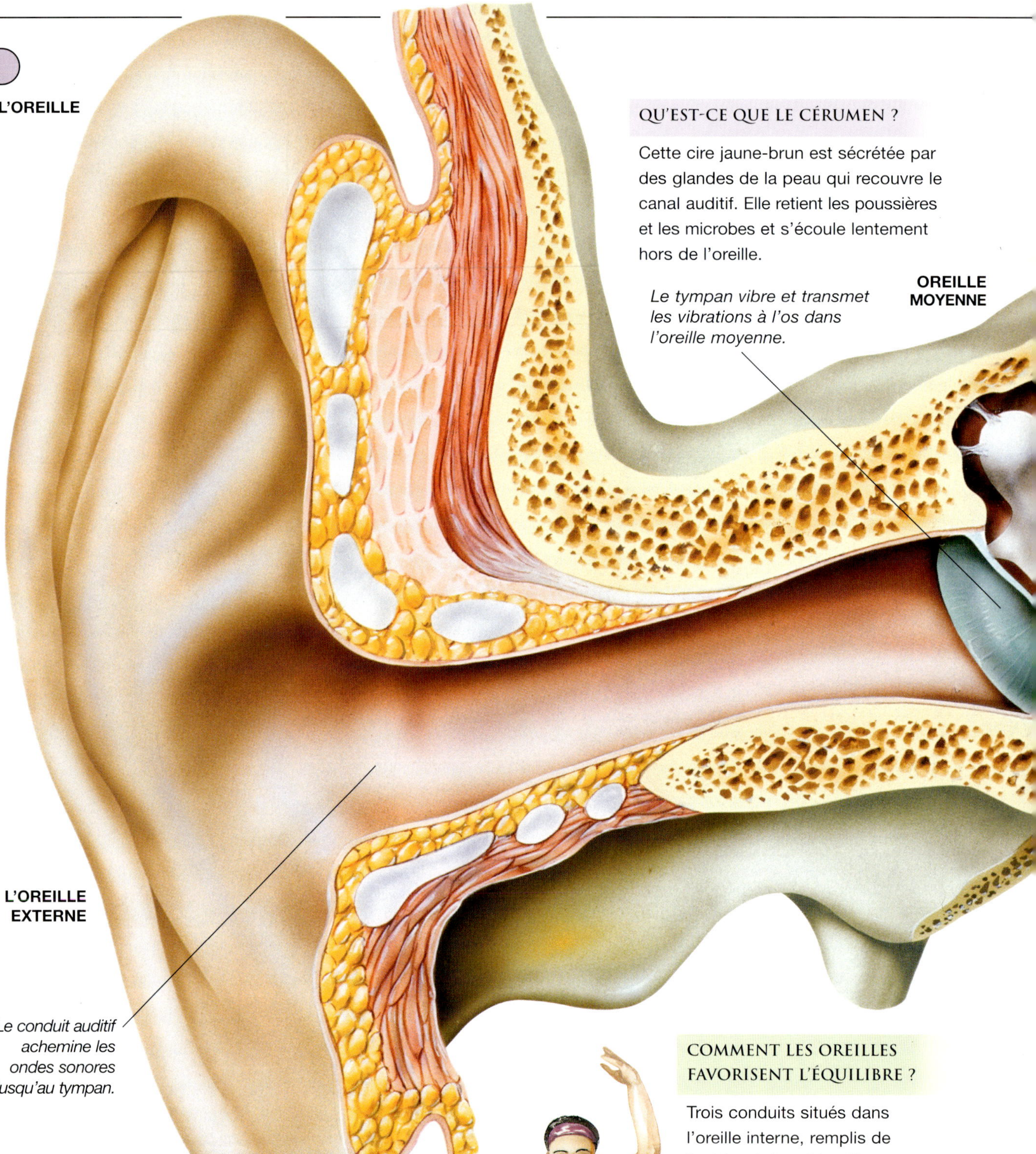

QU'EST-CE QUE LE CÉRUMEN ?

Cette cire jaune-brun est sécrétée par des glandes de la peau qui recouvre le canal auditif. Elle retient les poussières et les microbes et s'écoule lentement hors de l'oreille.

POURQUOI EST-ON PRIS DE VERTIGE ?

Si l'on tournoie et si l'on s'arrête soudain, le monde tout autour semble continuer à tourner. En fait, le liquide des canaux semi-circulaires remue encore, comme si on tournait toujours.

COMMENT LES OREILLES FAVORISENT L'ÉQUILIBRE ?

Trois conduits situés dans l'oreille interne, remplis de liquide, règlent l'équilibre. Ce sont les canaux semi-circulaires. Ils sont à angle droit (comme les parois d'une boîte) de sorte que lorsqu'on remue, le liquide qu'ils contiennent remue aussi. Des nerfs dans la paroi des canaux détectent les variations du liquide et envoient les informations au cerveau.

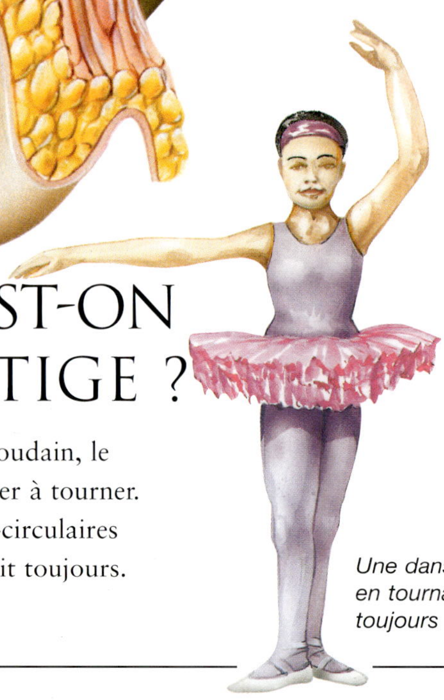

Une danseuse qui tournoie évite le vertige en tournant la tête rapidement, les yeux toujours fixés sur le même objet.

COMMENT ENTEND-ON ?

Le son atteint les oreilles sous forme de vibrations de l'air. Celles-ci traversent le conduit auditif jusqu'au tympan, qui se met à vibrer, faisant vibrer à leur tour les osselets situés au centre de l'oreille. Ces trois osselets amplifient les vibrations et les transmettent au liquide de l'oreille interne.

La cochlée est entortillée comme une coquille d'escargot. Dès que les terminaisons nerveuses situées dans la paroi de la cochlée détectent les vibrations dans le liquide qu'elle contient, le nerf auditif envoie des messages électriques au cerveau.

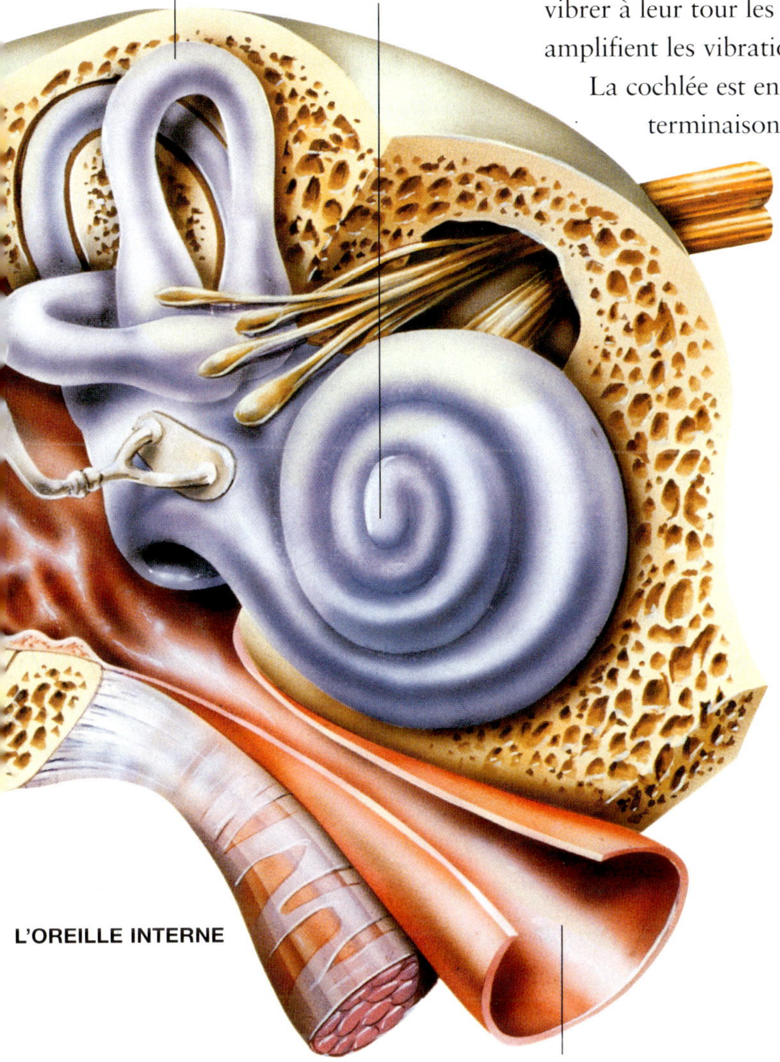

Les canaux semi-circulaires contrôlent l'équilibre.

La cochlée (ou limaçon) est remplie de liquide et tapissée de terminaisons nerveuses.

La trompe d'Eustache relie l'oreille moyenne au pharynx (haut de la gorge).

L'OREILLE INTERNE

QU'EST-CE QU'UN SON ?

Ce sont des ondes d'énergie déplacées sous forme de vibrations à travers l'air et les objets liquides et solides.

LES SONS FORTS SONT-ILS DANGEREUX ?

Tout son supérieur à environ 120 décibels est susceptible d'endommager aussitôt l'ouïe, mais écouter en permanence des sons de 90 décibels ou plus peut aussi porter atteinte à l'oreille.

POURQUOI A-T-ON DEUX OREILLES ?

Le fait d'avoir deux oreilles permet de détecter la direction d'où proviennent les sons.

COMMENT SE MESURE LE SON ?

La puissance sonore se mesure en décibels. Le son d'une épingle qui tombe est inférieur à 10 décibels, le ronflement d'un réfrigérateur est de 35 décibels. Une chaîne stéréo domestique puissante en produit 80 tandis qu'un avion à réaction, à 30 mètres, atteint 130 décibels.

OÙ CONDUIT LA TROMPE D'EUSTACHE ?

Ce conduit relie l'oreille moyenne à l'espace vide situé derrière la partie supérieure de la gorge. Si des mucosités l'encombrent à la suite d'un rhume, on entend moins bien.

QUEL BRUIT FAIT UN MURMURE ?

Un murmure produit entre 10 et 20 décibels. Certains animaux perçoivent des sont bien plus faibles que nous.

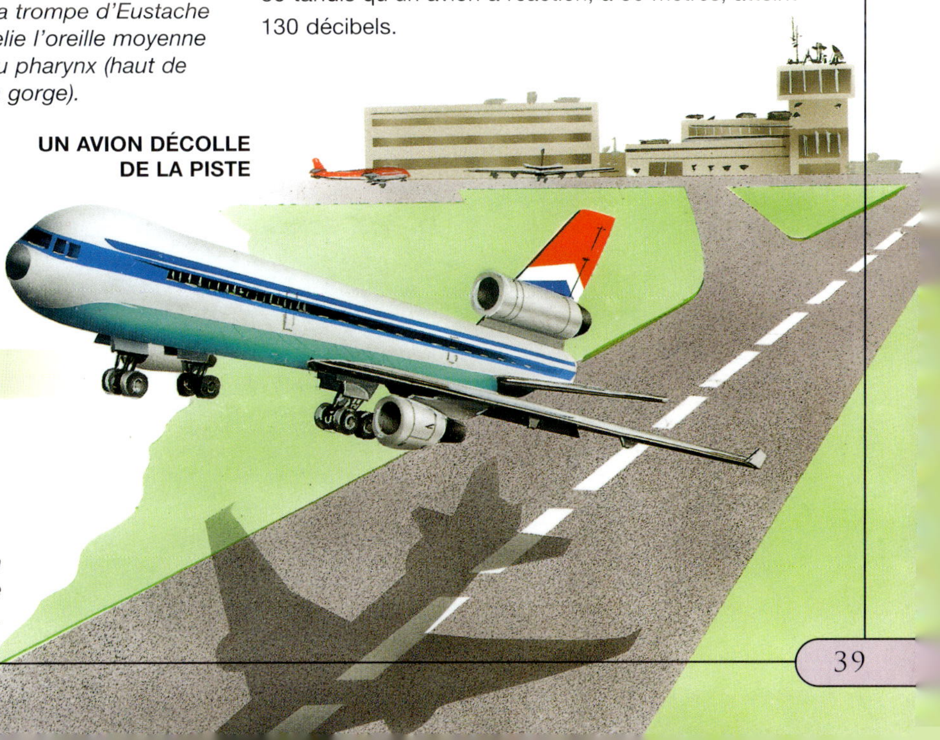

UN AVION DÉCOLLE DE LA PISTE

À 30 mètres, le bruit d'un avion à réaction peut atteindre 130 décibels.

UN BÉBÉ, COMMENT ÇA COMMENCE ?

Un nouveau bébé existe dès l'instant où l'un des spermatozoïdes de l'homme s'est associé avec un ovule de la femme. C'est la fécondation, qui peut intervenir après que l'homme a éjaculé son sperme dans le vagin de la femme pendant qu'ils font l'amour. Les cellules de l'ovule fécondé commencent aussitôt à se multiplier en une boule de cellules qui va se fixer sur la paroi de l'utérus. Les cellules continuent à se diviser pour constituer l'embryon du futur bébé.

LE MOMENT DE LA FÉCONDATION

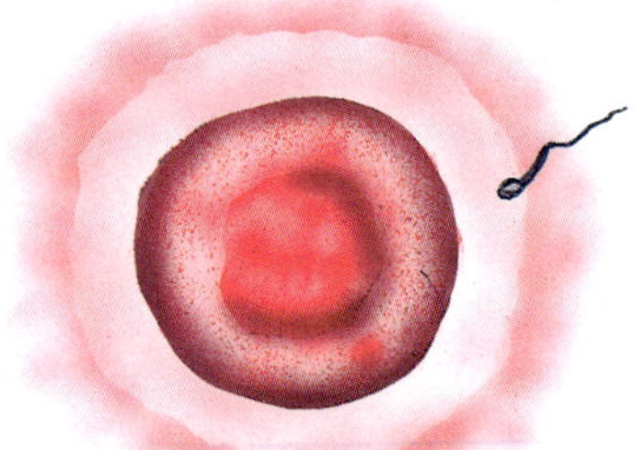

Un seul spermatozoïde pénètre dans l'ovule.

D'OÙ PROVIENT LE SPERME DE L'HOMME ?

Le sperme est élaboré dans les testicules, deux sacs suspendus de part et d'autre du pénis. À partir de la puberté, ils produisent chaque jour des millions de spermatozoïdes. Ceux qui ne sont pas éjaculés sont absorbés par le sang.

D'OÙ PROVIENT L'OVULE ?

Quand elle naît, une petite fille dispose déjà de milliers d'ovules mis en réserve dans les deux ovaires. Après la puberté, l'un d'eux est libéré chaque mois et migre jusqu'à la matrice par les trompes de Fallope.

QUE SONT LES GÈNES ?

Les gènes sont une combinaison de substances chimiques contenues dans chaque cellule. Ils déterminent ce que nous sommes, même les maladies dont nous souffrirons plus tard.

POURQUOI LES ENFANTS RESSEMBLENT À LEURS PARENTS ?

Nous héritons d'un mélange de gènes de nos parents, et selon le cas nous ressemblerons plutôt à notre mère ou à notre père.

QU'EST-CE QU'UN FŒTUS ?

À partir de la huitième semaine après sa conception et jusqu'à sa naissance, le futur bébé est un fœtus. Vers la quatorzième semaine, il est entièrement formé, mais trop petit et trop fragile pour survivre hors de la matrice. À partir de 24 semaines, les bébés peuvent survivre dans une couveuse s'ils sont nés trop tôt, mais pour la plupart la gestation dure 36 semaines.

LES ORGANES DE LA REPROCUCTION DE L'HOMME

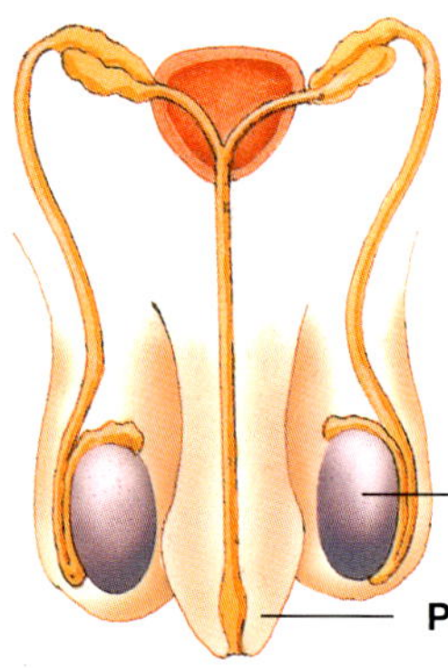

Les testicules sont suspendus hors du corps pour garder le sperme frais.

LES ORGANES DE LA REPRODUCTION DE LA FEMME

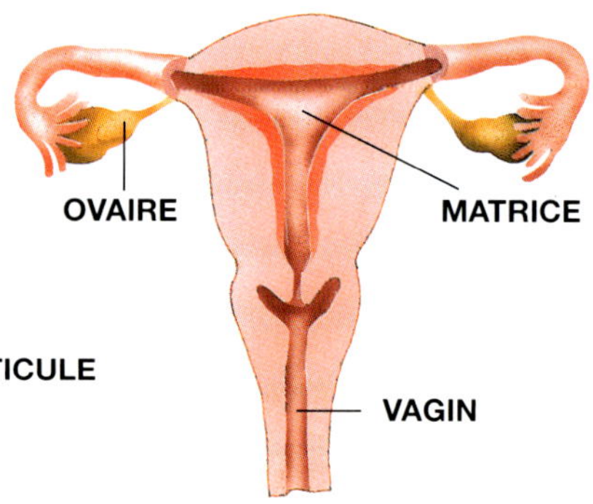

Le vagin relie la matrice à l'extérieur du corps.

QU'EST-CE QUE LES RÈGLES ?

Si l'ovule n'est pas fécondé par un spermatozoïde, il quitte le corps de la femme par le vagin. La couche superficielle de l'utérus ainsi que du sang sont éliminés en même temps. Cet écoulement de sang, qui est lent, dure environ cinq jours chaque mois. Ce sont les règles.

COMME SE NOURRIT LE FŒTUS ?

Les grappes de cellules qui tapissent l'utérus développent un organe de la grossese, le placenta. La nourriture et l'oxygène passent du sang de la mère à celui du bébé en traversant le placenta.

QUE FAIT LE BÉBÉ DANS LA MATRICE ?

À mesure qu'il grossit, le bébé fortifie ses muscles en remuant, en donnant des coups de pied et de poing. Il suce parfois son pouce, ouvre et ferme les yeux et s'endort.

QU'EST-CE QU'ACCOUCHER ?

L'accouchement est le processus de la mise au monde. Le col utérin s'élargit et s'ouvre. Puis l'utérus, qui est fait d'un muscle puissant, se contracte et expulse lentement le bébé. L'accouchement peut prendre plusieurs heures et être très douloureux.

COMMENT GROSSIT UN BÉBÉ DANS LE VENTRE ?

Avant de naître, on grandit plus vite qu'à toute autre époque de la vie. Trois semaines après la fécondation de l'ovule, l'embryon n'est pas plus gros qu'un grain de riz. Cinq semaines plus tard, presque chaque partie du nouveau bébé est formée – la tête, le cerveau, les yeux, le cœur, l'estomac et même les doigts – bien qu'il soit de la taille du pouce. Au moment de naître, 30 semaines plus tard, il mesurera à peu près 50 cm et pèsera environ 3,5 kg.

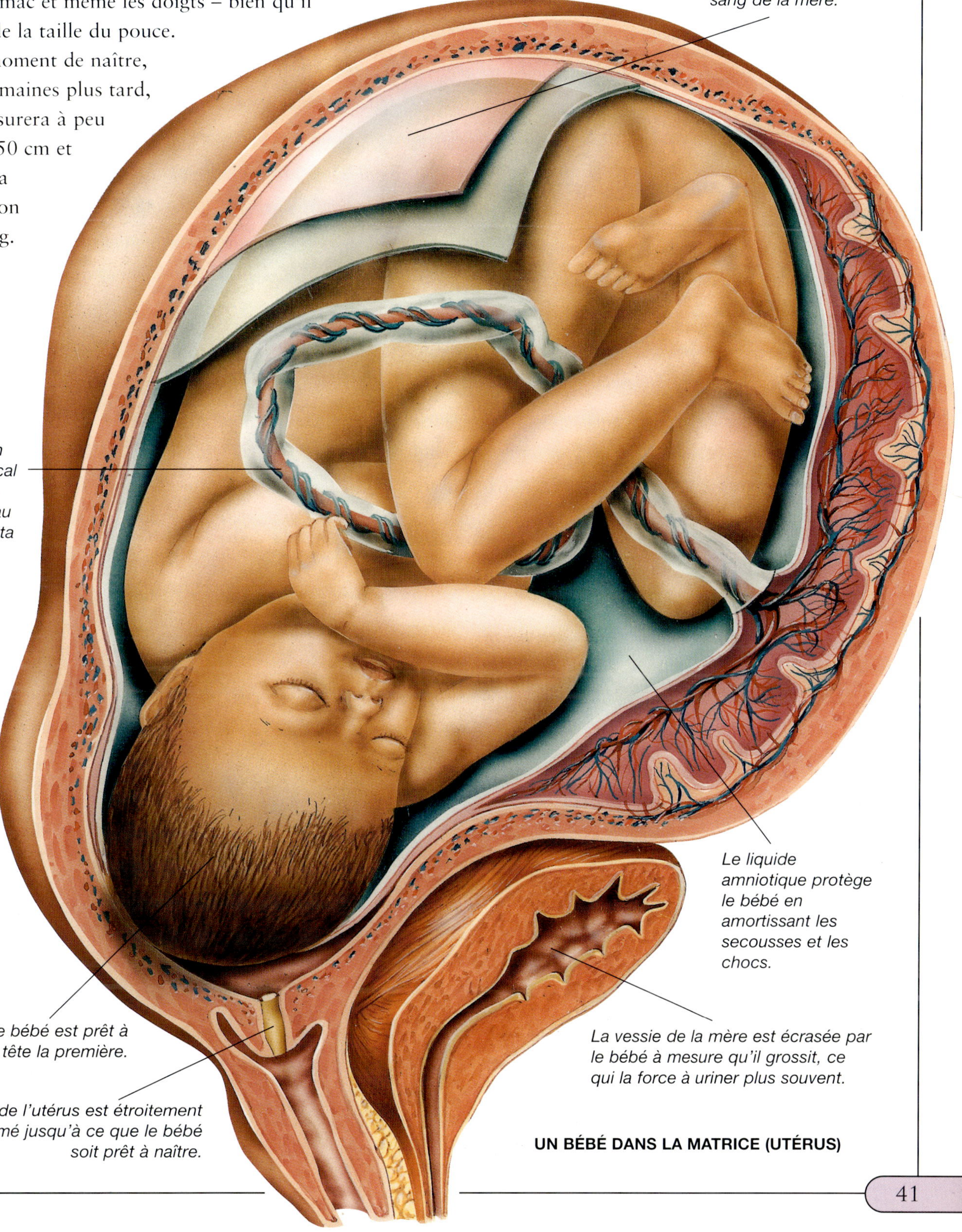

UN BÉBÉ DANS LA MATRICE (UTÉRUS)

POURQUOI VIEILLIT-ON ?

Les cellules du corps se régénèrent en permanence, sauf celles du cerveau et les autres cellules nerveuses. À mesure du vieillissement, les nouvelles cellules ne sont plus aussi efficaces que celles des jeunes.

DE QUOI TOUT BÉBÉ A-T-IL BESOIN ?

Tous les nouveau-nés ont besoin de nourriture, de chaleur, d'amour et de protection. Au début, un bébé peut seulement consommer des aliments liquides, aussi tète-t-il le lait au sein de sa mère ou au biberon. Le lait contient tout ce dont le bébé a besoin pour grandir en bonne santé. Un bébé a également besoin qu'on le lave et qu'on change régulièrement ses couches. Les bébés dorment beaucoup, mais quand ils sont éveillés, ils leur faut beaucoup de sourires et de câlins. Les bébés et les enfants dépendent de leurs parents pour tout ce qui leur est nécessaire.

À QUEL ÂGE UN BÉBE APPREND-IL À MARCHER ET À PARLER ?

Vers l'âge d'un an, un bébé se dresse déjà sur ses jambes, prêt à marcher. Il peut aussi commencer à dire quelques mots, bien que le langage se développe lentement au cours des quelques années suivantes.

POURQUOI FAUT-IL SOUTENIR LA TÊTE D'UN NOURRISSON ?

À la naissance, les muscles du dos et du cou du bébé sont trop faibles pour soutenir sa propre tête. Par rapport à sa taille, la tête du bébé est beaucoup plus grosse que celle de l'enfant ou de l'adulte.

QUI A MIS AU MONDE LE PLUS D'ENFANTS ?

On affirme qu'une femme russe qui vivait dans les années 1700 détient ce record. Son nom était Vassilyev. Elle mit au monde 69 enfants en 27 accouchements à naissances multiples.

QUAND A-T-ON FINI DE GRANDIR ?

Les garçons comme les filles grandissent rapidement durant la puberté, et plus lentement jusqu'à ce qu'ils atteignent leur taille définitive, vers 20 ans.

QU'EST-CE QUE LA PUBERTÉ ?

La puberté est la période où l'on passe de l'enfance à l'âge adulte. On grandit et les corps se modifie. Chez la fille, la poitrine apparaît et les hanches s'élargissent. Sa taille paraît plus fine. Chez le garçon, la cage thoracique prend du volume et la voix s'aggrave. Dans le même temps, les organes sexuels se développent. La fille commence à avoir ses règles et le garçon à produire du sperme. La puberté dure plusieurs années et modifie l'humeur, la sensibilité et le comportement tout en entraînant des changements physiques.

QU'EST-CE QUI SE PASSE LORSQUE LA VOIX DU GARÇON SE CASSE ?

Il se peut qu'un garçon grandisse si vite à la puberté que les muscles qui maintiennent ses cordes vocales ne puissent pas suivre. Sa voix passe soudain de l'aigu au grave avant de trouver le bon registre. Les cordes vocales s'épaississent aussi, rendant la voix plus grave.

QU'EST-CE QUE LA MÉNOPAUSE?

La ménopause intervient quand, son corps changeant, la femme ne peut plus avoir d'enfants. Le taux d'hormones sexuelles baisse et ses ovaires cessent de produire des ovules. Elle peut éprouver alors des bouffées de chaleur pénibles et des sautes d'humeur imprévisibles.

Pendant l'enfance, les bras et les jambes s'allongent, l'enfant devient plus autonome et prend confiance en lui.

Un enfant de deux ans mesure environ la moitié de sa taille adulte.

Les bébé apprennent souvent à nager avant de faire en chancelant leurs premiers pas.

QU'EST-CE QUI FAIT GRANDIR ?

Une hormone de croissance programme le corps pour grandir. Elle est produite par l'hypophyse dans le cerveau et diffusée par le sang dans tout le corps. La taille est très précisément déterminée par les gènes hérités des parents.

QUE SONT LES HORMONES ?

Les hormones sont des substances chimiques libérées dans le sang par diverses glandes. Certaines glandes produisent les hormones sexuelles qui contrôlent le cycle menstruel.

LES STADES DE LA VIE

À la puberté, les organes sexuels se développent.

Les adultes ont fini de grandir et peuvent décider d'avoir des enfants à eux.

En vieillissant, on se met à vivre au ralenti.

Les personnes d'un grand âge peuvent devenir très fragiles.

CHAPITRE TROIS

DANS LE PASSE

GRAND SINGE : AUSTRALOPITHÈQUE

Ce premier ancêtre de l'Homme vivait il y a environ 3 millions d'années.

HOMINIDÉ : HOMO HABILIS

Le premier fabricant d'outils vivait il y a environ 2 millions d'années.

HUMAIN : HOMO SAPIENS SAPIENS

L'homme et la femme modernes se sont développés il y a 200 000 ans.

COMMENT L'HOMME A-T-IL ÉVOLUÉ ?

Nos lointains ancêtres étaient un groupe d'animaux étudiés sous le nom de primates. Ils apparurent sur Terre il y a environ 50 millions d'années et ressemblaient à des écureuils. Pendant des millions d'années, ils évoluèrent à mesure que l'environnement changeait autour d'eux et ils acquirent de nouvelles techniques pour s'y adapter. Lentement, ils se transformèrent en grands singes, puis en hominidés (presque humains), puis en hommes modernes.

LES HOMMES ONT-ILS HABITÉ LES GROTTES ?

Oui, mais pas tout le temps. Les chasseurs nomades construisaient des abris provisoires à l'entrée des grottes et utilisaient l'intérieur comme réserves. À la chasse, ils fabriquaient des abris de branches, d'herbe et de fougère.

QUE SAIT-ON DES GRANDS SINGES QUI VIVAIENT IL Y A DES MILLIONS D'ANNÉES ?

Leurs restes fossilisés nous renseignent. Les fossiles se forment dans le sol, par réaction chimique. Les os des cadavres se changent en pierre. Longtemps après, la terre devient de la roche, qui renferme les fossiles.

QUI ÉTAIENT LES NÉANDERTALIENS ?

Un type d'hommes qui vivaient en Europe et en Asie il y a environ 200 000 à 35 000 ans. Ils étaient petits et trapus, avec le front bas et proéminent. Ils disparurent – on ignore pourquoi – et furent remplacés par les hommes modernes, venus d'Afrique.

COMMENT S'HABILLAIT-ON À L'ÉPOQUE ?

Dans les zones froides, les hommes préhistoriques portaient des pantalons et des tuniques faites de fourrures et de peaux cousues avec des aiguilles en os et des tendons en guise de fil. Dans les pays chauds, des pagnes en peau – ou rien du tout !

QUAND LES HOMMES ONT-ILS COMMENCÉ À VIVRE DANS DES VILLES ?

Jéricho en Jordanie (construite il y a environ 10 000 ans) et Çatal Hüyük en Turquie (il y a 8 000 ans) sont les premières grandes villes. Elles étaient des centres de commerce et d'artisanat. Elles étaient entourées d'épaisses murailles.

Les nomades affamés quittent la Sibérie pour un long périple vers l'Amérique.

QUI A DÉCOUVERT, À PIED, L'AMÉRIQUE ?

Les premiers Américains ! Pendant des millions d'années, le nord et le sud de l'Amérique furent séparés du reste du monde par des océans profonds et dangereux. Pendant la dernière période glaciaire, les océans ont gelé, rendant franchissable une partie des fonds marins. Un « pont » relia ainsi l'Amérique et le nord-est de l'Asie. De nombreux animaux sauvages vivaient sur ce territoire de transition et des groupes de chasseurs s'y aventurèrent à la recherche de nourriture. Ils finirent par atteindre l'Amérique et s'y installèrent. Les historiens n'en sont pas certains mais ils estiment que cela se passa il y a environ 18 000 ans.

LES PREMIERS AMÉRICAINS

QUI VIVAIT DANS DES CABANES EN OS ?

Des tribus nomades des plaines de l'est de l'Europe, il y a environ 15 000 ans. Ils chassaient le mammouth laineux, en mangeaient la viande et construisaient des abris avec la peau et les os.

HABITATION DE LA PÉRIODE GLACIAIRE

Cette tente est fabriquée avec la peau et les os du mammouth laineux.

OÙ SE TROUVE LA PREMIÈRE FERME ?

Au Moyen-Orient, il y a environ 11 000 ans, des hommes remarquèrent que des graines sauvages qu'ils avaient dispersées par hasard avaient germé et poussé. Il défrichèrent le sol, semèrent du grain et le moisonnèrent lorsqu'il fut mûr.

QUAND LES HOMMES ONT-ILS APPRIS À LIRE ET À ÉCRIRE ?

Il y a environ 6 000 ans, les Sumériens (qui vivaient à l'emplacement actuel de l'Irak) furent les inventeurs de l'écriture. Ils utilisaient des petits dessins symboliques qu'ils gravaient dans des tablettes d'argile tendre. Seuls les scribes bien entraînés savaient lire.

Les maison égyptiennes n'avaient souvent qu'un étage, avec un escalier conduisant sur le toit. Elles était construites en briques de terre.

OÙ SONT LES PYRAMIDES ?

En Égypte, au nord de l'Afrique. Elles se dressent sur la rive ouest du Nil. Les Égyptiens croyaient qu'il s'agissait du pays des morts, parce que le Soleil se couche de ce côté. Ils construisirent leurs maisons sur le rivage opposé – celui du Soleil levant, donc de la vie.

POURQUOI A-T-ON CONSTRUIT LES PYRAMIDES ?

Les pyramides sont d'immenses tombes monumentales réservées aux pharaons et aux nobles. Les Égyptiens croyaient que l'âme survivait après la mort si le corps était conservé avec soin. C'était particulièrement important pour les pharaons (les rois égyptiens) et les dignitaires : leur âme aiderait le royaume d'Égypte à survivre. Aussi transformait-on leur cadavre en momie pour les enterrer dans ces tombes splendides, avec leurs vêtements, leurs bijoux et un exemplaire de tous les objets dont ils pourraient avoir besoin après leur mort.

À QUOI RESSEMBLAIENT LES MAISONS ÉGYPTIENNES ?

Petites et simples, elles avaient un toit plat qui servait de pièce d'appoint et de cour où l'on travaillait. Les maisons des riches Égyptiens étaient grandes et bien décorées, meublées, avec un jardin et un point d'eau.

DE QUAND DATENT LES PYRAMIDES ?

La première véritable pyramide a été construite autour de 2575 av. J.-C. Auparavant, les morts étaient enterrés sous des tombes plates appelées des mastabas et dans des pyramides à parois étagées. La pyramide la plus récente date de 1570 av. J.-C.

La forme des pyramides figure les rayons du Soleil. Les Égyptiens croyaient que les pharaons étaient portés après leur mort par les rayons du Soleil.

TOUS LES MORTS ÉTAIENT-ILS MOMIFIÉS ?

Non, parce que la fabrication d'une momie était compliquée et coûteuse. D'abord, les organes internes comme l'estomac, les poumons et le cerveau étaient extraits, puis le corps était recouvert de natron (soude) pendant 40 jours pour qu'il dessèche. Enfin, il était entortillé dans des bandelettes enduites de résine et placé dans un cercueil richement décoré, le sarcophage. Le commun des mortels était enterré dans de simples cercueils faits de roseaux, parfois même dans des tombes peu profondes en plein désert.

SARCOPHAGE ÉGYPTIEN

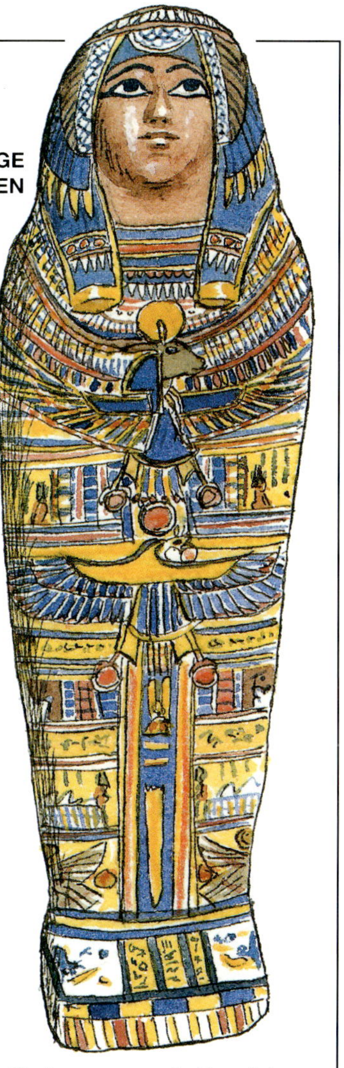

Ce beau cercueil décoré (un sarcophage) protège la momie qui est à l'intérieur. Souvent, le sarcophage était décoré par un portrait du défunt qu'il contenait.

SCARABÉE CISELÉ

POURQUOI LES ÉGYPTIENS PORTAIENT-ILS DES SCARABÉES COMME BIJOUX ?

Les scarabées (bousiers) ramassent les crottes des autres animaux et en font des boules. Les Égyptiens y voyaient une image du Soleil qui donne la vie, aussi espéraient-ils que les scarabées leur prêtent longue vie.

QUELS ANIMAUX GARDAIENT LES RÉSERVES DE GRAINS ?

Les chats ! Les Égyptiens ont sans doute été les premiers à apprivoiser les chats. Ils attiraient les chats sauvages dans leurs fermes pour qu'ils tuent les rats et les souris, qui dévorent les réserves de grains. Les Égyptiens élevaient les chats (miw, dans leur langue) en tant qu'animaux familiers.

POURQUOI LE NIL ÉTAIT-IL SI IMPORTANT ?

Parce qu'il pleut rarement en Égypte. Mais chaque année le Nil en crue inondait le rivage d'eau douce et d'une vase noire fertile, propice aux cultures. Les paysans creusaient des canaux d'irrigation pour alimenter en eau les champs les plus éloignés du fleuve.

QUELS ÉTAIENT LES PREMIERS SPORTS OLYMPIQUES ?

Au début, la course était le sport unique. Plus tard s'ajoutèrent la boxe, la lutte, les courses de chars et de chevaux et le pentathlon (course, lutte, saut en longueur, lancer du disque et du javelot). Il y avait aussi des concours de musique, de poésie et de théâtre.

Les soldats de Sparte étaient craints dans toute la Grèce.

LES FEMMES POUVAIENT-ELLES PARTICIPER AUX JEUX OLYMPIQUES ?

Non, les femmes étaient interdites sur les lieux pendant toute la durée des jeux. Mais une fois tous les quatre ans, des jeux leur étaient réservés, qu'on organisait en l'honneur d'Héra, femme de Zeus.

LES GRECS FAISAIENT-ILS LA GUERRE ?

Oui. En 490 et 479 av. J.-C. les Grecs vainquirent les envahisseurs perses. De 431 à 362 av. J.-C, il y eut plusieurs guerres civiles. En 338 av. J.-C, la Grèce fut conquise par les Macédoniens et l'Empire grec prit fin.

QUELLE VILLE FORMAIT LES MEILLEURS SOLDATS ?

Les soldats de la cité de Sparte étaient réputés les plus courageux et les meilleurs de toute la Grèce. Les jeunes Spartiates étaient retirés à leur famille vers l'âge de huit ans et entraînés à manier les armes et à supporter la douleur. Ils passaient 25 ans à l'armée !

LES PREMIERS
JEUX OLYMPIQUES

La chouette était le symbole de la cité d'Athènes.

MONNAIES GRECQUES

LES GRECS ONT-ILS INVENTÉ L'ARGENT ?

Non. Les premières pièces de monnaie ont été frappées en Lydie (l'actuelle Turquie) vers 600 av. J.-C. mais les Grecs imitèrent bientôt les Lydiens et éditèrent leurs propres pièces.

EN QUOI ÉTAIT FAITE LA MONNAIE GRECQUE ?

En argent et en or. Elle était ornée du symbole de la cité où elle était frappée, ou encore de portraits de héros et de dieux.

QUI ÉTAIENT LES BARBARES ?

Les étrangers – les peuples qui ne parlaient pas le grec. À l'oreille d'un Grec, leur langue semblait répéter « baa baa ».

POURQUOI LES GRECS ONT CONSTRUIT AUTANT DE TEMPLES ?

Parce qu'ils rendaient un culte à beaucoup de déesses et de dieux différents ! Les Grecs croyaient que chacun d'eux avait besoin pour son âme de sa propre maison. Aussi construisirent-ils des temples somptueux pour les abriter, avec de belles statues. On prêtait à chaque dieu et à chaque déesse qu'imploraient les visiteurs des temples des pouvoirs particuliers. Zeus était le dieu du ciel, Arès celui de la guerre et Aphrodite, la déesse de l'amour.

COMMENT ÉTAIENT LES BATEAUX DE GUERRE GRECS ?

Longs, étroits et rapides. Ils étaient équipés d'un bélier pointu à la proue et propulsés par 170 rameurs et par d'immenses voiles carrées.
Les batailles navales consistaient à heurter violemment les navires ou à s'approcher suffisamment du bateau ennemi pour que les soldats sautent à bord et se battent à l'épée et à la lance.

Le Parthénon était dédié à la déesse Athéna.

LE PARTHENON À ATHÈNES

UN CENTURION ROMAIN

Les centurions étaient les officiers les plus âgés. Pour la parade, ils revêtaient une superbe cuirasse en métal ciselé et un casque surmonté d'un cimier en crin de cheval.

QUI VOULUT DEVENIR MAÎTRE DU MONDE ?

Vers 400 av. J.-C., les Romains partirent conquérir les villes voisines. En 272 av. J.-C., ils régnaient sur toute l'Italie, mais ils ne s'arrêtèrent pas là ! Après avoir vaincu leurs rivaux à Carthage (en Afrique du Nord), ils envahirent le pourtour de la Méditerranée, dont la Gaule. En 31 av. J.-C., ils conquirent l'ancien royaume d'Égypte. Ils envahirent l'Angleterre en 55-54 av. J.-C. En 117 de notre ère, sous l'empereur Trajan, le formidable Empire romain s'étendait de l'Écosse à la Syrie et l'Irak.

QUI ENTRAIT DANS L'ARMÉE ROMAINE ?

Les jeunes gens de tout l'empire. Les recrues devaient être en bonne santé, robustes et de grande taille, âgés de moins de 25 ans et, si possible, savoir lire et écrire. Les citoyens romains devenaient légionnaires, ceux des autres nations soldats des troupes auxiliaires.

LES ROMAINS AVAIENT-ILS LE CHAUFFAGE CENTRAL ?

Oui. Ils inventèrent un système appelé hypocauste. L'air chaud, produit par des chaudières à bois, circulait dans des tuyaux en briques construits sous le sol.

COMBIEN DE TEMPS LES ROMAINS ÉTAIENT-ILS SOLDATS ?

Pendant environ 25 ans. Après quoi ils prenaient leur retraite. On leur donnait une grosse somme d'argent ou une pension et un certificat attestant leur service.

LES ROMAINS ÉTAIENT-ILS DE BONS INGÉNIEURS ?

Oui, parmi les meilleurs du monde ! Ils ont construit des routes, des ponts, des aqueducs (des canaux surélevés pour transporter l'eau), de vastes dispositifs de canalisations et d'égouts, et les tout premiers immeubles.

QUI A ATTAQUÉ ROME AVEC DES ÉLÉPHANTS ?

Le général Hannibal, chef des Carthaginois, venus d'Afrique du Nord. En 218 av. J.-C., à la tête d'une grande armée avec des éléphants de combat, il a traversé l'Espagne et les Alpes pour attaquer Rome.

POURQUOI LES ROMAINS PASSAIENT-ILS BEAUCOUP DE TEMPS AUX BAINS ?

Parce que les bains romains étaient conçus pour se détendre et rencontrer ses amis. Les grandes cités avaient des bains publics, avec des bains de vapeur, des piscines chaudes et froides, des équipements sportifs et des esclaves formés aux massages et aux soins de beauté.

Les Romains avaient souvent des rendez-vous d'affaires aux bains.

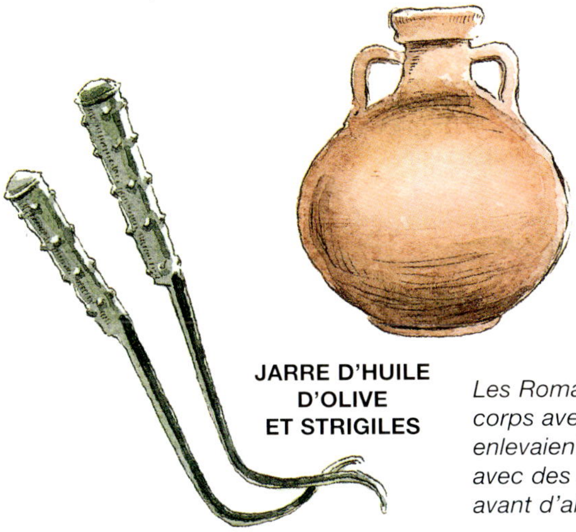

JARRE D'HUILE D'OLIVE ET STRIGILES

Les Romains se frottaient le corps avec de l'huile et enlevaient l'huile et la crasse avec des strigiles métalliques avant d'aller au bain.

POURQUOI HADRIEN A-T-IL CONSTRUIT UN MUR ?

Pour matérialiser la frontière de l'Empire romain et protéger celui-ci des envahisseurs. L'empereur romain Hadrien (qui régna de 117 à 138 apr. J.-C.) visita souvent les provinces frontalières, telle l'Angleterre, pour inspecter les systèmes de défense et encourager les troupes d'occupation. L'Empire romain atteignit ses limites les plus vastes sous son règne.

COMBIEN DE TEMPS A DURÉ LA DOMINATION ROMAINE ?

Les Romains s'imposèrent vers 200 av. J.-C. À la fin du Ier siècle de notre ère, ils régnaient sur un vaste empire. La puissance romaine s'effondra après la mise à sac de Rome par des tribus guerrières venues d'Asie, en 410, 455 et 470.

LE MUR D'HADRIEN

Le mur d'Hadrien dans le nord de l'Angleterre mesure 120 km de long. Les soldats romains patrouillaient, guettant les envahisseurs celtes.

Les Incas offraient à leurs dieux des présents en or – tel ce lama.

OR INCA

QU'ÉTAIT LE JARDIN D'OR ?

Une cour à l'arrière du temple principal de Cuzco, la capitale inca. Il s'y trouvait des représentations grandeur nature d'animaux et de plantes, faites d'argent et d'or. C'étaient des offrandes aux dieux.

QUI ÉTAIT LE « FILS DU SOLEIL » ?

Le souverain inca – un roi qui était adoré et craint. Les Incas croyaient qu'il était descendant d'Inti, le dieu solaire. Le plus grand empereur inca fut Pachachuti Yupanqui, qui régna de 1438 à 1471. Il conquit de nombreux pays voisins.

QUI MONTAIT DES ESCALIERS POUR REGARDER LES ÉTOILES ?

Les prêtres et les scribes de la civilisation maya, qui exerçaient le pouvoir en Amérique centrale entre environ 200 et 900 de notre ère. Ils construisirent des pyramides immenses, flanquées d'escaliers, dont le sommet était un temple ou un observatoire. Les Mayas étaient des astronomes et des mathématiciens compétents. Ils mirent au point des calendriers très précis et un système de calcul qui n'utilisait que trois symboles – des coquillages, des tirets et des points.

QU'EST-CE QU'UNE HUACA ?

Un lieu sacré des Incas, qui croyaient que les esprits vivaient dans des huacas, dans les montagnes, les rivières et les grottes. Ils y déposaient des offrandes, pour attirer le bon sort : les riches apportaient de la nourriture et des vêtements, les pauvres quelques brins d'herbe, des gouttes d'eau ou juste un cil…

QUI ÉTAIENT LES AZTÈQUES ?

Les Aztèques étaient des chasseurs nomades arrivés à Mexico vers 1200 av. J.-C. Ils s'imposèrent par les armes et bâtirent une ville immense sur une île au milieu d'un lac marécageux. Ils se développèrent et devinrent bientôt riches et puissants.

QUI ÉTAIENT LES INCAS ?

Un peuple des Andes, les hautes montagnes d'Amérique du Sud (situées pour partie au Pérou). Ils développèrent un empire considérable de 1438 à 1532 de notre ère.

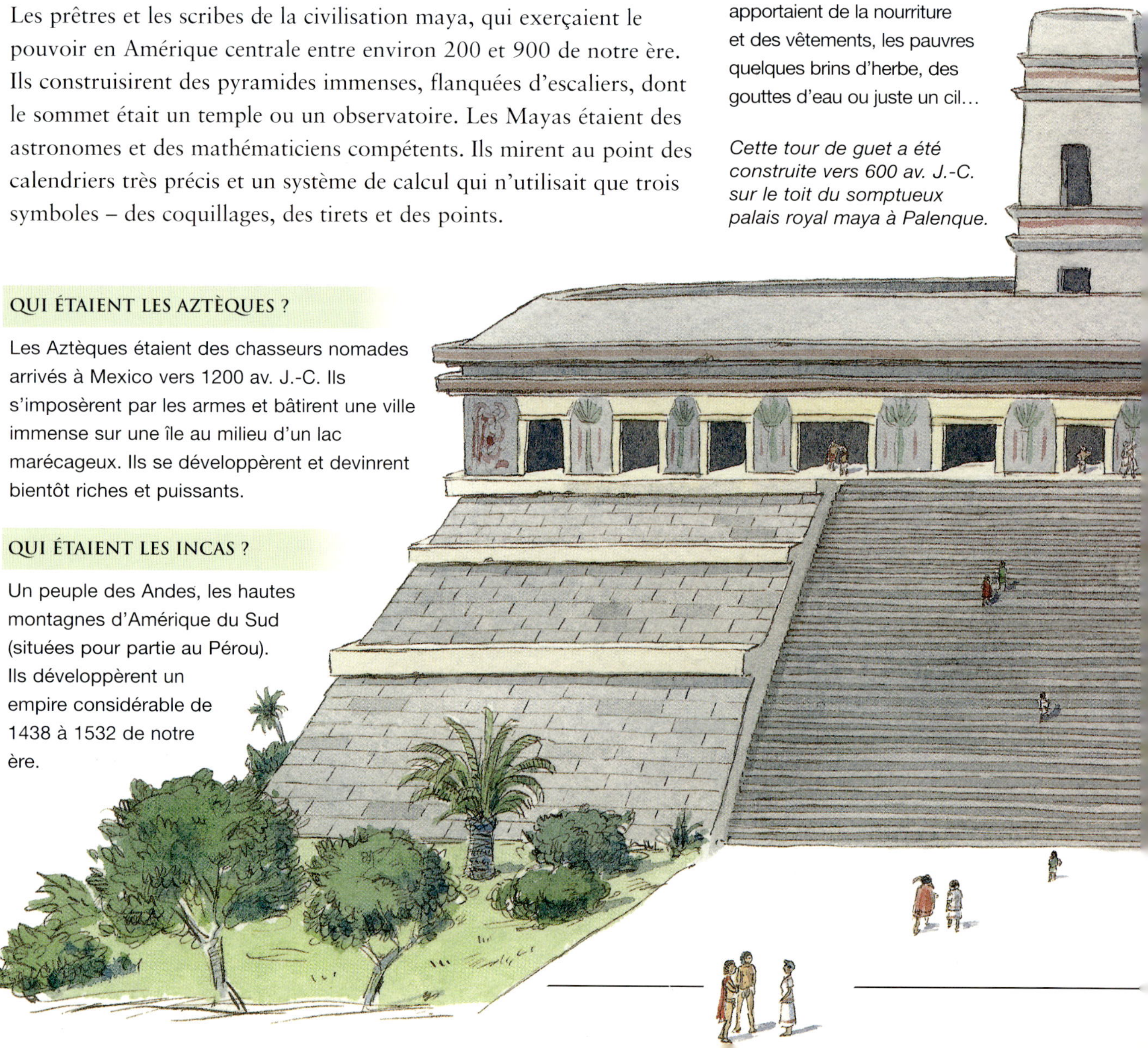

Cette tour de guet a été construite vers 600 av. J.-C. sur le toit du somptueux palais royal maya à Palenque.

QUI ÉTAIT LE GRAND SERPENT À PLUMES ?

Un important dieu aztèque – son vrai nom etait Quetzalcóatl. Les Aztèques croyaient qu'il reviendrait dans leur terre natale et provoquerait la fin du monde. Quetzalcóatl fut représenté dans de nombreux dessins et sculptures. Plusieurs autres peuples d'Amérique du Sud lui rendaient un culte et le craignaient.

Quetzalcóatl dessiné par un scribe aztèque.

QUI MENAIT LES « GUERRES FLEURIES » ?

Les farouches soldats aztèques, armées d'arc et de flèches, de poignards et de massues. Pendant le XVe siècle et le début du XVIe, ils livrèrent contre les tribus installées à Mexico les « guerres fleuries » : les Aztèques croyaient que le sang de leurs ennemis fertilisait la terre et faisait pousser les fleurs et les cultures. Ils immolaient leurs prisonniers de guerre et offraient leur cœur aux dieux.

POURQUOI LES LAMAS COMPTAIENT-ILS TANT ?

Parce qu'ils survivaient dans les contrées montagneuses des Incas, à plus de 3 000 mètres d'altitude, malgré le froid, le vent et une maigre végétation. Les Incas portaient des vêtements et des manteaux taillés dans la toison douce et chaude des lamas. Ils utilisaient cet animal pour transporter les charges lourdes sur les sentiers escarpés.

QUI A INVENTÉ LE CHOCOLAT ?

Les cuisiniers aztèques. Ils faisaient une boisson chocolatée sucrée et mousseuse à partir de grains de cacao et de miel, relevée d'épices. Encore aujourd'hui, on désigne cette boisson par son nom aztèque : chocolatl.

AVEC QUOI ÉTAIENT CONSTRUITS LES PALAIS MAYAS ?

Avec de grands blocs de pierre, ou des briques de boue séchée au soleil, recouverts de plâtre et décorés d'images de dieux et de souverains. Les temples mayas étaient construits de la même façon mais peints en rouge vif.

COMMENT EXPLIQUER LA DISPARITION DES CIVILISATIONS MAYA, AZTÈQUE ET INCA ?

Ces peuples furent conquis par les armées venues d'Espagne qui débarquèrent en Amérique au début du XVIe siècle pour y chercher de l'or.

QUI ÉCRIVAIT AVEC DES DESSINS ?

Les scribes mayas et aztèques. Les Mayas inventèrent le premier système d'écriture d'Amérique, fait de dessins symboliques (glyphes). Mayas et Aztèques écrivaient sur du papier en écorce de figuier, plié en accordéon pour faire des livres nommés *codex*.

PALAIS MAYA, À PALENQUE

L'imposant escalier conduit aux appartements royaux, dont les portes sont flanquées des statues des dieux et des rois.

L'empereur de Chine avait le pouvoir suprême sur tous ses sujets.

QUAND LE PREMIER EMPIRE CHINOIS FUT-IL FONDÉ ?

En 221 av. J.-C., tous les États chinois indépendants furent unifiés en un empire par le premier empereur, Shi Huangdi. Il promulga de nombreuses lois nouvelles, harmonisa l'écriture, la monnaie, les poids et mesures et ordonna la construction de la Grande Muraille pour défendre la Chine.

UNE REPRODUCTION EN FAÏENCE D'UN CHAR À BŒUFS DE LA ROUTE DE LA SOIE.

Les chariots étaient faits de bois et de bambou tressé, avec de solides roues en bois.

OÙ PASSAIT LA ROUTE DE LA SOIE ?

Elle partait des riches cités chinoises, par-delà le désert de Gobi, et traversait les montagnes d'Asie centrale jusqu'aux ports de commerce du Moyen-Orient et de la Méditerranée. Les négociants européens suivaient pendant des années sur la Route de la soie afin de rapporter des denrées rares, particulièrement de la soie et de la porcelaine.

OÙ SE TROUVAIT L'EMPIRE DU MILIEU ?

Les Chinois pensaient que leur pays était le vrai centre du monde, aussi l'appelaient-ils l'empire du Milieu. Pendant de nombreux siècles, la Chine fut effectivement l'une des civilisations les plus vastes, les plus riches et les plus évoluées. Sous les dynasties Tang et Song (qui régnèrent de 618 à 1279 de notre ère), des villes comme Chang'an (aujourd'hui Xi'an) et Kinsai (Huangzhou) étaient les plus grandes du monde, et très prospères. Dans le même temps, les savants et les ingénieurs chinois firent d'importantes découvertes, parmi lesquelles l'imprimerie, la pocelaine, la fabrication du papier, la poudre à canon, les billets de banque et le mécanisme d'horlogerie.

QUI PLAÇAIT L'HONNEUR AU-DESSUS DE LA VIE ?

Les guerriers japonais appelés les samouraïs, qui prirent le pouvoir vers 1200 de notre ère. Ils étaient réputés pour se battre selon un strict code de l'honneur et préféraient le suicide à la défaite.

QUEL ÉTAIT LE SECRET LE MIEUX GARDÉ EN CHINE ?

Le secret de la fabrication de la soie. Pendant des siècles, les Chinois seuls l'ont connu. Les Chinoises élevaient des larves de vers à soie, qui produisent du fil et s'enroulent dedans pour faire leur cocon. Les ouvriers passaient les cocons à la vapeur pour tuer les larves, déroulaient le fil, le teignaient et le tissaient pour en faire des vêtements.

Les potiers chinois laissaient l'argile vieillir à l'air libre pendant plus de 40 ans avant de la mettre au feu à très haute température, pour qu'elle soit lisse comme du verre.

VASE MING

QU'EST-CE QUI A RENDU LA CHINE SI PROSPÈRE ?

Les inventions des paysans et des ingénieurs chinois rendirent le pays prospère. Au Moyen-Âge, les Chinois firent de grands progrès en agriculture. Ils creusèrent des canaux d'irrigation pour acheminer l'eau dans les rizières. Ils construisirent des machines comme cette pompe à eau pour extraire l'eau des canaux. Ils inventèrent également des méthodes de fertilisation des plantations de fruits et de légumes avec de l'engrais produit par les déchets humains.

QUI S'OCCUPAIT DES RÉPRIMANDES ADRESSÉES PAR LA DÉESSE DU SOLEIL ?

Les empereurs du Japon. Le premier empereur japonais vécut aux environs de 660 av. J.-C.. Ses descendants régnèrent jusqu'en 1192 de notre ère. Ensuite, les généraux de l'armée, les shoguns, gouvernèrent, laissant seulement à l'empereur des pouvoirs religieux et rituels.

D'OÙ LA CHINE A-T-ELLE TIRÉ SA RENOMMÉE ?

De ses faïences et de ses porcelaines d'art, appréciées dans le monde entier. Les potiers chinois inventèrent de nombreuses techniques et des styles. Leurs œuvres les plus célèbres étaient décorées avec un vernis bleu et blanc, tel ce grand vase fabriqué vers 1350 de notre ère.

NORIA ACTIONNÉE AUX PIEDS

Les hommes travaillaient sur cette noria. Un chapelet sans fin de carrés de bois contraignait l'eau à s'élever. On s'en servait pour irriguer les champs.

QUE FUT LA RÉVOLUTION INDUSTRIELLE ?

Ce fut une grande évolution dans le monde du travail et le mode de production des biens. Elle a commencé autour de 1775 en Grande-Bretagne et gagna la Belgique, l'Allemagne, l'Italie du Nord et la France et, après 1850, le Japon et les États-Unis. Dans des usines immenses, des machines, remplacèrent les artisans qui fabriquaient lentement les objets un à un, chez eux. Les ouvriers durent apprendre de nouveaux métiers pour conduire des machines qui produisaient en grande quantité des vêtements, des chaussures, des produits en papier, en métal et en bois bien plus vite et meilleur marché que les artisans.

QUI TRAVAILLAIT DANS LES PREMIÈRES USINES ?

Des milliers de pauvres gens, hommes et femmes, soumis à la misère et au chômage. Venus de la campagne, ils s'installaient dans les cités industrielles qui se développaient très vite. Ils espéraient un emploi régulier et un bon salaire. On était mieux payé dans une usine qu'à la ferme et beaucoup cédèrent à la fièvre des grandes villes. Mais les conditions de travail en usine étaient souvent dangereuses, les habitations urbaines surpeuplées, bruyantes et insalubres.

QUAND ONT ROULÉ LES PREMIERS TRAINS ?

Des wagons de chemin de fer tirés par des chevaux étaient utilisés comme chariots à charbon dans les mines depuis les années 1600, mais le premier train pour voyageurs fut conçu, dans le nord de l'Angleterre en 1825, par George Stephenson. Sa locomotive était propulsée à la vapeur et les voyageurs circulaient debout dans des wagons à ciel ouvert.

LA « ROCKET », CONSTRUITE PAR GEORGE ET ROBERT STEPHENSON EN 1829

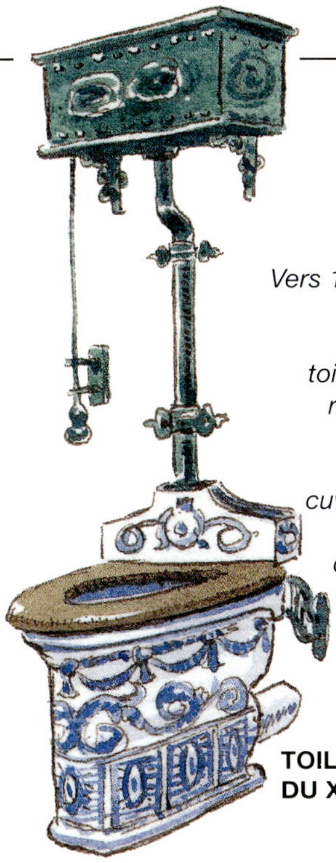

Vers 1900, beaucoup de maisons disposaient de toilettes. Seuls les riches pouvaient s'offrir un siège en bois et une cuvette en faïence sophistiquée comme celle-ci.

TOILETTES DE LA FIN DU XIXe SIÈCLE

POURQUOI LES ÉGOUTS ET LES TOILETTES ÉTAIENT UN PROGRÈS IMPORTANT ?

Parce que, sans ces aménagements, les eaux usées pouvaient propager très vite des maladies mortelles dans les cités industrielles surpeuplées. La faïencerie fut l'une des premières productions de l'industrie de masse. Dans les faïenceries du XIXe siècle, il fut produit industriellement des millions de tasses, d'assiettes – et de cuvettes de toilettes.

LES ENFANTS VIVAIENT-ILS MIEUX AUTREFOIS ?

Non. Beaucoup travaillaient 16 heures par jour dans les usines et les mines. Un grand nombre mouraient dans des accidents de travail ou à force de respirer la poussière de charbon, les fibres de coton ou les vapeurs de produits chimiques. À partir de 1830, les États promulguèrent des lois pour protéger les enfants au travail, et leur condition évolua lentement.

COMMENT LE TRAIN A-T-IL CHANGÉ LA VIE DES GENS ?

Il a favorisé l'essor du commerce et de l'industrie en acheminant les matières premières vers les usines et les produits finis des usines vers les lieux de vente. Il a permis l'approvisionnement en produits frais des villes par les campagnes. Il a rendu les déplacements plus faciles et favorisé le développement de toute une nouvelle industrie des loisirs.

QUI FIT DES PLANS QUINQUENNAUX ?

Joseph Staline, le dirigeant communiste russe qui gouverna de 1924-1953. Il a réorganisé le pays en appliquant des plans quinquennaux (5 ans). Il a fait construire des milliers de nouvelles usines, confisqué la terre aux gens du peuple pour créer de vastes exploitations collectives. Beaucoup de ses projets échouèrent : une répression impitoyable faisait taire les opposants.

QUI A UTILISÉ LA PREMIÈRE BOMBE ATOMIQUE ?

Le 6 août 1945, les États-Unis bombardèrent Hiroshima, au Japon, faisant 150 000 morts et d'innombrables blessés. En utilisant cette nouvelle arme terrible contre le Japon, les États-Unis et leurs alliés anglais et russes espéraient mettre fin à la Seconde Guerre mondiale (1938-1945). Le Japon était l'allié le plus puissant d'Adolf Hitler, le chef de l'Allemagne nazie. Ses annexions de nations européennes et la persécution des juifs firent éclater la guerre en 1939. Le 14 août 1945, le Japon capitula après qu'une autre bombe atomique fut lâchée sur la ville de Nagazaki. La guerre était terminée.

MAO ZEDONG

En 1966, Mao engagea une Révolution culturelle auprès de la jeunesse chinoise. Il rédigea ses pensées dans le Petit Livre rouge.

QUE FUT LA LONGUE MARCHE ?

Une marche éreintante des soldats communistes chinois, en 1934, à travers les régions sauvages et rocailleuses. Ils fuyaient les territoires tenus par leurs ennemis pour fonder leur propre État communiste. Mao Zedong était à leur tête. Il devint le « Grand Timonier » de la Chine en 1949.

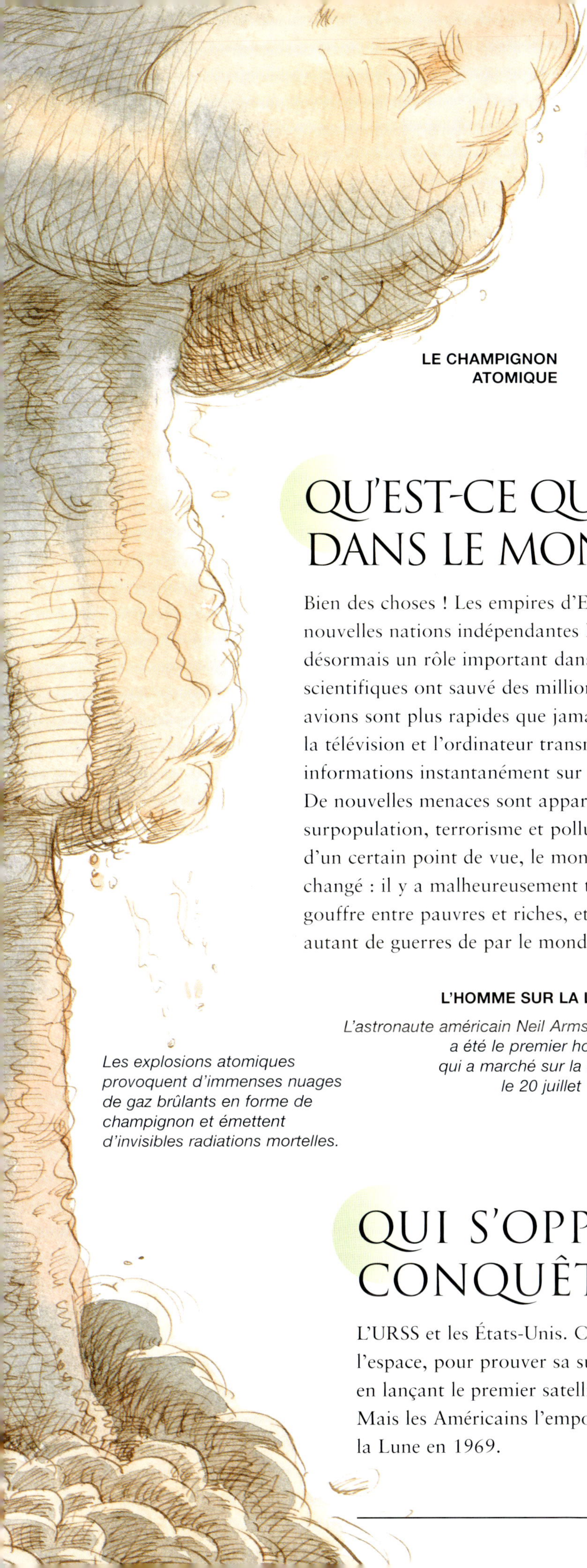

LE CHAMPIGNON ATOMIQUE

QU'ÉTAIT LA GUERRE FROIDE ?

Une période de dangereuses tensions de 1947 à 1989 entre les États-Unis et l'URSS. Les deux nations les plus puissantes au monde, méfiantes et menaçantes l'une envers l'autre, disposaient de systèmes politiques très différents. Les États-Unis défendaient la liberté et le commerce, l'URSS prônait le communisme. Les deux superpuissances ne s'affrontèrent pas directement par les armes mais favorisèrent des guerres entre des nations plus petites, une façon d'accroître leur pouvoir.

QU'EST-CE QUI A CHANGÉ DANS LE MONDE DEPUIS 1900 ?

Bien des choses ! Les empires d'Europe en Asie se sont effondrés et de nouvelles nations indépendantes les ont remplacés. Les femmes jouent désormais un rôle important dans la vie politique. Les nouvelles connaissances scientifiques ont sauvé des millions de vies humaines. Les voitures et les avions sont plus rapides que jamais, le téléphone, la télévision et l'ordinateur transmettent les informations instantanément sur toute la planète. De nouvelles menaces sont apparues : surpopulation, terrorisme et pollution. Mais, d'un certain point de vue, le monde n'a guère changé : il y a malheureusement toujours un gouffre entre pauvres et riches, et toujours autant de guerres de par le monde.

L'HOMME SUR LA LUNE

L'astronaute américain Neil Armstrong a été le premier homme qui a marché sur la Lune, le 20 juillet 1969.

Les explosions atomiques provoquent d'immenses nuages de gaz brûlants en forme de champignon et émettent d'invisibles radiations mortelles.

QUI S'OPPOSAIT DANS LA CONQUÊTE DE L'ESPACE ?

L'URSS et les États-Unis. Chaque État essaya de surpasser l'autre dans l'espace, pour prouver sa supériorité. L'URSS prit la tête de la course en lançant le premier satellite en 1957 et le premier vol habité en 1961. Mais les Américains l'emportèrent en envoyant le premier homme sur la Lune en 1969.

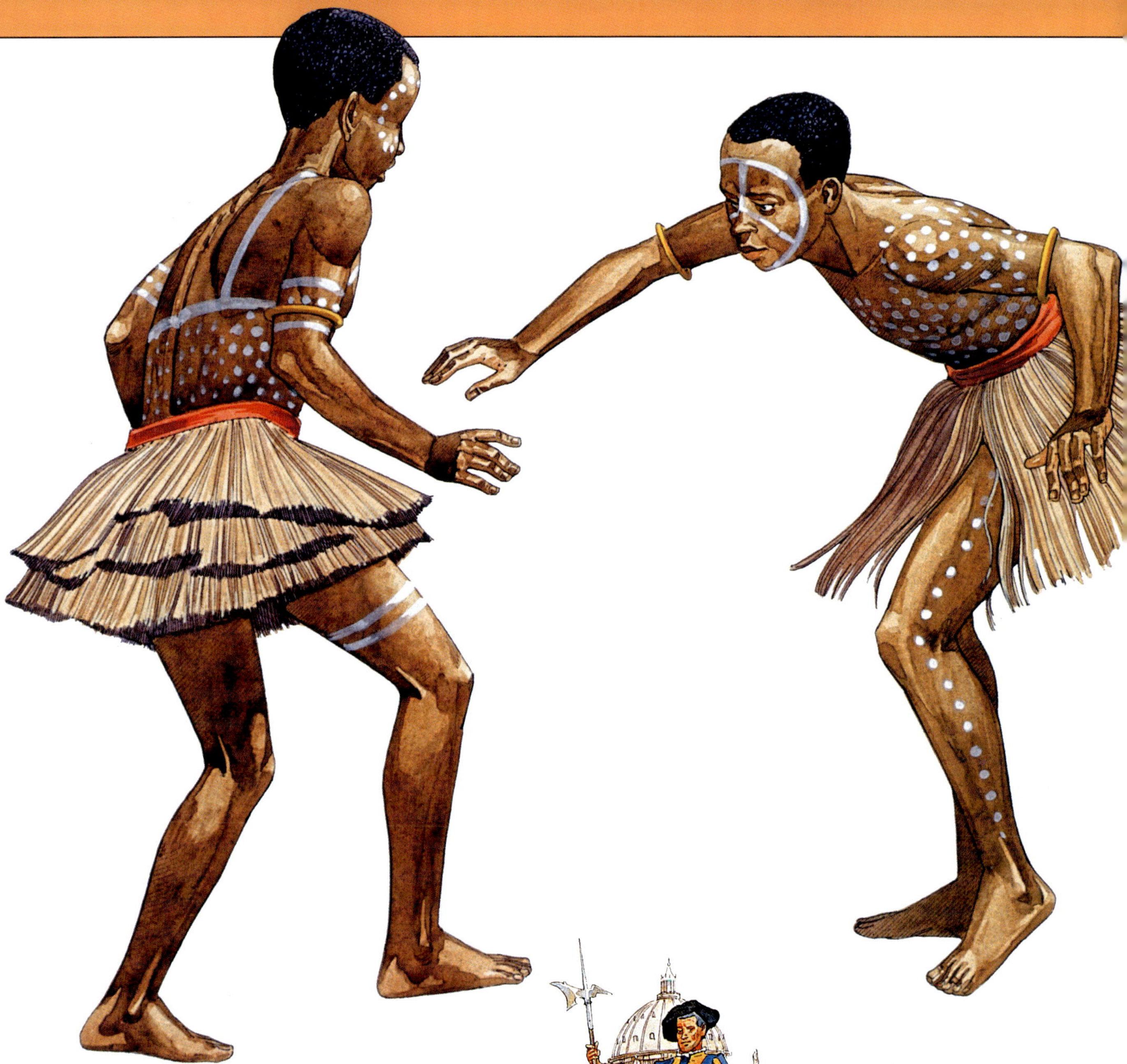

CHAPITRE QUATRE

LES PAYS ET LEURS PEUPLES

QUELLES SONT NOS DIFFÉRENCES ?

Tous les êtres humains sont fondamentalement semblables, où qu'ils vivent. Nous parlons des langues différentes et avons nos propres idées. Nous nous habillons, nous mangeons différemment. Nos parents nous ont donné une peau claire ou foncée, des yeux bleus ou marron, des cheveux d'une couleur ou d'une autre. Mais nous partageons en définitive les mêmes besoins, les mêmes joies, les mêmes espoirs, les mêmes peurs.

6 milliards d'hommes vivent sur la Terre.

L'HOMME A-T-IL MODIFIÉ LA PLANÈTE ?

À travers les âges, les hommes ont modifié l'aspect du monde dans lequel ils vivent. Ils ont déboisé des forêts et endigué les rivières. Ils ont fait pousser des plantes nouvelles et tué les animaux sauvages. Ils ont construit des villes et des routes.

QU'EST-CE QU'UN CONTINENT ?

C'est une vaste étendue de terre limitée par les océans. Le plus vaste de tous est l'Asie, qui compte plus de 3,5 milliards d'habitants.

Certains endroits du monde sont trop rudes, trop chauds ou trop froids pour y vivre.

DÉSERT DE GLACE ARCTIQUE

COMBIEN Y A-T-IL D'HABITANTS SUR LA TERRE ?

Des milliards ! En 1997, nous étions environ 5 840 000 000 (5 milliards et 840 millions) sur la planète. Deux fois plus que 50 ans plus tôt…

OÙ VIT-ON, ET POURQUOI ?

Les êtres humains s'installent là où ils trouvent de quoi manger et boire, de quoi survivre. Personne ne vit dans l'Antarctique, qui est le désert de glace sur la partie la plus reculée du monde. Les scientifiques y font des expéditions pour étudier les roches, les icebergs et les manchots. Le Sahara, en Afrique, est un désert de sable brûlant et de rochers. Il ne s'y trouve que quelques endroits, les oasis, où l'homme peut disposer de l'eau nécessaire à sa survie.

QUI SONT LES PEUPLES DU MONDE ?

Les êtres humains qui partagent la même histoire ou la même langue forment un peuple ou un « groupe ethnique ». Il arrive que des peuples différents vivent sur un même territoire. Ainsi, la Tanzanie compte plus de cent groupes ethniques, chacun ayant son mode de vie propre.

Y A-T-IL DE PLUS EN PLUS D'ÊTRES HUMAINS ?

Chaque minute, 167 bébés naissent dans le monde. Imaginons les cris si on les mettait dans la même pièce ! En 2025 environ, il y aura un peu plus de 8 milliards d'êtres humains sur la Terre.

LES PEUPLES ONT-ILS TOUJOURS VÉCU LÀ OÙ ILS VIVENT ?

Au fil de l'histoire, de nombreux peuples ont franchi des distances immenses, certains ont émigré. Les Polynésiens ont mis plus de 2 500 ans pour traverser l'océan Pacifique et peupler leurs îles. Les populations bougent aujourd'hui encore.

POURQUOI CERTAINES RÉGIONS SONT PLUS RICHES QUE D'AUTRES ?

Certaines régions disposent d'un sol fertile, propice aux cultures. D'autres recèlent du pétrole, qui rapporte beaucoup d'argent. Celles où il pleut rarement sont arides et souvent dépourvues de ressources minières. Les hommes qui vivent là ont souvent du mal à survivre.

QUEL PAYS A LE PLUS GRAND NOMBRE D'HABITANTS ?

Il vit en Chine plus de monde que partout ailleurs. Les Chinois sont environ 1,237 milliard, la plupart vivant dans les grandes villes de l'est et du sud. L'extrême ouest de la Chine est constitué de déserts et de montagnes vides d'habitants.

QUELS SONT LES ENDROITS LES PLUS PEUPLÉS DANS LE MONDE ?

Les petits pays et les grandes villes peuvent abriter des millions d'habitants. Le plus peuplé des grands pays est le Bangladesh, avec plus de 800 habitants au km^2.

Les endroits où un grand nombre d'hommes ont choisi de s'installer sont devenus de grandes villes.

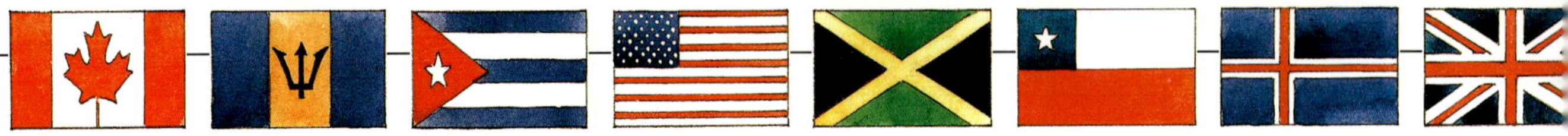

QU'EST-CE QU'UN PAYS ?

Un pays est un territoire placé sous l'autorité d'un même gouvernement. Il peut être vaste ou minuscule. Ses frontières doivent être approuvées par les pays voisins, bien que ce soit parfois l'objet de polémiques. Les pays qui se gouvernent eux-mêmes sont dits indépendants. Ceux qui sont gouvernés par d'autres sont des colonies. Parfois, plusieurs pays s'assemblent pour constituer une seule nation nouvelle. Mais des pays peuvent aussi éclater en plusieurs nations plus petites.

Les réfugiés sont des personnes qui ont fui leur pays à cause de la guerre ou de la famine.

POURQUOI LES PAYS ONT-ILS UN DRAPEAU ?

On peut voir les drapeaux flotter sur les bâtiments et sur les navires. Ils affichent leurs motifs et leurs couleurs vives en claquant au vent. Beaucoup sont l'insigne ou le symbole d'une nation ou d'une région. Le dessin renseigne parfois sur le pays ou sur son histoire. Le drapeau du Kenya comporte un bouclier traditionnel et des lances, tandis que celui du Liban montre un cèdre, un arbre qui fit autrefois la richesse de la région.

OÙ PEUT-ON VOIR LA TOTALITÉ DES DRAPEAUX DU MONDE ?

Des rangées et des rangées de drapeaux flottent devant le siège de l'Organisation des nations unies (ONU), à New York. La plupart des pays appartiennent à cette organisation, qui tente de résoudre toutes sortes de problèmes dans le monde.

COMBIEN DE PAYS INDÉPENDANTS Y A-T-IL AUJOURD'HUI ?

Il y a 192 pays indépendants aujourd'hui dans le monde. Leur nombre est susceptible de changer chaque année.

COMBIEN Y A-T-IL DE COLONIES DANS LE MONDE ?

Soixante-six nations dans le monde sont encore sous la domination d'un autre pays. C'est le cas de nombreuses toutes petites îles de le mer des Caraïbes, de l'Atlantique et du Pacifique.

TOUS LES PEUPLES ONT-ILS UN PAYS À EUX ?

Non, il arrive que la patrie d'origine de certains peuples soit divisée entre d'autres pays. Les terres des Kurdes, par exemple, sont réparties entre la Turquie, l'Iran et l'Irak.

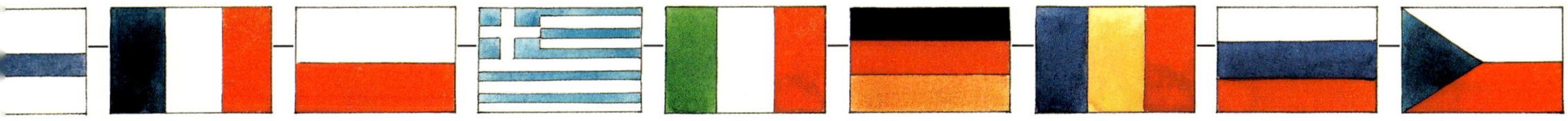

COMBIEN FAUT-IL DE TEMPS POUR TRAVERSER LA RUSSIE ?

Cela dépend du mode de transport ! Aujourd'hui, le train sur la célèbre ligne transsibérienne met huit jours de Moscou jusqu'à la côte pacifique.

QUEL EST LE PAYS LE PLUS VASTE DU MONDE ?

La gigantesque Fédération de Russie occupe plus de 17 millions de km^2 sur la surface du globe. Elle couvre deux continents, l'Europe et l'Asie, et ses horloges sont réglées sur 11 fuseaux horaires différents.

La Russie est à ce point immense que lorsque le Soleil se couche à Moscou, il se lève sur Vladivostock, sur la côte du Pacifique.

À TRAVERS LE PAYS LE PLUS VASTE DU MONDE, IL Y A 50 ANS.

La construction du Transsibérien a commencé il y a plus d'un siècle. Il a été inauguré en 1905.

QUEL PAYS TIENT DANS UNE VILLE ?

La plus petite nation au monde tient dans un quartier de la ville de Rome, en Italie. C'est la cité du Vatican, le siège de l'Église catholique. Seulement mille personnes environ y vivent.

UN GARDE SUISSE À LA CITÉ DU VATICAN

QUE SONT LES COMTÉS ET LES ÉTATS ?

Quand on regarde la carte d'un pays, on constate qu'il est divisé en régions plus petites. Celles-ci ont souvent leurs propres lois locales et sont désignées comme États, comtés, provinces ou départements.

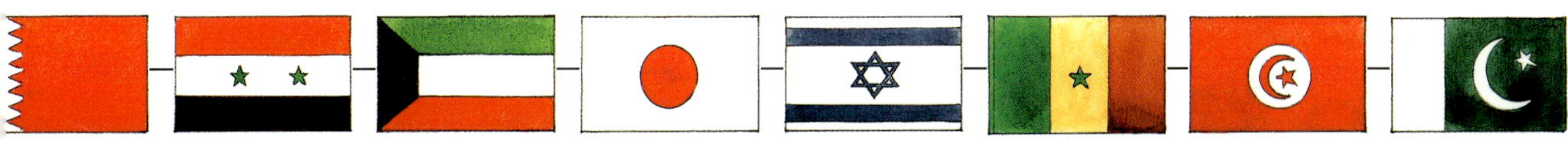

UN VILLAGE DOGON, MALI

Les cases de terre et les greniers à grains sont construits autour d'une place.

POURQUOI CONSTRUIRE DES HUTTES EN TERRE ?

Dans certaines parties d'Afrique comme le Mali, on trouve encore des huttes à toit de chaume faites de boue séchée. Peu coûteuses, fraîches, elles sont de surcroît souvent belles.

POURQUOI A-T-ON INVENTÉ LES GRATTE-CIEL ?

Pour concentrer plus de monde sur une petite surface. Les premières grandes tours furent construites à Chicago il y a environ 120 ans. En 1887, des ascenseurs à grande vitesse épargnèrent de monter des escaliers interminables !

QUEL PEUPLE VIT DANS DES CARAVANES ?

Un grand nombre de Tsiganes vivent dans des caravanes, se déplaçant d'un campement à l'autre. Gitans, Roms et Manouches arrivèrent en Europe, venus de l'Inde, il y a environ 1 000 ans.

POURQUOI CERTAINS PEUPLES VIVENT-ILS SOUS LA TENTE ?

Dans beaucoup de régions, les gens ne vivent pas au même endroit toute l'année. Ce sont les nomades, suivant leurs troupeaux de moutons et de chèvres d'une oasis à l'autre, ou de la plaine aux pâturages de montagne. Les Bédouins sont des nomades qui habitent les régions sèches d'Afrique du Nord et du Proche-Orient. Leurs tentes sont faites avec des pelages de chameau. De nos jours, certains Bédouins se sont sédentarisés dans les villes.

OÙ VIT-ON DANS DES GROTTES ?

Les premiers hommes trouvèrent souvent refuge dans les grottes. Aujourd'hui même, en Turquie et en Chine, certains habitent encore dans des grottes. Elles ne sont plus froides et humides, comme à l'âge de pierre. Elles peuvent être douillettes et très confortables.

EN QUOI SONT FAITES LES MAISONS ?

De boue, de pierre, d'ardoise, de galets, de briques, de branchages, de roseaux, de poutrelles en acier ou en fer, en béton, en verre, avec des planches de bois, de la paille, de la ferraille, de la tourbe, de la neige gelée, du bambou, des peaux de bête, des caisses d'emballages, des boîtes en carton – avec de tout ! Par le monde, les hommes se servent de ce qu'ils trouvent ou qu'ils fabriquent pour faire leur abri ou leur demeure. Aujourd'hui, bien des bâtiments contemporains se ressemblent, de Brasilia à Singapour, mais on trouve toujours, dans le monde entier, un habitat local traditionnel très varié.

Les Bédouins nomades se servent des chameaux pour aller d'une région à une autre du désert.

Les roseaux sont utilisés comme matériau de construction, de l'Afrique du Sud au Sud-Est asiatique.

Les maisons doivent protéger leurs habitants du froid et de la chaleur, de la pluie et de la neige, des tempêtes et des inondations.

POURQUOI BÂTIR DES MAISONS EN ROSEAUX ?

Il est astucieux d'utiliser le matériau de construction qu'on a sous la main. De grands roseaux poussent dans les marais et les zones humides du sud de l'Irak. Les Arabes de ces régions les utilisent pour construire de belles maisons.

POURQUOI LES CHALETS ONT DE LARGES TOITS ?

Les maisons en bois des Alpes ont de grands toits à forte pente pour que la neige glisse et ne s'accumule pas.

POURQUOI CERTAINS VIVENT-ILS SOUS TERRE ?

Pour être au frais ! À Coober Pedy en Australie, il fait si chaud que les mineurs qui fouillent pour trouver de l'opale ont construit des maisons et même une église sous terre.

À QUOI RESSEMBLENT LES MAISONS DANS L'ARCTIQUE ?

Aujourd'hui, la plupart des Inuits du Canada vivent dans des maisons en bois. Autrefois, elles étaient faites de pierre et de tourbe. Ils construisaient aussi pour la nuit des igloos faits de blocs de neige.

Une tente se démonte et se déplace facilement

SYDNEY, AUSTRALIE

L'opéra de Sydney est devenu l'un des bâtiments les plus connus au monde De nombreux touristes viennent le voir du monde entier.

OÙ SONT LES PLUS GRANDES VILLES DU MONDE ?

Au Japon, où de grandes villes se sont étendues au point de se toucher et de former des mégapoles. Le Japon est constitué d'îles très montagneuses, aussi la plupart des Japonais vivent-ils sur l'étroite bande de plaines le long des côtes. Les villes ont dû s'étendre comme des rubans jusqu'à fusionner. Tokyo, la capitale, et ses abords comptent plus de 27 millions d'habitants. La ville continue d'enfler. À l'autre bout du monde, Mexico s'étend rapidement.

QUELLE EST LA VILLE LA PLUS HAUTE ?

La ville de Lhassa est bâtie à 3 684 mètres d'altitude. C'est la capitale du Tibet, une région de la chaîne de l'Himalaya sous domination de la Chine. Le Tibet est souvent appelé « le toit du monde ».

QUEL BÂTIMENT RESSEMBLE À UNE VOILE DE NAVIRE ?

L'opéra de Sydney, en Australie, dont le toit semble s'élever au-dessus des eaux bleues du port comme les voiles d'un majestueux voilier.

Les villes se sont développées lorsque l'homme a pratiqué l'agriculture. Il n'avait plus à suivre ses troupeaux ni à chasser les animaux sauvages pour se nourrir. Il pouvait se fixer.

QUI HABITE AU BOUT DU MONDE ?

L'un des villages de l'extrême Nord a pour nom Ny-Alesund, sur le territoire arctique de Svalbard. Au sud, c'est Puerto Williams en Terre de Feu, au Chili.

COMMENT S'ORIENTER DANS UNE VILLE ?

Chaque ville dispose de monuments repérables qui aident à s'orienter : la tour Eiffel à Paris, la porte de Brandebourg à Berlin, l'Atomium à Bruxelles…

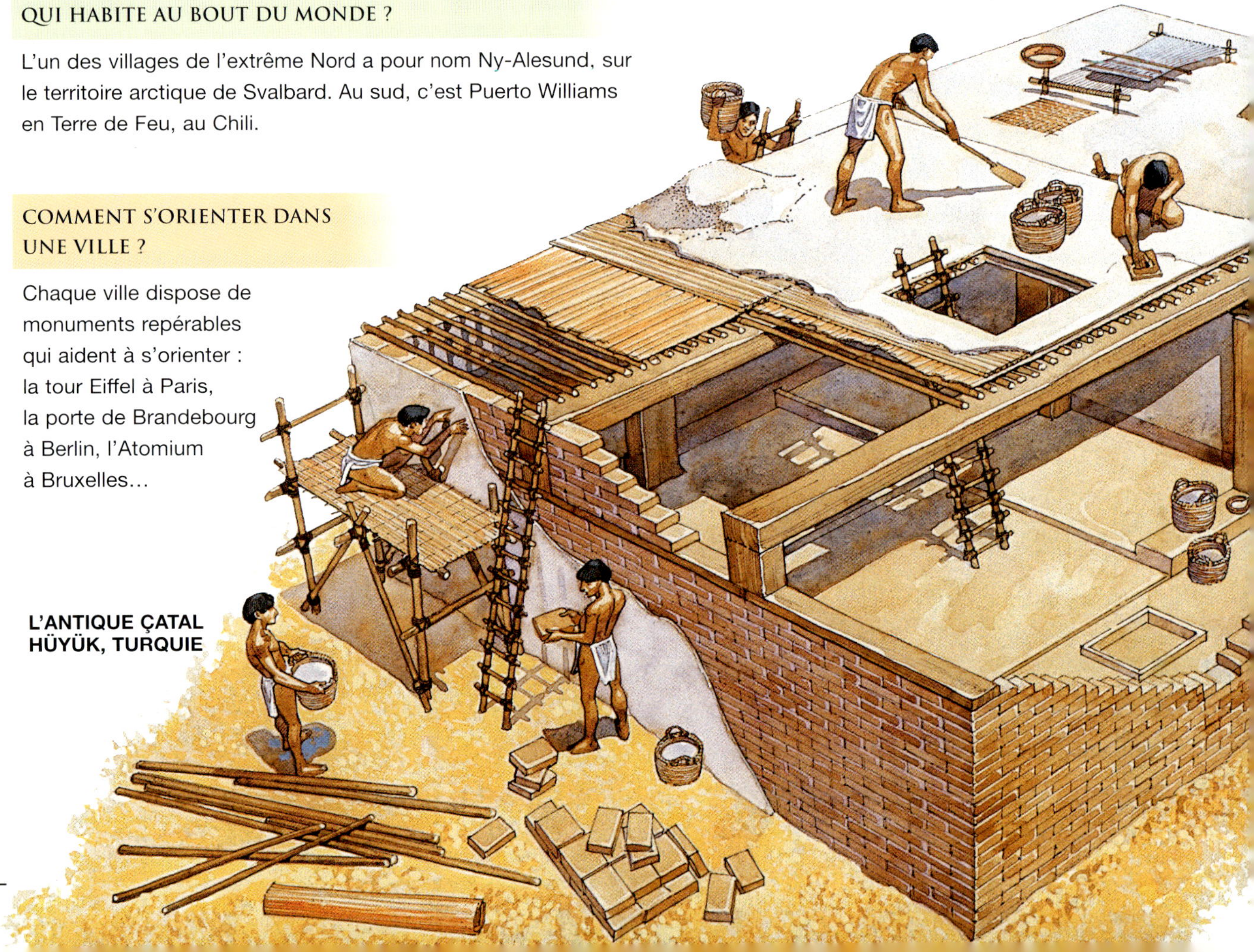

L'ANTIQUE ÇATAL HÜYÜK, TURQUIE

QUELS SONT LES INCONVÉNIENTS DES GRANDES VILLES ?

Les villes fascinent et attirent. La vie y est un tourbillon. On y rencontre aussi de grandes difficultés. La concentration de la population pose de nombreux problèmes : il faut de l'eau, de l'électricité et des égouts, des voitures de pompiers et de police, des ambulances. L'excès de circulation entraîne souvent des bouchons et pollue l'atmosphère. Dans certains pays, les ruraux viennent chercher du travail dans les grandes villes et se trouvent contraints d'y vivre dans des conditions précaires.

QUELLE EST LA PLUS ANCIENNE CAPITALE ?

Damas, capitale de la Syrie, a été fondée il y environ 4 500 ans.

QUELLE VILLE PORTE LE NOM D'UNE DÉESSE ?

Athènes, la capitale de la Grèce, partage son nom avec une déesse de l'Antiquité, Athéna. Son temple, le Parthénon, d'une grande beauté, domine toujours la ville. Il a été construit en 438 av. J.-C.

QUEL EST L'IMMEUBLE LE PLUS HAUT DU MONDE ?

Les tours Petronas à Kuala Lumpur en Malaisie ressemblent à deux gigantesques fusées spaciales. Elles s'élèvent à près de 452 mètres, constituant le bâtiment le plus élevé du monde.

Les villes devenaient des centres de commerce où l'on fabriquait de la poterie et de la vannerie, des outils et des vêtements.

En quoi cette ville ancienne diffère-t-elle d'une ville moderne ?

QUEL PAYS DISPOSE DE TROIS CAPITALES ?

La capitale est la ville où siège le gouvernement du pays. L'Afrique du Sud en a trois ! Le Cap, siège de l'Assemblée nationale, Pretoria où réside le gouvernement et Bloemfontein, la capitale judiciaire.

QUI A CONSTRUIT LES PREMIÈRES VILLES ?

Les premières villes ont été bâties en Asie du Sud-Ouest. Çatal Hüyük en Turquie a été fondée il y a environ 9 000 ans. Ses maisons en briques crues, à toit plat, dans des ruelles étroites, abritaient 5 000 habitants.

UNE MENORAH

DANS QUEL PAYS Y A-T-IL LE PLUS DE MUSULMANS ?

L'Indonésie est le plus grand pays islamique au monde, bien que certaines parties, comme l'île de Bali, soient majoritairement hindouistes.

QU'EST-CE QUE LA HANOUKKAH ?

Cette fête de la lumière dure huit jours. Dans les familles juives, on allume une nouvelle bougie chaque jour sur la menorah (candélabre à sept branches). Hanoukkah commémore la reprise du temple de Jérusalem vers 165 av. J.-C..

MUSULMANS EN PRIÈRE

Les musulmans prient Allah (Dieu) cinq fois par jour. Le culte le plus important est le vendredi midi.

POURQUOI JEÛNE-T-ON ?

Le rituel de beaucoup de religions impose aux fidèles de pratiquer le jeûne total ou partiel. Dans les villes musulmanes comme Le Caire ou Alger, pendant le ramadan – le neuvième mois de l'année islamique –, aucune nourriture n'est servie pendant la journée. Beaucoup de chrétiens s'abstiennent de certains aliments pendant le carême, les jours qui précèdent la semaine sainte, avant Pâques, en mémoire de la mort de Jésus. En Espagne, pendant cette semaine, les fidèles organisent des processions dans les rues avec des croix et des statues.

UN VITRAIL

Cette fenêtre ronde, qu'on appelle une rosace est constituée de magnifiques verres colorés.

QUELLE VILLE EST SAINTE POUR TROIS RELIGIONS ?

Jérusalem est ville sainte pour les juifs, les musulmans et les chrétiens. Les lieux saints comprennent le mur des Lamentations, la Coupole du Rocher et l'église du Saint-Sépulcre.

QUELS PRÊTRES SE COUVRENT LA BOUCHE ?

Certains prêtres du jainisme, une religion de l'Inde, portent des masques sur la bouche. Respectueux de tout ce qui vit, ils souhaitent ne pas blesser ou même avaler le plus minuscule insecte qui viendrait à s'approcher de leur visage.

OÙ SE TROUVE LE MONT ATHOS ?

Ce promontoire rocheux au nord de la Grèce est sacré pour les chrétiens orthodoxes de l'Église d'Orient. Les moines en ont fait un lieu de culte depuis le Moyen Âge. Ils portent la barbe, et de hautes coiffes, noires comme leur robe.

QUI ÉTAIT CONFUCIUS ?

C'est le nom anglais donné au penseur chinois Kongzi, qui vécut à la même époque que Lao-Tseu (vers 500 av. J.-C.). Sa doctrine en faveur d'une société équilibrée et du respect des ancêtres devint populaire en Chine.

QU'EST-CE QUE LE SHINTŌ ?

C'est la religion de l'ancien Japon. Sur les lieux de pèlerinage, les fidèles prient pour obtenir le bonheur et honorer les ancêtres. Beaucoup de Japonais adhèrent aussi au bouddhisme.

OÙ VONT LES PÈLERINS ?

Les pèlerins sont des fidèles qui se rendent sur les lieux saints de par le monde. Les musulmans doivent se rendre au moins une fois dans leur vie à La Mecque, la patrie de Mahommet en Arabie saoudite. Les hindous vont à Bénarès pour se baigner dans le Gange. Les chrétiens font des pèlerinages à Bethléem, le village où est né Jésus-Christ, ou dans les grandes cathédrales bâties en Europe pendant le Moyen Âge, comme Saint-Jacques-de-Compostelle, en Espagne.

QU'EST-CE QUE LE TAO ?

Ce mot signifie « la Voie ». C'est le nom donné à la doctrine de Lao Tseu, qui vécut il y a environ 2 600 ans. Les taoïstes croient en l'harmonie de l'univers.

OÙ LES JEUNES GARÇONS SE FONT-ILS MOINES ?

En Birmanie, au cours d'une cérémonie, un garçonnet de quatre ans apprend la vie du Bouddha. Il est habillé comme un jeune prince puis il revêt la robe austère du moine bouddhiste.

QUE SONT LES « CINQ K » ?

Les Sikhs de l'Inde portent cinq symboles religieux : les cheveux non coupés (*kes*) retenus par un peigne (*kanga*) sous le turban, un bracelet de métal (*kara*), une dague (*kirpan*) ainsi qu'un court pantalon de dessous (*kacch*).

QU'EST-CE QUE LE DIWALI ?

En automne, certains hindous (surtout au Népal), célèbrent leur nouvelle année et rendent un culte à Lakshmi, déesse de la chance. On allume des bougies sur les fenêtres et l'on échange des cadeaux et des cartes à jouer.

Des bougies saluent la fête du Diwali. L'hindouisme est né en Inde il y a plusieurs millénaires.

La lumière et le feu symbolisent l'esprit divin dans de nombreuses religions.

LES LAMPES DU DIWALI

COMMENT TRAVERSER LES NEIGES DE L'ARCTIQUE ?

On peut toujours emprunter un traîneau tiré par des chiens, comme autrefois. Mais la plupart des gens utilisent désormais le motoneige, une sorte de motocyclette avec des patins à la place des roues.

En Sibérie, les motoneiges circulent sur les rivières gelées pendant l'hiver.

QUEL EST LE PLUS GRAND AÉROPORT ?

L'aéroport de Riyadh en Arabie Saoudite est plus vaste que certains pays. Il couvre 225 km² en plein désert d'Arabie.

QU'EST-CE QU'UNE JONQUE ?

C'est un grand navire en bois, construit en Chine. Ses grandes voiles sont renforcées par des bandes de bois. Les jonques ne sont plus utilisées comme elles l'étaient autrefois, mais on en voit encore sur la mer de Chine méridionale.

Des bateaux en bois longent toujours les quais de Hong Kong.

On utilise encore dans le monde des bateaux en bois. Les boutres naviguent en Arabie et en Afrique orientale, les felouques remontent le Nil.

L'aéroglisseur (ou hovercraft) assure d'assez courtes traversées.

AÉROGLISSEUR

COMMENT FONCTIONNE UN AÉROGLISSEUR ?

Des souffleries happent l'air et le propulsent vers la base de l'aéroglisseur, où il est retenu dans une « jupe » flexible. En suspension sur ce coussin d'air et entraîné par des hélices, l'aéroglisseur se déplace sur la terre ferme aussi bien que sur l'eau. Les plus rapides filent à 105 km/h.

OÙ PREND-ON LE TRAIN POUR MONTER AU CIEL ?

Dans les Andes, en Amérique du Sud. Une voie ferrée au Pérou grimpe jusqu'à 4 818 mètres d'altitude et à Salta, en Argentine, une autre ligne de haute montagne est réputée sous le nom de « Train des nuages ».

QUAND A-T-ON UTILISÉ LE PREMIER BALLON À AIR CHAUD ?

C'était à Paris, en 1783. Croyez-le ou non, les passagers étaient un mouton, un chien et un canard ! Quelque temps plus tard, les hommes se risquèrent à leur tour à monter en ballon.

Un train routier traverse le désert de Nullarbor, dans le sud de l'Australie.

UN TRAIN ROUTIER AUSTRALIEN

OÙ LES BATEAUX SERVENT-ILS D'AUTOBUS ?

Dans la superbe cité de Venise, en Italie, des canaux remplacent les rues. Les habitants et les touristes vont d'un quartier à l'autre en bateau.

OÙ CIRCULENT LES CAMIONS LES PLUS LONGS ?

Dans les terres intérieures d'Australie, les routes sont droites, interminables, poussiéreuses et peu fréquentées. On y croise des « trains routiers » de trois ou quatre remorques.

JONQUE CHINOISE

QUELLE EST LA ROUTE LA PLUS LONGUE ?

La route qui s'appelle la « Pan-American Highway ». Elle part du bout du monde, du froid, dans l'État américain d'Alaska. Elle traverse le Canada et les États-Unis jusqu'aux forêts torrides d'Amérique centrale. Il en manque toujours un tronçon à mi-chemin, mais la route repart et descend toute l'Amérique du Sud, avec un crochet par l'Argentine et le Brésil. Sa longueur totale ? Plus de 24 000 km !

QUELS PRODUITS AGRICOLES DOIT-ON À L'AMÉRIQUE ?

En Europe, il y a 600 ans, personne n'avait vu une pomme de terre, du maïs ou une tomate. Ces denrées devenues importantes dans notre alimentation avaient été cultivées par les peuples d'Amérique avant la venue des Européens.

OÙ SONT LES RANCHS LES PLUS GRANDS ?

Les plus grands élevages de moutons et de bovins sont en Australie. Pour circuler dans cette immensité, rien de tel qu'un petit avion.

QUE SIGNIFIE CULTURE DE RAPPORT ?

Cela désigne toute culture dont le produit est destiné à la vente. De nombreux fermiers dans le monde peuvent seulement faire pousser de quoi nourrir leur famille, sans le moindre excédent pour la vente.

QUI SONT LES GAUCHOS ?

Les cavaliers de la pampa, c'est-à-dire des prairies d'Argentine. Jadis, les gauchos étaient connus pour la vie rude qu'ils menaient. Aujourd'hui, ils continuent à rassembler les troupeaux dans de vastes ranchs appelés estancias.

QU'EST-CE QUI POUSSE BIEN SUR LES TERRES HUMIDES OU INONDÉES ?

Le riz maintient la planète en vie. Des milliards d'individus en mangent chaque jour, surtout en Chine. Les grains de riz sont les fruits d'une graminée qui pousse à l'état sauvage dans les vallées fluviales humides. Les fermiers le plantent dans des champs inondés appelés des rizières. Dans les pays au relief accidenté, des terrasses sont creusées à flanc de colline où l'eau est acheminée dans des canaux.

Certaines rizières en terrasses, comme ici aux Philippines, datent de plusieurs milliers d'années.

RIZIÈRES EN TERRASSES

Les denrées universelles comme le blé (ci-dessus) et le riz sont appelées cultures de base.

OÙ SONT LES « GRENIERS À BLÉ » DE LA PLANÈTE ?

Les grandes régions productrices de blé sont appelées les « greniers à blé », parce qu'elles fournissent le pain que l'on consomme chaque jour. Le blé est une sorte d'herbe qui pousse de préférence dans les prairies naturelles : celles du Canada, des États-Unis, de France, dans les steppes d'Ukraine et de Russie méridionale. D'énormes moissonneuses-batteuses arpentent les champs des semaines entières. Elles fauchent le blé et séparent le grain de la paille.

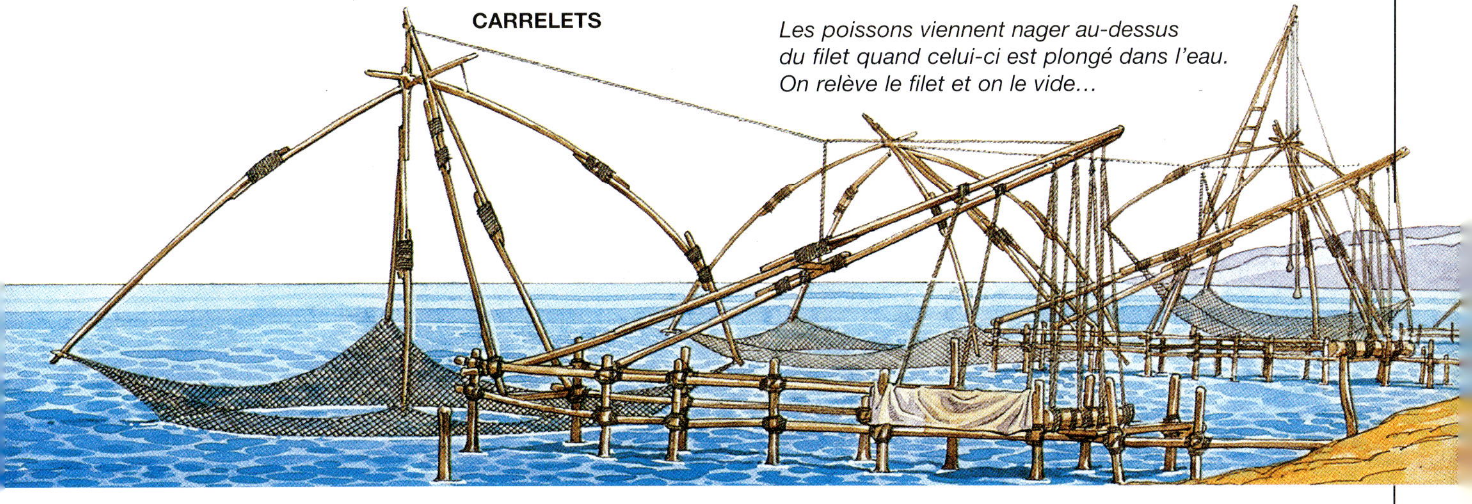

Les poissons viennent nager au-dessus du filet quand celui-ci est plongé dans l'eau. On relève le filet et on le vide…

EST-CE QU'IL Y A ASSEZ DE POISSONS DANS LA MER ?

Les bateaux de pêche moderne prennent tant de poissons qu'en de nombreux endroits ils se font rares. Terre-Neuve, dans le nord de l'Atlantique, était l'un des endroits les plus poissonneux. Il est interdit d'y pêcher pour permettre le repeuplement.

OÙ LES PÊCHEURS UTILISENT-ILS DES CARRELETS ?

Les carrelets sont de grands filets qu'on plonge dans l'eau depuis la rive. Ils sont utilisés en France sur la côte atlantique, en Chine, en Inde.

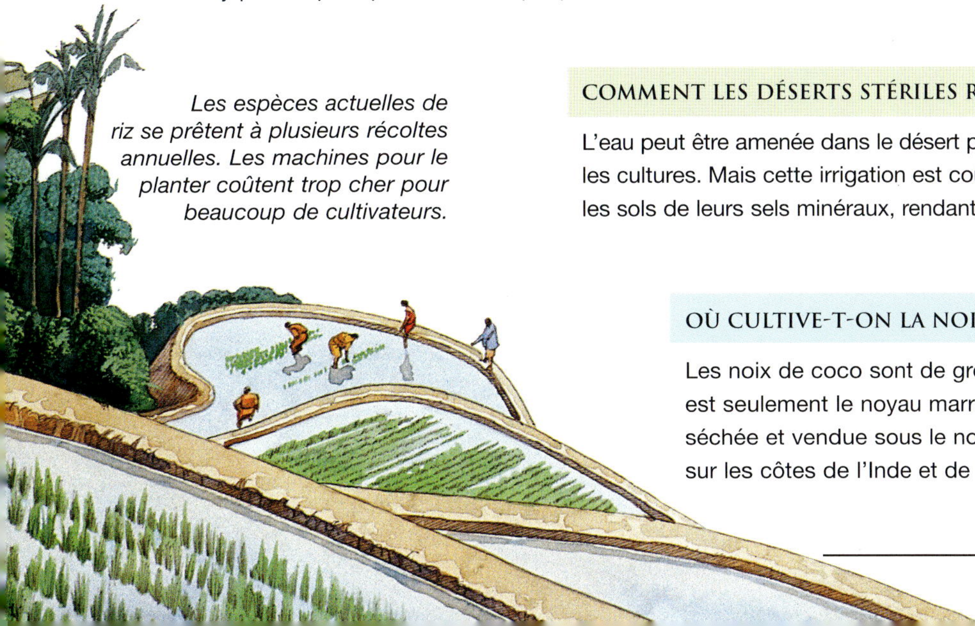

Les espèces actuelles de riz se prêtent à plusieurs récoltes annuelles. Les machines pour le planter coûtent trop cher pour beaucoup de cultivateurs.

COMMENT LES DÉSERTS STÉRILES REVERDISSENT ?

L'eau peut être amenée dans le désert par des canalisations pour permettre les cultures. Mais cette irrigation est coûteuse et l'eau appauvrit parfois les sols de leurs sels minéraux, rendant ainsi toute plantation difficile.

OÙ CULTIVE-T-ON LA NOIX DE COCO ?

Les noix de coco sont de gros fruits verts – la partie qu'on achète est seulement le noyau marron. La chair blanche à l'intérieur est séchée et vendue sous le nom de copra. Les cocotiers poussent sur les côtes de l'Inde et de l'océan Pacifique.

POURQUOI L'HOMME A-T-IL LA PASSION DE LA DANSE ?

DANSEURS MBUTI

La danse est une façon très spectaculaire d'exprimer toutes sortes d'émotions. En Espagne, les danseurs de flamenco tapent du pied et claquent des doigts sur des rythmes de guitare. Chaque région d'Europe transmet de génération en génération ses danses folkloriques. En Afrique, des danses accompagnent les rituels d'initiation à l'âge adulte et les funérailles. Les toutes premières danses de l'humanité furent probablement celles des chasseurs de la préhistoire : le sorcier ou le chaman revêtait la peau et les cornes de l'animal qu'on voulait tuer à la chasse.

QUI CHANTE À BEIJING (PÉKIN) ?

L'opera de Beijing est tout un spectacle ! Des musiciens frappent des cymbales et les acteurs chantent avec des voix aiguës des rôles de héros ou de bandits de l'ancienne Chine. Ils ont le visage peint et de longues plumes de faisan décorent les costumes.

OÙ SE TROUVE LE PLUS GRAND MUSÉE D'ART ?

À Saint-Pétersbourg en Russie. Il est constitué de deux bâtiments immenses, l'Hermitage et le palais d'Hiver, qui présentent des milliers d'œuvres.

QUI FAIT DES TABLEAUX AVEC DU SABLE ?

Les Navajo, Indiens du sud-ouest des États-Unis, dessinent des motifs magnifiques avec du sable de différentes couleurs.

OÙ LES TAMBOURS PARLENT-ILS ?

Le tama a pour surnom le « tambour qui parle ». On peut modifier la tension de la peau pendant que l'on joue pour produire d'étranges vibrations. Il est utilisé au Sénégal et en Gambie, en Afrique.

ART DES ABORIGÈNES D'AUSTRALIE

Comme la danse et le théâtre, les arts picturaux ont souvent leur origine dans les rituels religieux.

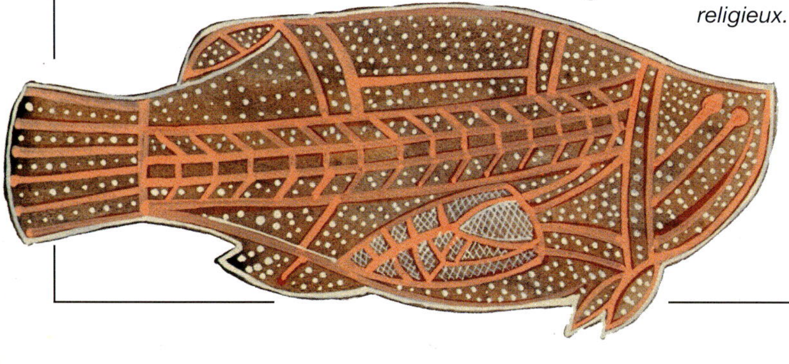

QU'EST-CE QUE LE « DREAMTIME » ?

Les Aborigènes d'Australie vivent dans la nostalgie du *dreamtime* – le temps du rêve –, l'âge magique où, grâce aux esprits ancestraux, le monde a pris forme avec ses animaux et ses peuples mythiques. Pour rester en relation avec ce temps de l'origine, les Aborigènes représentent les créatures du « rêve » dans des dessins et des peintures à caractère fantastique.

Où danse-t-on comme les dieux ?

Le kathakali est dansé et joué au Kérala, dans le sud-ouest de l'Inde. Les danseurs portent des masques et des costumes superbes et mettent en scène des légendes de dieux et de démons.

Qui danse le hakka ?

En Nouvelle-Zélande, les jeunes Maori pratiquent toujours leurs danses traditionnelles. Le hakka est une danse qui procurait aux guerriers la force de se lancer dans la bataille.

Qui joue des « pans » ?

Les populations des Caraïbes pendant le carnaval. Les pans sont des tambours fabriqués dans des bidons de pétrole et utilisés pour rythmer les danses.

Les jeunes Mbuti du Congo se peignent le corps en blanc pour exécuter la danse rituelle qui marque leur entrée dans l'âge adulte.

QU'EST-CE QUE LE KABUKI ?

Le kabuki est une forme insolite de théâtre, populaire au Japon depuis les années 1600. Il est toujours joué. Les acteurs sont maquillés et costumés de façon étonnante.

LE KABUKI, THÉÂTRE JAPONAIS

Dans le kabuki, tous les rôles sont tenus par des hommes. Certains acteurs portent de magnifiques costumes féminins.

OÙ SE TROUVE LE PLUS VIEUX THÉÂTRE DU MONDE ?

Le plus vieux théâtre en service de nos jours est le théâtre Olympique de Vicence, en Italie. Il a été inauguré il y a plus de 400 ans. Mais l'art dramatique est né bien avant. Dans la Grèce antique, on venait applaudir les acteurs qui, le visage couvert d'un masque, interprétaient les pièces les plus drôles comme les plus tragiques jamais écrites. Les théâtres étaient construits en pierre, à ciel ouvert. On en visite les vestiges dans toute la Grèce.

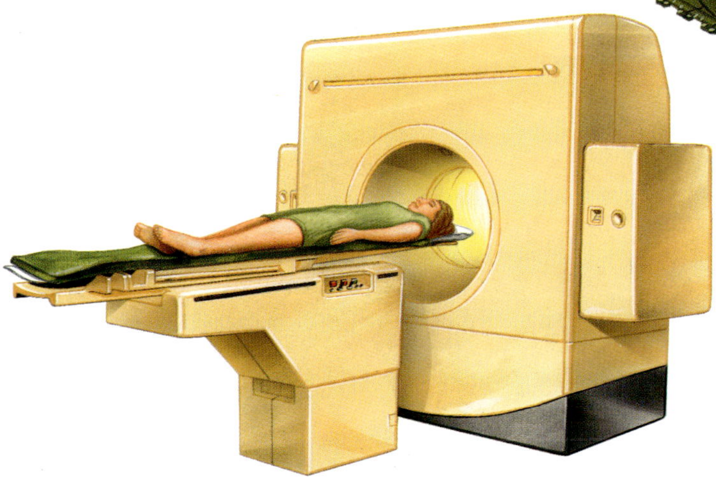

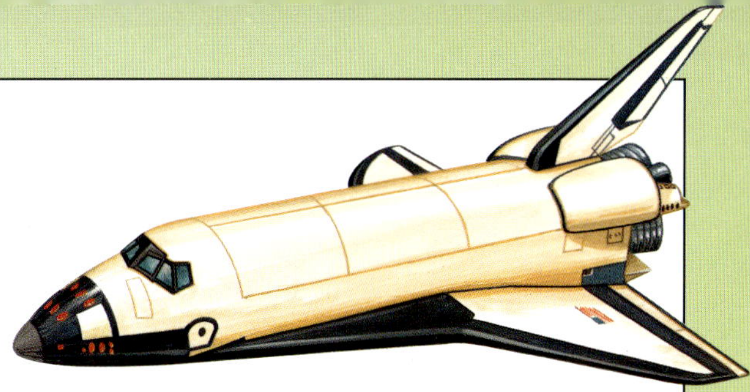

CHAPITRE CINQ

PRODIGIEUSES MACHINES

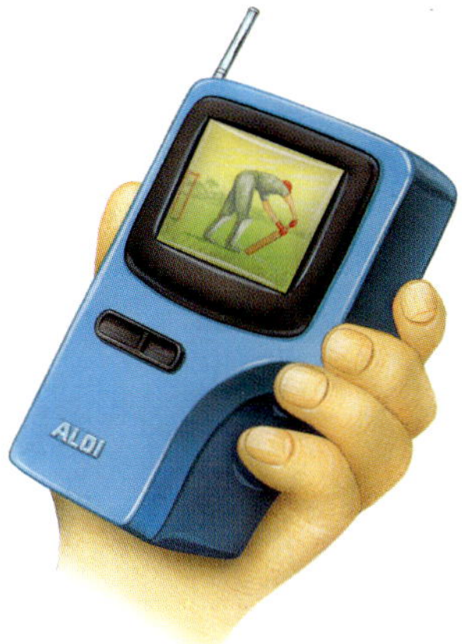

QU'EST-CE QU'UNE MACHINE ?

Une machine est un appareil constitué de plusieurs parties – chacune remplissant sa fonction –, qui utilise de l'énergie pour produire et maîtriser la force. On utilise des machines pour rendre possibles ou plus faciles certaines tâches. Les véhicules, les outils, les armes et les instruments de musique sont tous des machines de différents types. Une bicyclette et un satellite ultra-sophistiqué sont aussi des machines. Dans les travaux publics, les machines vont de la simple poulie aux marteaux-piqueurs, aux bulldozers, aux bennes et aux grues.

QU'EST-CE QU'UN FINISSEUR ?

Le finisseur est un engin qui étale une couche de goudron en fusion à la surface d'une route. C'est une opération très lente : le finisseur en action traite en une heure moins d'un kilomètre de revêtement.

LE TEREX TITAN

Le plus grand camion du monde, le Terex Titan.

POURQUOI UNE GRUE NE TOMBE-T-ELLE PAS ?

Au sommet de la tour verticale d'une grue se trouvent deux bras horizontaux appelés des flèches. Celle qui est beaucoup plus longue que l'autre sert à soulever les objets lourds. La plus courte, le contrepoids, est lestée avec des blocs de béton. Cela fait équilibre avec le poids de la flèche principale et empêche la grue de basculer vers l'avant.

Les grues à tour sont conçues pour soulever des objets très lourds à de grandes hauteurs. On les utilise surtout dans la constructions de hauts immeubles.

GRUE À TOUR

COMMENT LE BÉTON LIQUIDE EST-IL ACHEMINÉ AU SOMMET DES IMMEUBLES ?

Dans la construction d'un immeuble, la charpente en fer est montée en premier. Le béton liquide est alors injecté à l'intérieur de celle-ci pour créer les sols et les murs. Une pompe à air comprimé l'envoie dans un tuyau afin qu'on en dispose à la hauteur voulue.

QU'EST-CE QUE LE TEREX TITAN?

Le Terex Titan 33-19 construit par General Motors est le plus grand camion du monde. Il mesure près de 17 mètres pour un poids en charge de 549 tonnes. Son réservoir contient 5 909 litres de gazole.

COMMENT CONSTRUIT-ON LES GRATTE-CIEL ?

En raison de leur taille, les gratte-ciel nécessitent des fondations profondes. Des poutrelles en acier, appelées des piles, sont enfoncées dans le sol et garnies de béton. Pour enfoncer les piles dans le sol, on emploie une machine appelée un « mouton » qui consiste dans son principe en un poids très lourd suspendu au bout d'une grue.

COMMENT L'AIR SERT À CREUSER ?

Un marteau-piqueur est propulsé avec de l'air mis sous pression par un compresseur et injecté dans l'engin par un tuyau. Lorsque la gâchette du marteau-piqueur est actionnée, l'air comprimé est poussé dans un cylindre, juste au-dessus de la lame (la mèche), ce qui projette celle-ci dans le sol. Presque aussitôt, l'air est évacué dans un autre cylindre qui repousse la mèche en arrière. Ce mouvement intervient plusieurs fois par seconde.

QUEL A ÉTÉ LE PREMIER BILLARD ÉLECTRIQUE ?

Tous les billards électriques _ qu'on appelle aussi des flippers – sont issus d'un jeu du XIXᵉ siècle, la bagatelle ou billard anglais. Le premier flipper, le « Baffle Ball », a été mis sur le marché en 1930. Ce fut un succès immédiat. Plus de 50 000 machines furent vendues.

OÙ A ÉTÉ MIS EN PLACE LE PREMIER JUKE-BOX ?

Le premier juke-box a été installé au *Bar du Palais royal*, à San Francisco aux États-Unis, en 1889. Mais le public ne pouvait pas sélectionner lui-même les disques ! Le premier vrai juke-box, sur lequel on pouvait choisir soi-même sa chanson, date de 1915.

BILLARD ÉLECTRIQUE (FLIPPER)

Les premiers flippers ont été commercialisés en 1930. Ils n'eurent des lumières clignotantes et des scores lumineux qu'en 1933. Les bumpers (plots sur lesquels la balle ricoche) ont été ajoutés en 1936.

QUEL A ÉTÉ LE PREMIER JEU ÉLECTRONIQUE À SUCCÈS ?

En 1971, Nolan Bushell a créé « Computer Space ». Réinvestissant les maigres bénéfices de ce jeu, Bushell a conçu « Pong » pour Atari, qui a été le premier jeu vidéo de grande diffusion.

COMMENT LES IMAGES S'ANIMENT-ELLES AU CINÉMA ?

Les images projetées sur un écran de cinéma ne bougent pas du tout, en vérité. Chaque film est constitué de milliers d'images fixes. Quand le projecteur déroule le film assez vite, les images se fondent l'une dans l'autre et restituent l'apparence du mouvement, que perçoit le spectateur. Cette illusion est produite par le cerveau en raison d'un phénomène qu'on appelle la persistance de la vision.

QUAND A ÉTÉ FABRIQUÉ LE PREMIER BALADEUR ?

Le lecteur portable a été mis sur le marché par la firme Sony en 1979, qui l'a baptisé « Walkman ». Sony a vendu plus de 100 millions de ces petites machines.

QU'EST-CE QUE L'IMAGE DE LA TÉLÉVISION ?

Quand on regarde avec attention un écran de télévision, on remarque des centaines de lignes horizontales. Chacune contient des centaines de points de couleurs différentes. De loin, ces points se fondent pour créer l'illusion d'une image unique. Un écran de télévision ne restitue que trois couleurs de base, le rouge, le vert et le bleu, qui se combinent entre elles pour composer la totalité des couleurs visibles à l'écran.

COMMENT UN RAYON LASER FAIT-IL DE LA MUSIQUE ?

La surface d'un disque compact (ou CD) est constituée d'une piste en spirale creusée de milliards de petits cratères. Un lecteur de CD projette un rayon laser à travers la matière plastique qui recouvre le disque. Ce rayon est réfléchi par la couche métallique du CD, et ses variations (dues aux trous minuscules) sont transformées en sons par un microprocesseur.

MINI-CHAÎNE HI-FI

Mini-chaîne hi-fi avec lecteurs de CD audio et de cassettes et d'une radio reliés à des haut-parleurs stéréophoniques.

QU'EST-CE QU'UN ENDOSCOPE ?

Les médecins utilisent un endoscope pour regarder à l'intérieur du corps. C'est un tube long et fin contenant deux faisceaux de fibres optiques. Le tube est inséré dans le corps. L'un des faisceaux de fibres optiques émet de la lumière et l'autre la réfléchit, créant une image très précise des tissus.

QUE SIGNIFIE IRM ?

IRM est le sigle pour imagerie par résonance magnétique. Le corps est rempli de minuscules aimants biologiques. L'IRM se sert de ces aimants naturels pour construire une image de l'intérieur du corps. C'est plus sain que les rayons X, dont les radiations sont dangereuses à hautes doses.

COMMENT FONCTIONNE UN APPAREIL À RAYONS X ?

Les rayons X sont des ondes électromagnétiques semblables à la lumière. Ils se déplacent à travers la peau mais sont absorbés par les os et les dents. Ils sont émis à travers le corps du patient et permettent de visualiser sur un film photographique l'ombre des os qui met en évidence la moindre fracture.

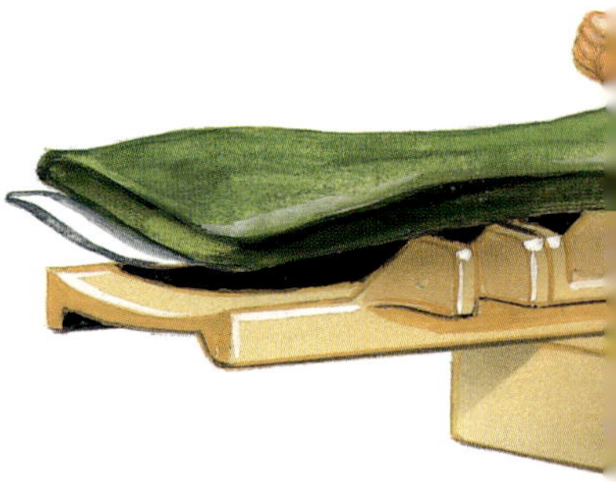

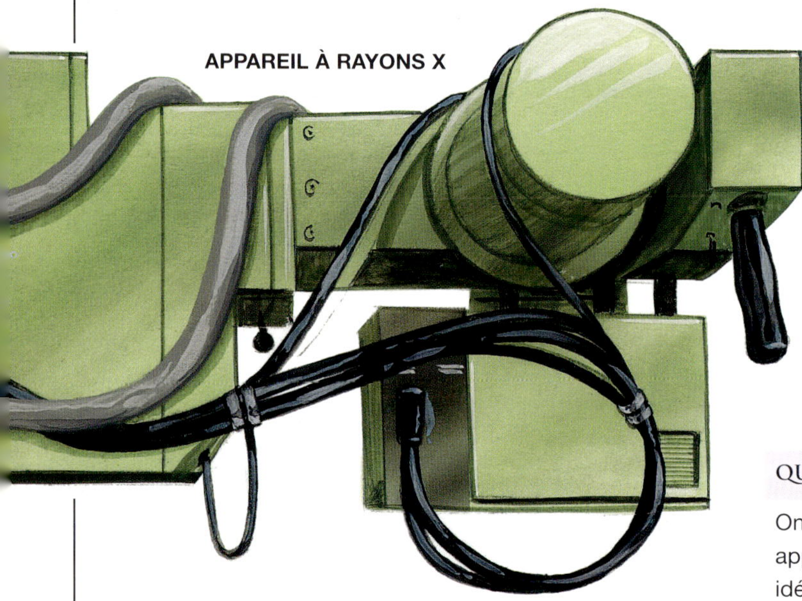

Les hôpitaux utilisent des appareils à rayons X pour diagnostiquer les fractures. Les dentistes s'en servent pour détecter les caries.

COMMENT FONCTIONNE UN RESPIRATEUR ?

Les patients qui ont perdu l'usage des muscles qui servent à respirer sont placés dans un respirateur. La pression de l'air à l'intérieur de la machine est baissée, ce qui fait se soulever la poitrine et entrer l'air, puis ramenée à la normale, de sorte que la poitrine retombe et expulse l'air inspiré.

QUELLES MACHINES SURVEILLENT LES BÉBÉS ?

On place parfois les nouveau-nés dans une machine appelée une couveuse, qui procure un environnement idéal pour sa santé. La quantité d'oxygène, la chaleur et l'humidité de la couveuse sont contrôlées et les microbes en sont tenus à l'écart.

COMMENT VOIR L'INTÉRIEUR DU CORPS AVEC DES SONS ?

Une machine appelée un scanner à ultrasons envoie des ondes sonores dans le corps du patient. Un détecteur recueille les variations d'écho, qui sont interprétées sous forme d'une image. Les ultrasons sont souvent utilisés pour l'examen du bébé pendant la grossesse.

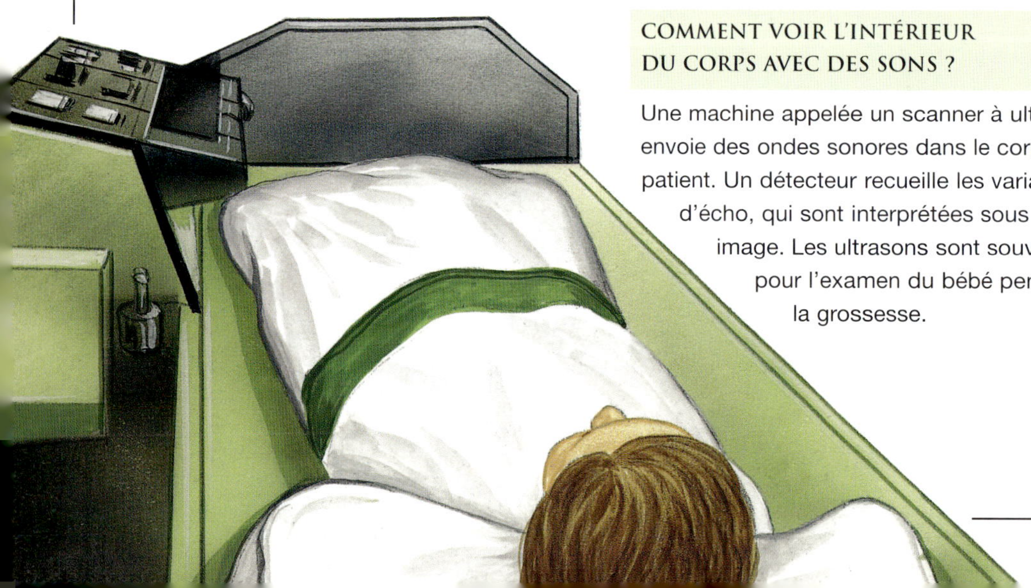

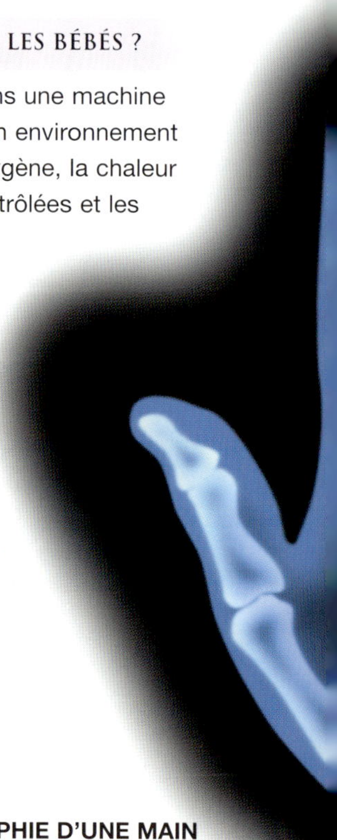

RADIOGRAPHIE D'UNE MAIN

Tomographie axiale assistée par ordinateur, ou scanner CAT.

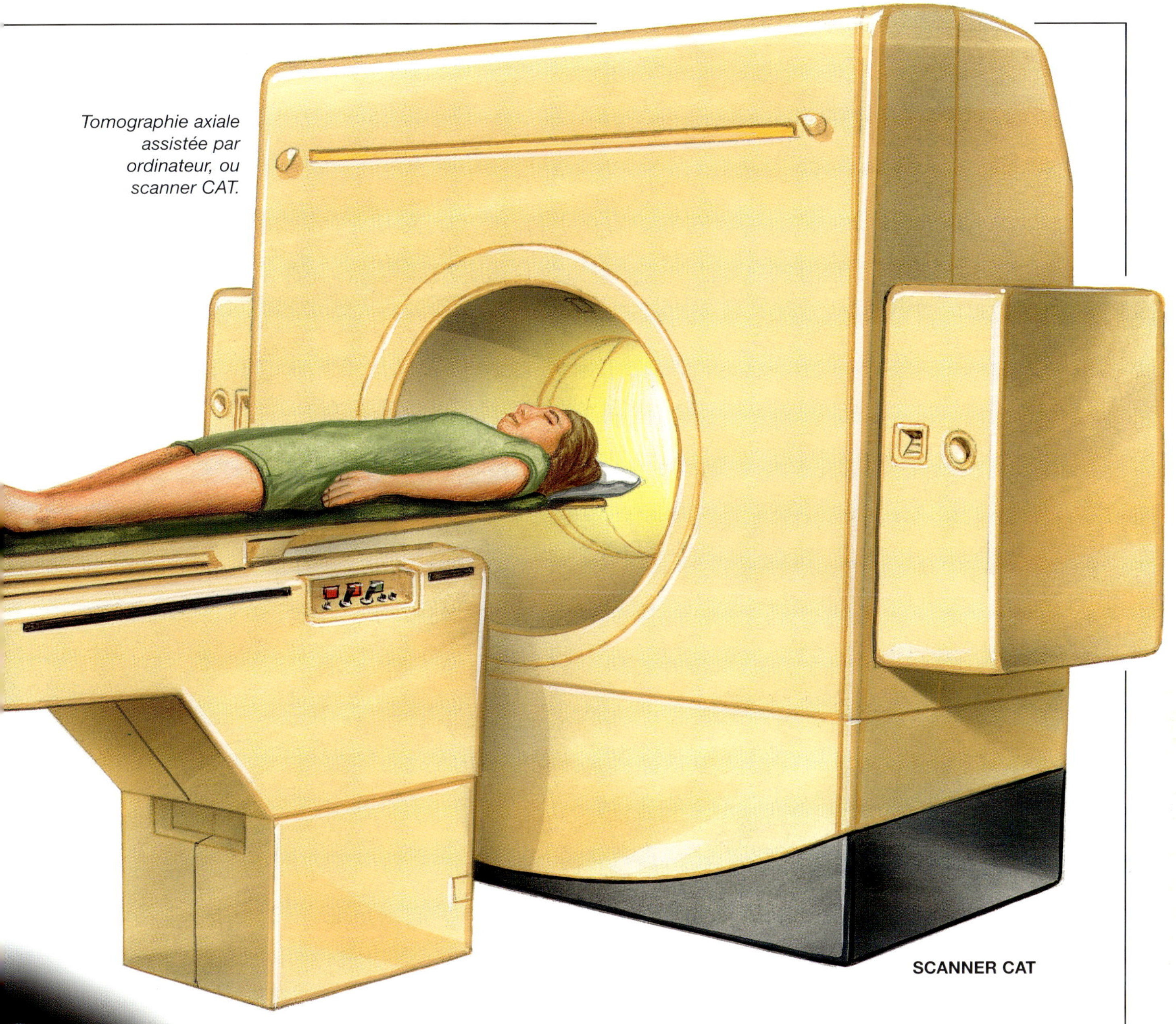

SCANNER CAT

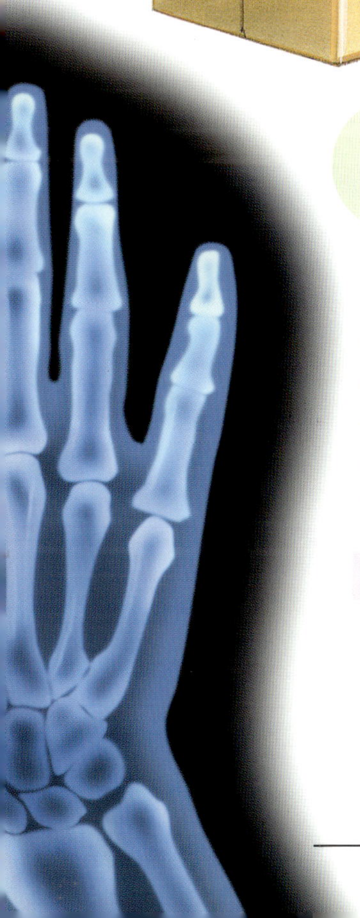

COMMENT VOIR SON PROPRE CORPS EN 3D ?

Pour dresser une « carte géographique » en trois dimensions du corps, on utilise la tomographie axiale assistée par ordinateur à l'aide d'un scanner. Le patient est allongé sur un plateau mobile et des rayons X sont bombardés sous différents angles. Des ordinateurs traduisent les indications de l'appareil en une image précise. Ces scanners permettent de repérer des anomalies comme une tumeur ou un caillot de sang.

QU'EST-CE QU'UN TENSIOMÈTRE ?

C'est un appareil, appelé aussi sphygmomanomètre, qui mesure la pression du sang. Il est fait d'un brassard gonflable, d'une pompe et d'un indicateur à mercure. L'infirmière ou le médecin enfile le brassard sur le bras du patient et le gonfle assez pour empêcher le sang de circuler dans l'avant-bras. L'air est alors libéré lentement. On relève sur l'indicateur à quel niveau de pression le sang circule de nouveau.

QUEL PAYS A PRODUIT LE PREMIER MISSILE TÉLÉGUIDÉ ?

Pendant la Seconde Guerre mondiale, l'Allemagne a mis au point deux types de missiles téléguidés qu'elle a utilisés surtout contre Londres au Royaume-Uni et Anvers en Belgique. Ces engins redoutables étaient appelés V-1 et V-2 mais étaient connus comme bombes volantes.

Les transporteurs géants comme celui-ci sont utilisés pour acheminer les soldats et leur équipement d'une base militaire à une autre.

QUI A INVENTÉ LE TANK ?

Léonard de Vinci ébaucha l'idée d'un tank il y a 500 ans. Mais le tank fit son apparition pendant la Première Guerre mondiale, à la bataille de la Somme en 1916. Il avait une forme de losange et son blindage avait une épaisseur de seulement 6 mm, ce qui n'assurait pas une grande protection à ses huit occupants. Pendant la phase de mise au point, les Anglais appelèrent leur nouvelle machine de guerre « water tanks » (réservoirs d'eau) pour mieux préserver le secret à l'égard des services d'espionnage de l'ennemi.

Un tank de combat américain Abrams M-i.

D'OÙ VIENT LE MOT « JEEP » ?

En 1941, le gouvernement américain donna 75 jours aux constructeurs pour mettre au point un nouveau véhicule militaire à usage polyvalent (general purpose, en anglais, dont les initiales GP se prononcent jeep). Le contrat fut signé avec Willys-Overland Motors, qui a construit plus de 600 000 de ces jeeps de 1941 à 1945.

QU'EST-CE QU'UN RADAR ?

Le radar sert à la détection et la localisation à distance. Il envoie des ondes radio et mesure combien de temps elles mettent à revenir après avoir touché l'objet. Les radars peuvent suivre la trace d'objets distants de milliers de kilomètres.

UNE BOMBE EST-ELLE INTELLIGENTE ?

La plupart des bombes et des missiles ont été « stupides » (respectant la direction dans laquelle on les a tirés), jusqu'à ce que des ordinateurs embarqués à bord les rendent « intelligents ». Ils peuvent désormais changer de trajectoire, poursuivre leur cible et décider ou non de la percuter.

UN ENGIN MILITAIRE PEUT-IL DEVENIR INVISIBLE ?

Le bombardier « furtif » B-2 de l'Armée de l'air américaine a la forme lisse d'une aile pour faire dévier les ondes radio et il est recouvert d'un matériau spécial qui les absorbe. Il est donc très difficile de le détecter puisqu'il devient « invisible » sur un écran de radar.

QUI A INVENTÉ LA MITRAILLEUSE ?

On a longtemps cherché à inventer une arme qui tire rapidement, sans avoir à presser plusieurs fois la gâchette. La première mitrailleuse a été conçue par Richard J. Gatling en 1862. Sa « Gatling gun » disposait d'un cylindre tournant à dix canons parallèles. Elle tirait 1 200 coups à la minute et fut bientôt utilisée par toutes les grandes armées dans le monde. Une mitrailleuse entièrement automatique a été brevetée en 1884 par sir Hiram Maxim.

POURQUOI UN FUSIL A-T-IL DU RECUL ?

Les armes à feu obéissent aux lois de la physique : toute action engendre une réaction égale et inverse. Lorsqu'une balle quitte le canon dans une direction, le fusil se déplace (« recule ») en sens inverse.

QUI A INVENTÉ LE TÉLÉPHONE ?

L'Américain Alexander Graham Bell a mis au point le premier téléphone. Le télégraphe, qui transmettait les sons, avait déjà été inventé, mais la machine de Bell fut la première à transmettre la voix. Bell déposa un brevet pour son invention en 1896. Un autre inventeur, Elisha Gray, déposa un brevet similaire pour sa propre invention seulement deux heures plus tard. Si seulement ils avaient pu se téléphoner !

LE TÉLÉGRAPHE EST-IL ANGLAIS OU AMÉRICAIN?

Il s'agissait d'une invention anglaise, mais ce fut la version américaine qui se popularisa. En 1837, les Anglais Charles Wheatstone et William Cooke inventèrent le télégraphe à cinq aiguilles. En 1841, Samuel Morse présenta son propre dispositif qui utilisait le célèbre code « point et trait ».

Alexander Graham Bell ne reconnaîtrait sans doute pas dans ce mobile la version moderne de son téléphone.

UN TÉLÉPHONE MOBILE

QUELLE MACHINE A IMPOSÉ LE PLASTIQUE ?

L'essor du téléphone se produisit en même temps que le développement d'une nouvelle matière appelée le plastique. La première sorte de matière plastique s'appelait la Bakélite. Elle permit au téléphone d'être fabriqué en série plutôt que manufacturé à l'unité.

QUAND LE PREMIER CÂBLE TÉLÉGRAPHIQUE A-T-IL ÉTÉ POSÉ AU FOND DE L'ATLANTIQUE ?

Le premier câble transatlantique a été posé en août 1858, mais dès septembre une anomalie l'empêcha de fonctionner. En juillet 1866, le navire Great Eastern partit d'Angleterre vers les États-Unis et relia avec succès les deux pays au moyen de 4 500 km de câble.

COMMENT COMMUNIQUENT LES TÉLÉPHONES MOBILES ?

Les téléphones mobiles sont des émetteurs-récepteurs radio. Un réseau téléphonique cellulaire est divisé en zones géographiques appelées des cellules. Une antenne maintient le contact avec tous les téléphones qui se trouvent à l'intérieur d'une même cellule. Quand un téléphone est appelé, le signal est adressé à la dernière cellule où il se trouvait, puis aux cellules voisines s'il a quitté celle-ci.

COMMENT LA GUERRE FROIDE A-T-ELLE CRÉÉ INTERNET ?

Pendant les années 1960, les militaires américains cherchaient à protéger les informations contenues dans les ordinateurs en cas d'attaque nucléaire. En 1969 ils engagèrent le projet ARPAnet, qui reliait entre eux tous les ordinateurs du département de la Défense dans le pays. Ce réseau ARPAnet s'est finalement développé en un réseau mondial qui se nomme aujourd'hui Internet.

QUI EST LE PREMIER CRIMINEL ARRÊTÉ GRÂCE À LA RADIO ?

En 1910, le Dr Harley Crippen assassina sa femme et tenta de fuir au Canada avec sa maîtresse. Une description du meurtrier fut diffusée par radio et le capitaine d'un bateau le reconnut parmi ses passagers. Il prévint, également par radio, la police canadienne qui attendit le criminel sur le port et le cueillit à son débarquement.

Dans le monde entier, des centaines de millions d'internautes utilisent Internet pour le travail, l'éducation et les loisirs.

UN ORDINATEUR CONNECTÉ À INTERNET

COMMENT FONCTIONNE UN TÉLÉCOPIEUR ?

Lorsqu'un document est glissé dans un télécopieur, un scanner fragmente l'image en minuscules carrés noirs et blancs appelés des points qui sont expédiés par téléphone sous forme de signaux électriques : un point noir ouvre le signal, un blanc le ferme. Ces signaux permettent de reconstruire l'image originale et de l'imprimer.

QUELLE RADIO FONCTIONNE SANS ÉLECTRICITÉ ?

En 1991, Trevor Baylis a inventé la radio qui se remonte (comme une montre). Cette technologie étonnante permet d'écouter la radio sans recours à l'électricité. 20 000 modèles sont fabriqués chaque mois dans une usine d'Afrique du Sud.

QUELLE MACHINE NOUS PERMET DE MARCHER DANS L'ESPACE ?

Quand un astronaute quitte un vaisseau spatial et sort pour une « marche dans l'espace », il ou elle peut se déplacer dans une pesanteur nulle en utilisant un dispositif MMU (*Manned Manoeuvring Unit*). Cette machine est fixée au dos d'une combinaison spatiale. Vingt-quatre petits brûleurs à gaz peuvent être allumés à la demande pour déplacer l'astronaute dans toute direction. Chaque MMU coûtant environ 9 millions d'euros, trois seulement ont été construits.

Un astronaute portant un dispositif MMU pendant une sortie dans l'espace.

QU'EST-CE QU'UN SATELLITE GÉOSTATIONNAIRE ?

Beaucoup de sattellites de télécommunication et de météorologie gravitent à 36 000 km au-dessus de la Terre et se déplacent à la même vitesse, dans la même direction que la Terre. C'est ce qui donne l'illusion qu'ils ne bougent pas. Les satellites qui restent vraiment à la même place par rapport à la Terre sont appelés géostationnaires.

D'OÙ LES SATELLITES TIRENT-ILS LEUR ÉNERGIE ?

Dans l'espace, un satellite a besoin d'électricité pour fonctionner. Celle-ci provient de capteurs solaires fixés dans de grands panneaux sur les flancs du satellite. Ils sont dirigés vers le Soleil. L'énergie solaire est transformée en électricité et stockée dans des batteries.

QUELLE FUT LA PREMIÈRE PLANÈTE EXPLORÉE PAR SATELLITE ?

Le satellite américain *Mariner 2* fut le premier qui dépassa une planète, Vénus, le 14 décembre 1962. L'Union soviétique lança 13 ans plus tard *Venera 9*, qui se posa sur Vénus et fournit des photographies détaillées de la surface de cette planète.

QUELLE A ÉTÉ LA FUSÉE SPATIALE LA PLUS GRANDE ?

La fusée américaine *Saturn V* éclipse toutes les autres fusées. Elle a navigué de 1967 à 1973 dans le cadre des missions *Apollo* vers la Lune. Elle mesurait 110,6 m, pesait plus de 2 000 tonnes et emportait une charge de 150 tonnes dans l'espace.

QUELS ENGINS TRANSPORTENT DES MESSAGES POUR LES EXTRATERRESTRES ?

Pioneer et *Voyager* sont des vaisseaux spatiaux concus pour quitter le système solaire. Ils emportent des objets représentatifs de la vie sur Terre pour les extraterrestres qu'ils rencontreraient : un disque plaqué or qui reproduit des compliments enregistrés dans 60 langues différentes, ainsi que le chant des oiseaux et des baleines.

QUEL A ÉTÉ LE PREMIER ENGIN SPATIAL ?

Le premier engin spatial fut *Spoutnik* I, lancé par l'Union soviétique le 4 octobre 1957. C'était un satellite test qui contenait un radiophare et un thermomètre. Son lancement a créé la surprise dans les pays occidentaux et a marqué le début de la « course de l'espace » entre les États-Unis et l'URSS. Le deuxième *Spoutnik* fut lancé un mois plus tard et emportait le premier être vivant dans l'espace – un chien nommé Laika.

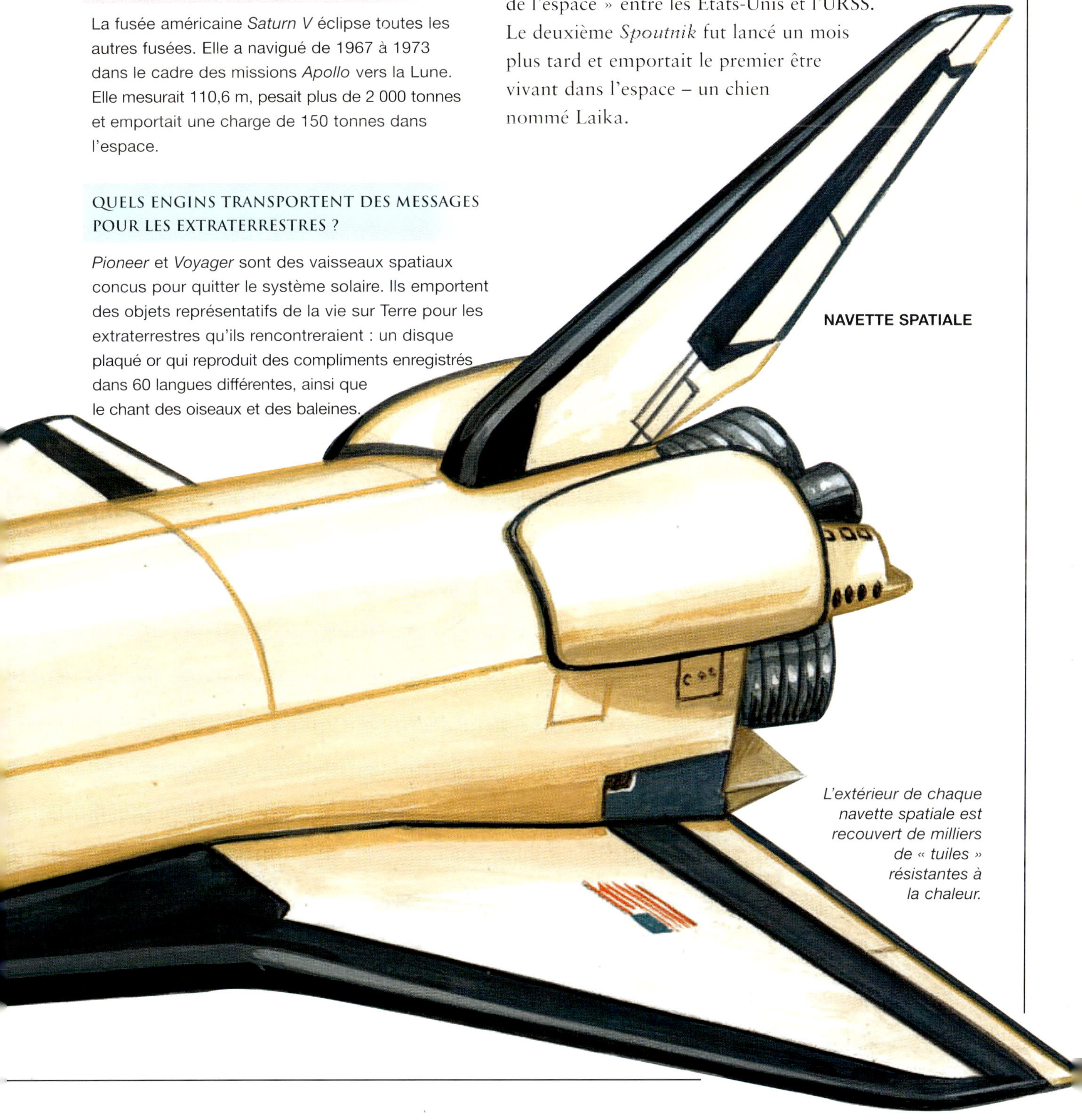

NAVETTE SPATIALE

L'extérieur de chaque navette spatiale est recouvert de milliers de « tuiles » résistantes à la chaleur.

LES MACHINES DU FUTUR SERONT-ELLES ENCORE PLUS PETITES ?

Les chercheurs et les ingénieurs qui étudient la « nanotechnologie » cherchent à créer des machines aussi petites que possible et travaillent à l'échelle de l'atome et de la molécule. Ils parviendront bientôt à mettre au point des machines longues de 100 nanomètres, soit la taille du virus du rhume de cerveau. Ces nanorobots seront un jour introduits dans le flux sanguin pour enlever ou réparer des tissus endommagés dans le corps humain.

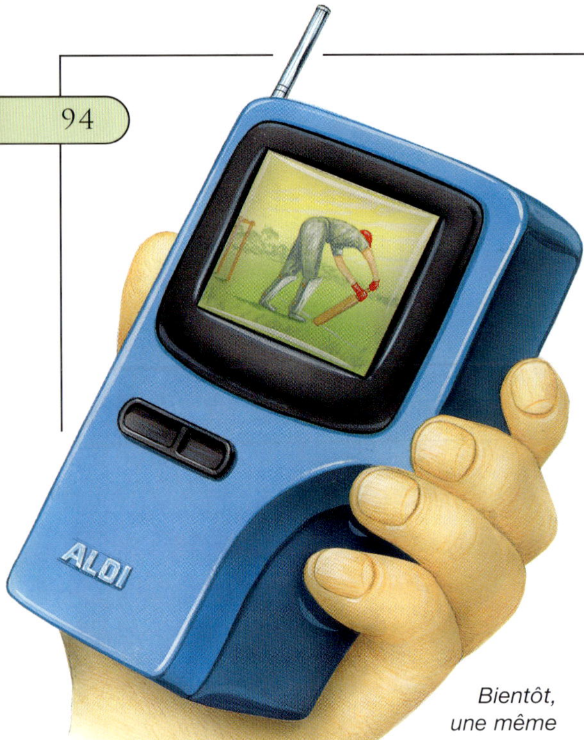

Bientôt, une même machine, qui tient dans la main, servira de téléphone, de télé, de lecteur vidéo, d'ordinateur et de boîte aux lettres électronique.

NOS LOISIRS VONT-ILS CHANGER ?

L'essor de la technologie digitale va permettre de multiplier les programmes de télévision. Il y aura des centaines de chaînes et le téléspectateur pourra choisir son propre programme et décider du moment où il le regardera. D'ores et déjà, les supporteurs peuvent choisir la caméra à partir de laquelle ils suivent un match de football.

QUE VONT DEVENIR LES TRAVAUX DOMESTIQUES ?

Un plaisir ! Les appareils ménagers vont devenir intelligents, parler entre eux et communiquer avec leur propriétaire. Le réfrigérateur préviendra que les réserves de lait baissent et qu'il faut en commander. Les robots obéissent déjà à la voix, mais dans le futur ils réaliseront les tâches ménagères sans qu'il soit même besoin de le leur demander.

COMMENT COMMUNIQUERA-T-ON DANS LE FUTUR ?

En très peu d'années, le téléphone mobile a conquis un marché considérable. Les mobiles de nouvelle génération peuvent envoyer et recevoir des courriers électroniques et afficheront bientôt des images vidéo, de sorte qu'on pourra voir son correspondant tout en lui parlant.

Un chirurgien s'entraîne en chirurgie de l'œil grâce à la réalité virtuelle.

POURQUOI LES CHIRURGIENS UTILISENT LA RÉALITÉ VIRTUELLE ?

Les chirurgiens utilisent dès à présent la réalité virtuelle pour s'entraîner. Bientôt, elle les aidera à réaliser des interventions complexes, même s'ils se trouvent à des milliers de kilomètres du patient. Le chirurgien regardera dans un masque qui reproduira le corps à opérer. Il portera des gants qui dirigeront un bras robotisé sur le patient.

QU'EST-CE QUE LA RÉALITÉ VIRTUELLE ?

La réalité virtuelle est un monde produit par ordinateur en trois dimensions, qui donne l'illusion parfaite de la réalité. Grâce à cette technologie, les jeux vidéos sont de plus en plus réalistes. Bientôt, on éprouvera le frisson du saut à l'élastique et d'autres activités à haut risque sans s'exposer au moindre danger. Des combinaisons spéciales simuleront sur la peau les effets du vent et de l'eau.

COMMENT VOYAGERONT LES MACHINES DU FUTUR ?

Le pétrole nécessaire aux engins avec lesquels on voyage aujourd'hui va bientôt se faire rare et venir à manquer. Les véhicules du futur devront être très économiques et nécessiteront la découverte d'autres sources d'énergie, comme l'hydrogène, l'alcool ou l'énergie solaire. Les trains du futur pourraient être propulsés par un champ magnétique de très haute puissance. Les Japonais ont déjà lancé l'étude du « Maglev », un train à sustentation magnétique.

L'écran montre à l'instructeur ce que le chirurgien voit dans son casque de réalité virtuelle.

CHAPITRE SIX

LA VIE DES PLANTES

La feuille est faite de cellules. Les taches vert sombre contiennent de la chlorophylle.

LA FEUILLE ET SA SECTION VUE AU MICROSCOPE

POURQUOI LES PLANTES SONT-ELLES VERTES ?

La plupart des plantes sont vertes parce qu'elles contiennent dans leur tige et leurs feuilles de la chlorophylle, dont le pigment est vert. Celui-ci est parfois supplanté par d'autres couleurs, ce qui signifie que toutes les plantes qui contiennent de la chlorophylle ne sont pas vertes.

COMMENT LES PLANTES ABSORBENT L'EAU ?

Les plantes se servent de leurs racines pour puiser l'eau dans le sol. Chaque racine se divise en un réseau de radicelles qui portent des poils absorbants en grand nombre. L'eau passe à travers la paroi cellulaire de ces poils minuscules.

COMMENT SE NOURRIT UNE PLANTE VERTE ?

Les plantes vertes fabriquent leur propre nourriture par un procédé appelé photosynthèse. Leur pigment vert, la chlorophylle, sert à capter l'énergie lunineuse du soleil, qu'elles utilisent pour transformer l'eau et le gaz carbonique puisés dans le sol et dans l'air en sucres et en amidon.

QUE FAIT UNE PLANTE PARASITE ?

Les végétaux parasites n'ont pas besoin de fabriquer leur propre nourriture. Beaucoup ne sont d'ailleurs pas verts. Ils poussent dans les tissus d'une autre plante, appelée l'hôte, et puisent les substances nutritives dans la sève de celle-ci.

LE DÉVELOPPEMENT D'UN COQUELICOT

La fleur du coquelicot est prête à surgir de son bourgeon.

Le bourgeon commence à s'ouvrir à la lumière du soleil, qui le réchauffe.

Le bourgeon se tourne vers le soleil et les pétales s'ouvrent davantage.

COMMENT FAIT LA DIONÉE POUR ATTRAPER SA PROIE ?

La dionée est une plante carnivore (qui mange de la viande) qui attrape les insectes et autres petits animaux. Le piège est constitué d'un lobe aplati et pivotant au bout de chaque feuille, bordé d'épines. Lorsqu'un insecte se pose sur le lobe et touche l'un des poils sensitifs, les lobes se referment sur lui comme une gueule et les épines s'entrecroisent pour le retenir.

À QUELLE VITESSE LA SÈVE CIRCULE DANS UN ARBRE ?

Un jour où il fait chaud et où il y a du vent, si les racines ont assez d'eau, la sève peut se déplacer à l'intérieur de l'arbre à raison d'un mètre toutes les heures.

DE QUOI ONT BESOIN LES PLANTES ?

Les plantes ont besoin d'eau, de sels minéraux et de glucides. Les plantes vertes fabriquent leur propre nourriture tandis que d'autres se nourrissent de plantes ou d'animaux en décomposition, voire en parasitant des plantes vivantes.

AVEC QUOI POUSSE LA GRAINE ?

Pour pousser, une graine a besoin d'humidité, de chaleur et d'air. Certaines ne peuvent germer (commencer leur croissance) qu'en ayant connu le froid de l'hiver. D'autres peuvent rester « dormantes » (inactives) pendant des années avant de germer.

Le coquelicot est désormais complètement ouvert, avec ses pétales déployés.

Les pétales sont tombés, reste la capsule de graines.

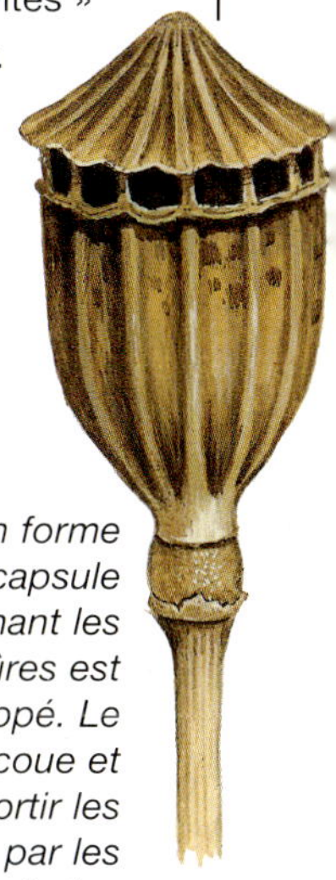

Le fruit en forme de capsule contenant les graines mûres est développé. Le vent le secoue et fait sortir les graines par les pores situées à son sommet.

QUELLE QUANTITÉ DE SUCRE LA PHOTOSYNTHÈSE PRODUIT-ELLE EN UNE ANNÉE ?

Les plantes transforment le sucre qu'elles fabriquent par photosynthèse en d'autres composés chimiques dont elles ont besoin pour se développer. Elles se servent également de ce sucre pour fournir de l'énergie à leurs cellules. Certains scientifiques ont évalué que la totalité des plantes vertes sur l'ensemble de la planète produit par photosynthèse plus de 150 milliards de tonnes de sucre chaque année.

COMMENT LA FLEUR PEUT-ELLE ÉCLORE SI VITE ?

Une fleur s'ouvre à partir de son bouton en une seule journée, parfois en quelques heures, ce qui peut paraître un tour de magie. Cela est possible parce que la fleur est déjà entièrement formée en réduction dans le bouton, attendant de s'ouvrir. On peut le vérifier en ouvrant un bouton : toutes les parties de la fleur sont bien là ! Le bouton s'ouvre sous l'effet de l'eau qui le fait croître. Beaucoup de fleurs forment leurs boutons à l'automne, en hiver ou au début du printemps, prêtes à éclore aux premières chaleurs du printemps ou de l'été.

POURQUOI LES POUSSES GRIMPENT-ELLES ?

La plupart des végétaux poussent vers le haut, vers la lumière du soleil. La plante détecte la direction de la lumière et libère des substances chimiques qui favorisent la croissance du côté sombre ou inférieur de la tige, dirigeant ainsi la jeune pousse vers le haut.

POURQUOI LES RACINES S'ENFONCENT-ELLES DANS LE SOL ?

Les racines poussent vers le bas parce qu'elles réagissent à la force de gravité en produisant des substances chimiques qui favorisent la croissance par le haut, alimentant ainsi la poussée de la racine vers le bas.

LES FLEURS FABRIQUENT-ELLES BEAUCOUP DE POLLEN ?

Les fleurs produisent d'énormes quantités de pollen. Une ambroisie américaine produit un milliard et demi de grains de pollen à l'heure, soit 18 milliards par jour. L'ambroisie américaine est l'un des principaux responsables du rhume des foins. Mauvaise nouvelle pour ceux qui en souffrent : des estimations scientifiques aux États-Unis avancent le chiffre stupéfiant de plus de 3 tonnes de pollen produites par semaine par km^2 !

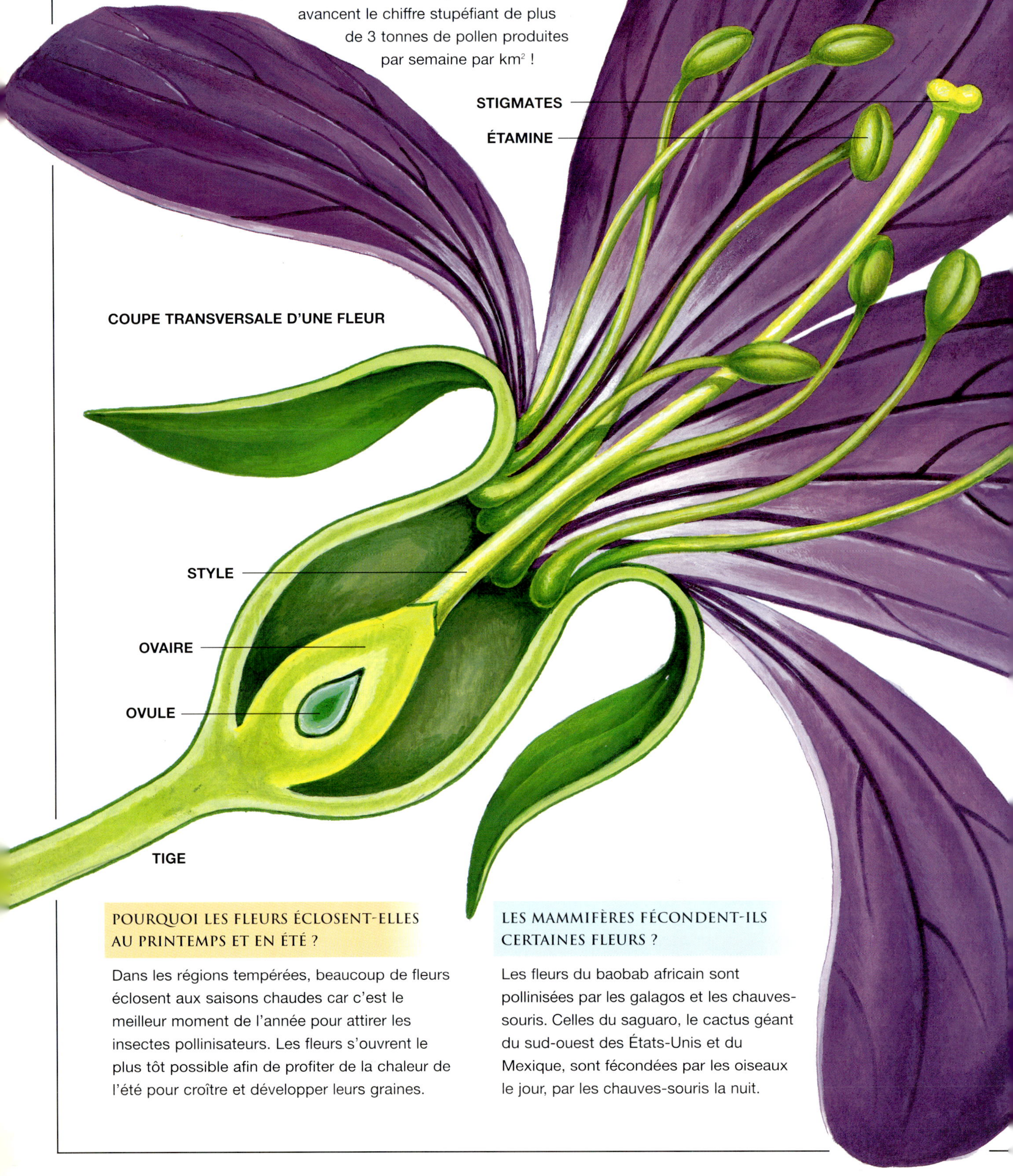

COUPE TRANSVERSALE D'UNE FLEUR

POURQUOI LES FLEURS ÉCLOSENT-ELLES AU PRINTEMPS ET EN ÉTÉ ?

Dans les régions tempérées, beaucoup de fleurs éclosent aux saisons chaudes car c'est le meilleur moment de l'année pour attirer les insectes pollinisateurs. Les fleurs s'ouvrent le plus tôt possible afin de profiter de la chaleur de l'été pour croître et développer leurs graines.

LES MAMMIFÈRES FÉCONDENT-ILS CERTAINES FLEURS ?

Les fleurs du baobab africain sont pollinisées par les galagos et les chauves-souris. Celles du saguaro, le cactus géant du sud-ouest des États-Unis et du Mexique, sont fécondées par les oiseaux le jour, par les chauves-souris la nuit.

COMMENT LES FLEURS SONT-ELLES FÉCONDÉES ?

La pollinisation joue un rôle majeur dans la reproduction sexuelle des végétaux. Le pollen, qui contient les cellules sexuelles mâles, fertilise de diverses façons les ovules, qui sont les cellules sexuelles femelles. Les fleurs de beaucoup d'arbres libèrent dans l'atmosphère de grandes quantités de minuscules grains de pollen, que le vent transporte. Le pollen des plantes aquatiques flotte et descend le courant. Beaucoup de fleurs ont développé leur structure, leurs couleurs et leurs parfums pour attirer les animaux qui doivent les féconder. L'insecte qui se pose sur la fleur pour boire le nectar est aspergé de pollen, qu'il va emporter sur lui jusqu'à la fleur suivante. Les abeilles, les guêpes et les papillons pollinisent ainsi le plus souvent, mais certaines fleurs, surtout tropicales, sont fécondées par les oiseaux, les chauves-souris et même de petits mammifères.

COMMENT UN GRAND NOMBRE DE GRAINES PRODUIT UNE PLANTE ?

Dans les forêts tropicales d'Amérique centrale et du Sud, un seul pied de « bois pissenlit » produit 900 000 graines minuscules. Celles-ci tombent sur le sol et germent lorsqu'elles trouvent un passage dans la voûte végétale de la forêt.

QUELLES GRAINES SONT TOXIQUES ?

Certaines plantes produisent des graines toxiques pour éviter que des petits mammifères et des oiseaux ne les mangent. Elles sont alors souvent de couleurs vives de sorte que les prédateurs apprennent vite à les reconnaître et s'en écartent.

COMMENT LES GRAINES SE DISPERSENT-ELLES ?

Beaucoup de graines sont dispersées par les animaux. Les oiseaux mangent les fruits et restituent intactes les graines les plus résistantes dans leur fiente. Les crochets de certaines capsules de fruits se prennent dans la toison des animaux et en retombent un peu plus loin. Les orchidées ont des graines minuscules que l'air suffit à déplacer. Des graines plus lourdes peuvent aussi circuler de cette façon : le platane fabrique des « hélicoptères » et le pissenlit des aigrettes de duvet. Beaucoup de légumes ont des cosses qui mûrissent, sèchent et s'ouvrent, libérant les graines.

OÙ SE DÉVELOPPENT LES GRAINES ?

Chaque ovule est destiné à devenir une graine et se développe dans l'ovaire de la fleur. Un ovule est formé du zygote (l'œuf fécondé) entouré de l'endosperme, qui est la première réserve de nourriture de la plante.

QUELLE PLANTE A LES PLUS PETITES GRAINES ?

Les graines des orchidées sont microscopiques. Elles sont libérées en très grand nombre et circulent en suspension dans l'air. Chez certaines variétés, un gramme contient plus de 900 millions de graines.

DES PLANTES PEUVENT-ELLES SE REPRODUIRE SANS GRAINES ?

Certaines plantes comme les mousses, les hépatiques et les fougères ne produisent pas de graines et se reproduisent en dispersant des spores. Mais même parmi les plantes à graines, d'autres types de reproduction sont possibles : beaucoup se reproduisent de façon végétative, en développant des tiges rampantes issues de leur bulbe ou d'une tige qui s'est gonflée et se ramifie.

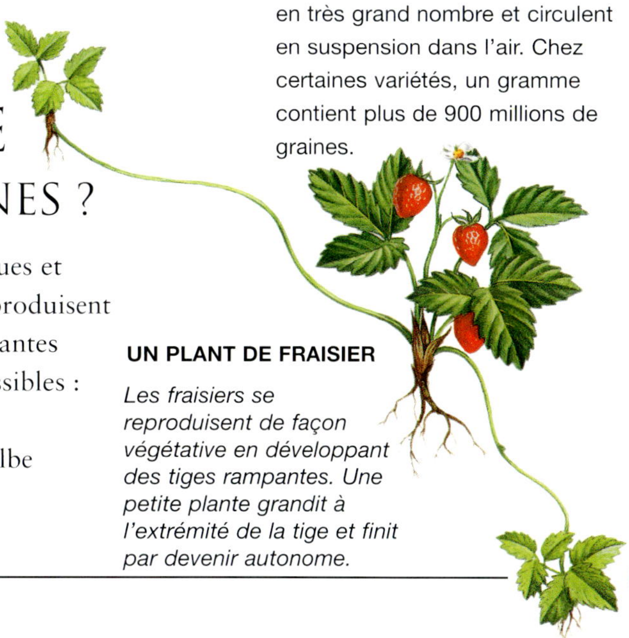

UN PLANT DE FRAISIER

Les fraisiers se reproduisent de façon végétative en développant des tiges rampantes. Une petite plante grandit à l'extrémité de la tige et finit par devenir autonome.

Un chêne sert d'abri à de nombreux oiseaux, tels que des geais et des chouettes. Les pics-verts escaladent les branches pour se nourrir et creusent parfois leur nid dans le tronc. La chouette aime se blottir contre le tronc central et les geais se nourrissent de glands.

QUI SONT LES LOCATAIRES D'UN ARBRE ?

Les arbres offrent une demeure à d'innombrables animaux mais aussi à d'autres plantes. Ses feuilles sont consommées par les chenilles de papillons et par d'autres insectes. Les coléoptères pondent leurs œufs dans l'écorce. Les oiseaux construisent leur nid à l'intersection de deux branches ou utilisent un trou naturel dans le tronc. Des abeilles s'installent parfois dans un arbre creux. De nombreux mammifères sont également les hôtes des arbres, tels les écureuils, les singes, les paresseux, les chauves-souris et les koalas. Dans les régions humides, d'autres plantes – des mousses, des fougères et, sous les tropiques, des orchidées et des broméliacées – poussent directement sur l'arbre, dans des trous où s'accumulent les feuilles mortes. On les appelle des épiphytes.

QU'EST-CE QUE LE CYCLE DE L'AZOTE ?

Les bactéries du sol transforment l'azote de l'air sous une forme que les plantes peuvent consommer. Leurs cellules en tirent des composés divers. Les animaux qui mangent les plantes (ou un autre animal qui s'est nourri de plantes) perpétuent le cycle. L'azote retourne dans le sol avec les déjections des animaux ou par la décomposition des végétaux et des animaux morts.

COMMENT SE SERT-ON DES PLANTES POUR ÉPURER LES EAUX USÉES ?

Les champs d'épandage (où l'on filtre les eaux usées) ont recours à des algues et à des organismes microscopiques. Le lit filtrant contient du gravier et du sable où poussent des millions d'algues. En se nourrissant des polluants contenus dans l'eau, ces organismes la purifient.

LA VIE SAUVAGE DANS UN CHÊNE

Il arrive que des champignons, comme ces langues-de-bœuf, poussent sur le tronc.

COMMENT LES FORÊTS AMÉLIORENT-ELLES L'AIR ?

Les forêts contribuent à préserver la qualité de l'air que nous respirons. Elles déversent dans l'atmosphère de très grandes quantités de vapeur d'eau et d'oxygène. Les plantes absorbent le gaz carbonique et contribuent à éviter que celui-ci n'atteigne des taux toxiques.

COMMENT LES PLANTES RETRAITENT-ELLES L'EAU ?

Les plantes favorisent le retour de l'eau dans l'atmosphère à travers le processus de transpiration, lorsque l'eau s'évapore des tiges et des feuilles. L'eau pénètre dans la plante par ses racines. Elle remonte ensuite par le tronc ou la tige des racines jusqu'aux feuilles.

QUE DEVIENNENT TOUTES LES FEUILLES QUI TOMBENT ?

D'immenses quantités de feuilles tombent chaque automne des arbres, mais elles ne s'accumulent pas sur le sol d'année en année. Les feuilles mortes sont envahies par les moisissures et les bactéries, rongées, désagrégées et peu à peu réintégrées au sol. Elles sont aussi mangées par de nombreux animaux tels que les vers, les insectes, les limaces, les escargots, les mille-pattes et les cloportes…

COMMENT LES PLANTES COLONISENT-ELLES LES SOLS DÉNUDÉS ?

Certaines plantes se fixent dès qu'un sol est dénudé. Leurs graines sont légères, portées par le vent et germent rapidement. Certaines de ces plantes colonisatrices progressent par de nouvelles pousses rampantes qui se séparent et deviennent une nouvelle plante.

COMMENT LES PLANTES RENDENT-ELLES LE SOL PLUS FERTILE ?

Quand les végétaux meurent, ils se décomposent, répandant les substances chimiques de leurs tissus dans le sol. Le mélange des feuilles pourries et des autres substances végétales s'appelle l'humus, qui rend le sol plus fertile.

COMMENT LES PLANTES AIDENT-ELLES L'HOMME ?

Plusieurs espèces de graminées, dont l'oyat, sont plantées sur les dunes côtières. Leurs racines s'accrochent au sable et l'empêche d'être emporté par le vent. Les plantes constituent la couche d'humus (la matière végétale décomposée), qui enrichit les sols. Les plantes peuvent même commencer à assainir les sols victimes de pollution industrielle. Certaines espèces ont développé des variétés qui s'accommodent des substances toxiques. Elles restaurent peu à peu la fertilité du sol et le préparent à accueillir d'autres plantes.

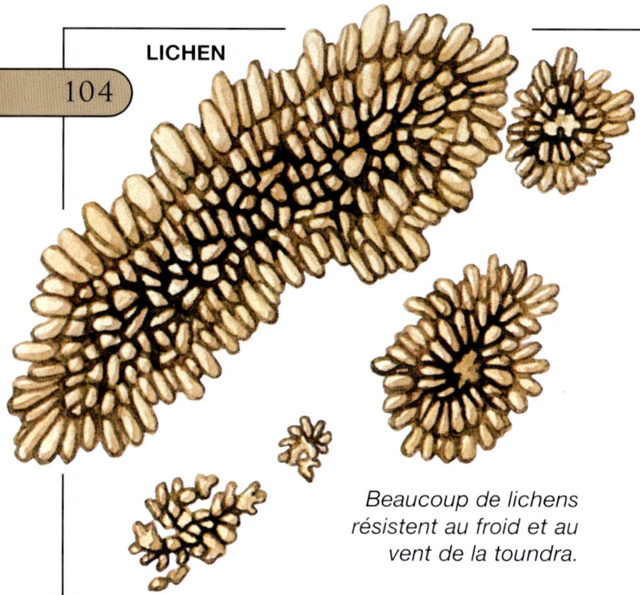

Beaucoup de lichens résistent au froid et au vent de la toundra.

À QUOI RESSEMBLE LA TOUNDRA ?

Le trait le plus frappant de la toundra est l'absence totale d'arbres. Il n'y fait pas assez chaud pour que des plantes ligneuses (constituées de bois) se développent, à moins de rester minuscules. Les espèces dominantes sont les graminées et les laîches, les mousses et les lichens, des arbustes comme la bruyère, le bouleau et le saule nains. On trouve aussi des fleurs comme les saxifrages et le coquelicot arctique.

QUELLE EST LA FLEUR LA PLUS NORDIQUE ?

Une variété de coquelicot a été trouvée bien plus au nord que toute autre fleur – par 83 ° nord, à hauteur de l'extrémité du Groenland.

POURQUOI LES FLEURS DE LA TOUNDRA SONT-ELLES SURTOUT BLANCHES OU JAUNES ?

Faute d'abeilles dans le Grand Nord, la plupart des fleurs de la toundra sont pollinisées par les mouches. Celles-ci ne distinguent pas les couleurs comme les abeilles, de sorte que les fleurs n'ont pas besoin d'être très colorées.

QU'EST-CE QUE LE PERGÉLISOL ?

Même aux endroits qui dégèlent en été, le sol de l'Arctique reste gelé en profondeur. La couche de glace est nommée pergélisol par les scientifiques. Parce que la glace empêche l'eau de s'infiltrer en profondeur, la surface reste humide.

OÙ SE TROUVE LA TOUNDRA ?

La toundra s'étend au nord de la ceinture forestière de conifères, sur une bande qui suit approximativement le Cercle arctique. Elle couvre une grande surface – environ 25 millions de km² de l'Alaska, en passant par le Canada, le Groenland, l'Islande, jusqu'au nord de la Norvège et de la Suède et à la côte arctique de la Sibérie. Seule une petite partie de l'Antarctique présente une configuration analogue – la péninsule qui pointe au nord vers l'extrémité du continent sud-américain.

POURQUOI Y A-T-IL PLUS DE PLANTES DANS L'ARCTIQUE ?

L'Arctique est entouré de masses continentales – Canada, Groenland, nord de l'Europe et Sibérie – ainsi que de nombreuses îles qui offrent à la végétation, surtout l'été, un espace pour se développer. Environ 900 espèces sont natives de la toundra arctique.

COMMENT CERTAINES PLANTES POLAIRES FONT FONDRE LA NEIGE ?

Plusieurs végétaux arctiques et montagneux qui survivent sous la neige sont de couleur sombre. Lorsque le soleil recommence à briller, ils absorbent la chaleur et font fondre la neige autour d'eux.

POURQUOI LES PLANTES ARCTIQUES ONT-ELLES LES RACINES GONFLÉES ?

Beaucoup de plantes arctiques ont des racines bulbeuses ou des tiges souterraines. Elles contiennent des réserves de nourriture pour garantir une croissance rapide l'été suivant.

POURQUOI Y A-T-IL SI PEU DE PLANTES DANS L'ANTARCTIQUE ?

La plus grande partie de l'Antarctique est recouverte de neige et de glace toute l'année. Seule la péninsule antarctique possède des habitats réchauffés par la mer, où les végétaux peuvent survivre. Deux espèces seulement, natives de l'Arctique, fleurissent : une canche et une variété de plante en coussinets.

POURQUOI LES ARBUSTES DE L'ARCTIQUE SONT TOUJOURS VERTS ?

Plusieurs arbustes de l'Arctique conservent tout ou partie de leurs feuilles pendant l'hiver. Les feuilles de la fin de l'été restent sur la plante, souvent protégées par des feuilles mortes plus anciennes. Dès le printemps, les feuilles vertes peuvent engager la photosynthèse.

PAYSAGE DE L'ARCTIQUE

Les plantes de l'Arctique comprennent de jolies fleurs comme le coquelicot arctique, les plantes à coussinet, et des arbres miniatures : le bouleau et le saule nains.

POURQUOI LES PLANTES AQUATIQUES POUSSENT-ELLES EN EAU PEU PROFONDE ?

La plupart des plantes ont besoin de s'enraciner dans la terre même si elles sont entièrement recouvertes d'eau. Et il n'y a pas assez de lumière dans les eaux profondes pour que les plantes se développent.

QU'EST-CE QUI DÉGRADE LES ZONES HUMIDES ?

Quand le sol s'assèche ou quand trop d'eau y est puisée, la nappe phréatique baisse et le sol se dégrade. Les zones humides sont sensibles à la pollution. les eaux usées et les produits chimiques rejetés par les usines aboutissent dans les torrents et les rivières, où ils bouleversent l'équilibre écologique et intoxiquent la faune et la flore.

COMMENT SE NOURRIT L'UTRICULAIRE ?

L'utriculaire est une plante carnivore qu'on trouve dans les étangs marécageux. La tige développe de minuscules vésicules dotées d'une gâchette. Lorsqu'un petit animal, telle une puce d'eau, butte contre celle-ci, la vésicule s'ouvre soudain et, avec l'eau aspirée, engloutit l'animal.

COMMENT LES PLANTES AQUATIQUES SONT-ELLES FÉCONDÉES ?

Même si elles croissent sous l'eau, la plupart des plantes aquatiques maintiennent leurs fleurs au-dessus de la surface pour que le vent et les insectes les pollinisent. D'autres, comme la callitriche, ont un pollen imperméable qui dérive en flottant vers la fleur femelle.

COMMENT LES PLANTES AQUATIQUES SE MAINTIENNENT-ELLES À LA SURFACE ?

Certaines ont des tiges et des feuilles capables de flotter grâce à des chambres à air dans leurs tissus. D'autres, comme les nénuphars, ont des feuilles plates et rondes qui flottent à la surface comme un bateau. D'autres encore ont des feuilles cireuses qui repoussent l'eau, ou des bords recourbés. Certaines cumulent les effets de la cire et d'un fin chevelu pour flotter. Les lentilles d'eau sont si petites et si légères que la surface de l'eau suffit à les porter, et la jacinthe d'eau a des feuilles gonflées à la base, qui agissent comme des flotteurs.

COMMENT LES PLANTES AQUATIQUES RÉSISTENT-ELLES AU COURANT ?

Peu de plantes poussent dans les eaux vives, sauf des algues minuscules qui se fixent sur les galets dans le lit de la rivière. Mais dans les tourbillons et les courants plus calmes des rives elles peuvent prendre racine fermement, ce qui est nécessaire aux plantes de rivière. Elles ont tendance à développer des feuilles en forme de ruban ou de lanière qui offrent peu de prise au courant. D'autres, comme la myriophylle, ont des feuilles finement ramifiées et duveteuses pour les mêmes raisons. La renoncule aquatique a des tiges minces et flexibles qui se balancent au gré du courant.

COMMENT LES PLANTES AQUATIQUES DISPERSENT-ELLES LEURS FRUITS ?

Le courant des torrents et des rivières transporte au loin les fruits qui flottent à la surface de l'eau. Même l'eau des mares et des lacs est en mouvement. Beaucoup de ces fruits ont une enveloppe résistante qui leur évite de germer trop tôt et leur permet de franchir de bonnes distances.

POURQUOI CERTAINS LACS ONT UNE FAIBLE VÉGÉTATION ?

Les lacs diffèrent par la composition chimique de leurs eaux. Certains, comme ceux dont les eaux ont été drainées sur des sols calcaires, sont très fertiles et propices à une végétation variée. D'autres, surtout ceux dont l'eau est acide (comme dans les régions granitiques), sont pauvres en substances nutritives et donc pauvres en végétation.

COMMENT UN LAC DISPARAÎT-T-IL ?

Au fil du temps, un lac s'assèche par un processus appelé la succession. Les résidus des plantes aquatiques s'accumulent au fond et les eaux deviennent de moins en moins profondes. À la fin, les rives s'assèchent et la végétation terrestre vient en occuper le sol à son tour.

QUELLES PLANTES ALIMENTAIRES VIENNENT DES ZONES HUMIDES ?

La production agricole des zones humides la plus importante est le riz, qui pousse un peu partout dans le monde, surtout en Inde et en Chine. Les rizières sont des champs inondés. Les premiers Américains se nourrissaient avec du riz sauvage canadien, une plante aquatique redevenue un aliment populaire.

QU'EST CE QUI LIMITE LA VÉGÉTATION EN MONTAGNE ?

Le climat change de la vallée à la montagne, devient plus froid et plus venteux à mesure que l'altitude augmente. En montagne, il y a également une couche de terre moins épaisse. Les autres facteurs qui influent sur la végétation sont l'ensoleillement et la façon dont la neige et la glace s'accumulent. Dans les endroits les plus exposés, les vents refroidissent et empêchent la neige de s'amasser, créant des conditions qui font échec aux plantes les plus résistantes.

LA GENTIANE

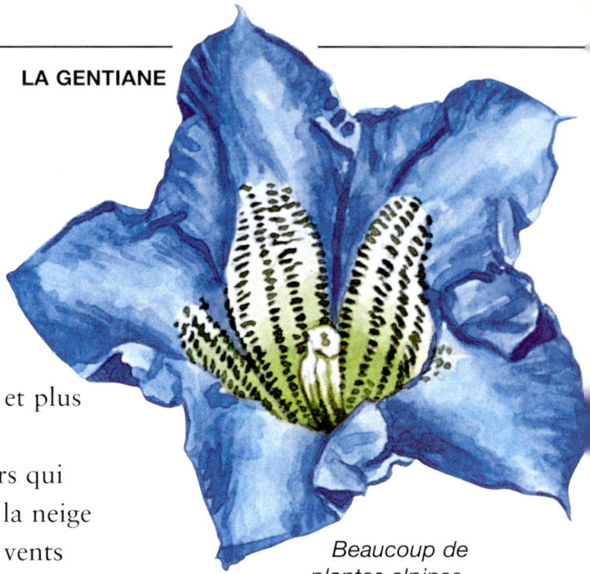

Beaucoup de plantes alpines, comme cette gentiane, ont de grandes fleurs éclatantes.

COMMENT LES PLANTES DE MONTAGNE ATTIRENT-ELLES LES POLLINISATEURS ?

Beaucoup de plantes d'altitude ont de grandes fleurs aux couleurs vives pour attirer les quelques insectes qui vivent en montagne. Certaines, telle l'avoine dorée, suivent le soleil pour réchauffer leurs fleurs et invitent les insectes à y prendre un bain de soleil.

COMMENT LES PLANTES D'ALTITUDE RÉSISTENT-ELLES AU FROID ?

Les plantes ont élaboré différentes stratégies pour survivre en montagne. Certaines, en forme de coussins, poussent à ras du sol pour se soustraire aux vents. D'autres ont des feuilles épaisses, cireuses ou couvertes de poils qui les isolent.

POURQUOI LES PLANTES NE POUSSENT-ELLES PAS TOUTES SUR LE MÊME VERSANT D'UNE MONTAGNE ?

Chaque versant d'une montagne a son climat propre. Au sud (le versant nord dans l'hémisphère Sud), l'ensoleillement est meilleur et il fait plus chaud tandis que sur les autres versants la neige et la glace persistent sur le sol plus longtemps dans l'année.

COMMENT CERTAINES PLANTES DE MONTAGNE FONT-ELLES POUR SE REPRODUIRE SANS FLEURS ?

Beaucoup de plantes de montagne n'ont pas de fleurs en raison de l'absence d'insectes pour les féconder. Elles se reproduisent de façon végétative. C'est pourquoi des graminées de montagne développent des pousses miniatures à la place des fleurs, qui se détachent et croissent comme de nouveaux plants.

POURQUOI FAIT-IL PLUS FROID EN MONTAGNE ?

Le soleil réchauffe le sol et cette chaleur est retenue près du sol par la pression atmosphérique. En montagne, dès qu'on s'élève au-dessus de la zone où l'air chaud est maintenu, l'atmosphère se raréfie et l'air refroidit. La température baisse d'environ 1 °C tous les 150 mètres.

LES FLEURS DES ALPES

Ces fleurs alpines poussent dans un jardin de rocaille naturel.

COMMENT LA VÉGÉTATION PEUT-ELLE SURVIVRE DANS LA NEIGE ET LA GLACE ?

Peu de plantes supportent le gel mais beaucoup réussissent à pousser sous la neige. La neige agit comme une couverture contre la glace, le gel et le vent, et empêche les plantes de mourir de froid. Les alpages restent verts sous la neige, l'herbe est prête à repousser dès que celle-ci a fondu.

POURQUOI LES PLANTES ALPINES SONT-ELLES SI APPRÉCIÉES DANS LES JARDINS ?

Beaucoup de plantes de montagne, telles que les gentianes et les saxifrages, sont dites alpines parce qu'elles proviennent des Alpes.
Leurs fleurs éclatantes et leur capacité à pousser dans des jardins de rocaille malgré les conditions précaires les ont rendues populaires.

QU'EST-CE QUE LA LIMITE DES ARBRES ?

Les arbres ne croissent pas jusqu'au sommet et l'altitude la plus élevée où on les trouve est appelée la limite des arbres. Cette limite, qui varie selon le climat de la région, est aux alentours de 2 800 mètres dans les Alpes. À cette altitude, les arbres poussent lentement et sont souvent rabougris.

POURQUOI LA VÉGÉTATION EN MONTAGNE CHANGE À MESURE QU'ON S'ÉLÈVE ?

Les conditions deviennent plus sévères à mesure qu'on s'élève en altitude, ce que la végétation reflète. Aux massifs forestiers tempérés de la plaine succèdent les forêts de conifères, typiques du milieu montagneux, puis le taillis montagneux, les prairies d'alpage ; enfin, à plus haute altitude encore, une végétation de toundra jusqu'aux abords des éboulis rocheux où l'on rencontre des plaques de neige.

QU'EST-CE QU'UN DÉSERT ?

Dans le monde, les déserts couvrent environ le tiers de la surface des terres. On les trouve partout où l'eau est insuffisante pour permettre à la végétation de pousser en abondance. Le Sahara, les déserts du Namib et de Kalahari en Afrique, l'Atacama au Chili et le Sonora au Mexique font partie des grands déserts. L'Asie centrale et l'Australie en ont aussi de très vastes.

QUEL EST LE DÉSERT LE PLUS FROID ?

On dit de l'Antarctique que c'est un désert froid, et il est de fait très sec puisque l'eau y est prisonnière de la glace. Les déserts d'Asie centrale, – en Mongolie et à l'ouest de la Chine – sont gelés en hiver par l'air froid venu de l'Arctique. Même en été, quand les journées sont chaudes, la température peut descendre la nuit au-dessous de 0 °C.

QU'EST-CE QU'UNE OASIS ?

Une oasis est un endroit en plein désert où l'eau se trouve en abondance, comme un bassin alimenté par une source durant toute l'année. Beaucoup de plantes y poussent, en dépit de la chaleur du désert. On y plante d'ordinaire des dattiers, pour leur ombres et pour leurs fruits.

POURQUOI CERTAINS DÉSERTS S'ÉTENDENT-ILS ?

Certains déserts, comme le Sahara, grandissent chaque année. Cela est dû en partie au climat qui se réchauffe, mais surtout à la destruction par les troupeaux, aux abords du désert, de la végétation qui empêchait sa progression.

QUEL EST LE DÉSERT LE PLUS SEC ?

Dans certaines parties du Sahara, il tombe moins de 1 mm d'eau par an, ce qui en fait l'un des déserts les plus secs. Dans certaines zones du désert d'Atacama au Chili, il arrive qu'il ne pleuve pas pendant plusieurs années.

QUEL EST LE DÉSERT LE PLUS CHAUD ?

Certaines parties du Sahara ainsi que le désert de Mohave en Californie (États-Unis) souffrent de températures supérieures à 40 °C en été. Dans la Vallée de la mort du désert de Mohave, on a enregistré des pointes de 57 °C.

PAYSAGE DU DÉSERT AMÉRICAIN

DANS LE DÉSERT, COMMENT SURVIVENT LES CACTUS ?

Les cactus sont des plantes spécifiques des déserts d'Amérique du Nord et centrale. Ils ont des tiges ventrues et sans feuilles qui emmagasinent l'eau. On les appelle des plantes grasses ou « succulentes » – plantes « charnues » dans les déserts d'Afrique. L'absence de feuilles leur évite de perdre beaucoup d'eau par transpiration. La plupart des cactus ont des épines, ce qui les protège sans doute des animaux du désert qui trouvent si peu à boire et à manger. Un grand nombre de cactus ont la tige striée, ce qui leur permet de se dilater pour retenir l'eau après une averse.

Les cactus se protègent par des épines très pointues. Beaucoup produisent des grandes fleurs aux couleurs vives.

UN CACTUS EN FLEUR

QUEL EST LE PLUS GRAND CACTUS ?

Le saguaro, qui pousse dans le sud-ouest des États-Unis et au Mexique, est un cactus géant, le plus grand de tous. Sa taille atteint parfois 20 mètres de hauteur pour 60 centimètres d'épaisseur. Il peut peser jusqu'à 12 tonnes et vivre 200 ans.

QUI VIT DANS UN GRAND CACTUS ?

Les fleurs des cactus reçoivent la visite de papillons, de phalènes (papillons de nuit) et d'oiseaux-mouches. Les rongeurs et les oiseaux du désert, telle la chouette chevêchette des saguaros, font leur nid dans les trous de la tige des cactus.

QUELLE EST LA PLANTE DU DÉSERT LA PLUS ÉTRANGE ?

La welwitschia est sans doute la plus curieuse de toutes. Elle vit plusieurs siècles, pousse très lentement et produit seulement deux feuilles parcheminées. Elle pousse dans les déserts côtiers du sud-ouest de l'Afrique et puise son eau dans les embruns.

COMMENT LA « PLANTE DE LA RÉSURRECTION » SURVIT-ELLE À LA SÉCHERESSE ?

Quand il fait trop sec, les feuilles des plantes de la résurrection flétrissent et deviennent marron. Cela diminue la perte d'eau. Dès qu'il pleut, les feuilles absorbent l'eau, se redéploient et redeviennent vertes.

QU'EST-CE QUE L'ARBRE DE JOSUÉ ?

L'arbre de Josué pousse dans le désert de Mohave, en Californie (États-Unis). Il pousse très lentement et ses feuilles vivent 20 ans. Elles sont constituées de fibres et sont parfois utilisées pour fabriquer du papier.

À QUELLE PROFONDEUR S'ENFONCENT LES RACINES DES PLANTES DU DÉSERT ?

Certaines plantes du désert ont de très longues racines qui leur permettent d'aller puiser dans les sources enfouies profondément. Les racines du mesquite atteignent souvent une profondeur de 10 mètres, et l'on trouve des ramifications jusqu'à 50 mètres dans le sol.

Les plantes les plus grandes du désert américain sont les cactus géants ramifiés ou saguaros.

QUELLES SONT LES PLUS IMPORTANTES CULTURES VIVRIÈRES ?

Le millet et le sorgho sont des cultures de base en Afrique. En Asie, c'est le riz.

On presse les graines de tournesol et les olives pour en extraire l'huile.

Quelque 12 000 espèces sont connues pour avoir nourri les hommes et 150 d'entre elles sont communément cultivées de nos jours. Les plus importantes sont les céréales (plantes herbacées) – blé, riz et maïs, suivies par l'orge, le sorgho, l'avoine, le millet et le seigle. Elles constituent la nourriture de base d'un très grand nombre de gens à travers le monde. Les tubercules comestibles sont également très répandus. Ils comportent la pomme de terre dans les zones tempérées et, sous le climat tropical, la patate douce, l'igname et le manioc. Toutes ces plantes procurent des glucides tandis que les pois (légumes à gousse) sont riches en protéines. Ils comprennent, outre les pois et les haricots, le soja, les pois chiches, les lentilles et les graines d'arachide (cacahuètes).

QUELLES PLANTES DONNENT DE L'HUILE ?

Les graines de nombreuses plantes sont riches en huile, qu'elles emmagasinent comme nourriture et source d'énergie. L'homme extrait l'huile de l'olive, du tournesol, du maïs, du soja, de l'arachide, du colza, du sésame et du palmier à huile d'Afrique.

D'OÙ VIENT LE CAFÉ ?

Le caféier est un grand arbuste dont les fruits sont utilisés pour produire le café. Ils sont cueillis mûrs et séchés pour supprimer la pulpe des noyaux. Ces derniers donnent les grains de café qui seront traités par la suite, torréfiés le plus souvent.

AVEC QUELLES PLANTES PRODUIT-ON DU SUCRE ?

Principalement avec la tige de la canne à sucre, une plante herbacée qui pousse dans les régions tropicales. Dans certaines zones tempérées, dont l'Europe, on cultive la betterave sucrière. Cette plante emmagasine le sucre dans ses grosses racines. Dans certaines régions tropicales, c'est la sève du palmier à sucre qui est utilisée.

OÙ POUSSAIENT LES POMMES DE TERRE À L'ÉTAT SAUVAGE ?

La pomme de terre, qui pousse à l'état sauvage dans les Andes d'Amérique du Sud, fut d'abord ramassée par les populations andines. Toutes les variétés connues aujourd'hui proviennent de cette plante d'origine.

QU'EST-CE QUE L'ARBRE À PAIN ?

Originaire de Polynésie, l'arbre à pain mesure environ 20 mètres et porte de gros fruits comestibles qui mesurent jusqu'à 30 centimètres de diamètre. On les fait cuire avant de les consommer comme légumes.

UN CHOIX DE PLANTES ALIMENTAIRES

Le blé, le maïs et l'orge sont communs dans les régions tempérées.

On cueille les feuilles fraîches du jeune théier pour fabriquer le thé.

FEUILLES DE THÉ

D'OÙ VIENT LE BLÉ ?

La culture du blé est la plus ancienne qu'on connaisse. En Mésopotamie (l'actuel Irak), on le cultivait il y a plus de 6 000 ans entre les rives du Tigre et de l'Euphrate. Beaucoup de plantes alimentaires ont leur origine au Moyen-Orient. C'est le cas également de l'orge, l'avoine et le seigle, les pois et les lentilles, les oignons, les olives, les figues, les pommes et les poires…

COMMENT FAIT-ON LE CHOCOLAT ?…

Le cacaoyer provient de l'ouest des Andes en Amérique du Sud. Les fruits (cosses) se développent sur le bord du tronc. Chaque cosse contient environ 20 à 30 graines – les fèves de cacao. Il faut les laisser fermenter, les griller et les moudre avant d'en faire de la poudre de cacao, qui est l'ingrédient de base du chocolat. On cultive aujourd'hui le cacaoyer surtout en Afrique occidentale et aux Caraïbes.

… ET LE THÉ ?

Le thé provient des feuilles d'une variété de camélia qui pousse sur les collines de l'Inde et du Sri Lanka ainsi qu'en Indonésie, au Japon et en Chine. Les jeunes pousses sont cueillies, séchées puis broyées pour constituer le thé.

QUEL ARBRE DONNE UN DÉLICAT SIROP ?

L'érable à sucre a une sève sucrée qui est récoltée pour fabriquer le sirop d'érable. La plupart de la production de sirop d'érable provient de la province de Québec au Canada.

QUELS FRUITS SONT CULTIVÉS POUR LA TABLE ?

Les fruits des régions tempérées comprennent les pommes, les poires, le raisin, les prunes, les cerises, les groseilles rouges et noires, les fraises, les framboises, les mûres et les groseilles à maquereau. Dans les régions chaudes, ont trouve un éventail différent, avec les agrumes tels les oranges, les pamplemousses, les citrons et les mandarines, mais aussi les ananas, les melons, les dattes, les figues, les bananes, les noix de coco, les mangues, les papayes et les goyaves. Certains fruits forts en goût sont utilisés comme légumes – les tomates, les avocats et les poivrons. Les fruits sont excellents pour la santé. Ils contiennent du sucre naturel, véritable source d'énergie, des protéines et des vitamines essentielles. Ils apportent également des fibres, qui facilitent la digestion.

CHAPITRE SEPT

TOUS LES ÊTRES VIVANTS

UN CHIMPANZÉ

Un chimpanzé adulte mesure jusqu'à 85 centimètres et n'a pas de queue.

Les chimpanzés sont agiles et trouvent l'essentiel de leur nourriture dans les arbres.

LES CHIMPANZÉS UTILISENT-ILS DES OUTILS ?

Oui. Le chimpanzé sait trouver sa nourriture en donnant un coup de bâton dans une fourmilière pour lécher les fourmis. Il utilise aussi un caillou pour briser les noix. Avec des feuilles mâchées, il fabrique des éponges pour se nettoyer le corps.

QUEL EST LE PLUS PETIT SINGE ?

C'est le ouistiti mignon, qui vit dans la forêt tropicale humide d'Amérique du Sud. Il mesure environ 40 centimètres de long, – dont la moitié pour la queue… – et pèse seulement environ 150 grammes.

LES CHIMPANZÉS CHASSENT-ILS ?

Bien que les fruits constituent leur principale nourriture, les chimpanzés mangent aussi des insectes et chassent de jeunes animaux tels que les petits singes. Ce sont les mâles qui chassent, d'habitude. Ils procèdent en groupe, les uns isolant du troupeau une ou deux proies qu'ils dirigent vers les autres chimpanzés qui les tuent. Le reste de la bande se regroupe alors pour partager le repas.

COMBIEN EXISTE-T-IL D'ESPÈCES DE SINGES ?

Environ 133 réparties en trois grands groupes. L'un vit en Afrique et en Asie, les deux autres en Amérique centrale et en Amérique du Sud.

LES CHIMPANZÉS VIVENT-ILS EN GROUPE ?

Oui, en grandes bandes qui regroupent de 25 à 100 bêtes, conduites par un mâle dominant. Chaque groupe a son gîte propre.

OÙ VIVENT LES CHIMPANZÉS ?

Les chimpanzés vivent dans les forêts et les prairies d'Afrique centrale et occidentale. Il existe d'autres familles moins répandues, comme les ouistitis ou encore les bonobos qui vivent dans les forêts tropicales du Congo en Afrique. Plus minces et plus légers que le chimpanzé commun, ils passent le plus clair de leur temps dans les arbres.

POURQUOI LES SINGES ONT-ILS UNE LONGUE QUEUE ?

Pour ne pas perdre l'équilibre et pour contrôler leurs mouvements lorsqu'ils bondissent de branche en branche dans la forêt. La queue est plus utile aux singes d'Amérique du Sud qu'à ses cousins d'Afrique ou d'Asie, parce qu'elle est préhensile : elle dispose de muscles spéciaux qui permettent au singe de l'entortiller autour des branches pour grimper – c'est pour ainsi dire un cinquième membre. La peau de la face intérieure de la queue est striée pour offrir une meilleure prise.

QU'EST-CE QU'UN GRAND SINGE ?

Les grands singes anthropoïdes sont les animaux les plus évolués parmi les primates, un groupe qui comprend aussi les lémuriens, les galagos et les singes. La première famille de grands singes comprend les gibbons, la deuxième le gorille, le chimpanzé et l'orang-outan. La troisième est constituée d'une seule espèce : l'Homme.

DES SINGES VIVENT-ILS DANS LES PAYS FROIDS ?

On trouve la plupart des singes dans les pays chauds, aux abords de l'équateur, mais certains macaques vivent dans des régions froides. Le rhésus vit dans l'Himalaya comme dans certaines régions de la Chine et de l'Inde, et le macaque du Japon résiste aux hivers glacials grâce à son pelage épais.

OÙ VIVENT LES ORANGS-OUTANS ?

L'orang-outan vit en Asie du Sud-Est, dans les forêts tropicales de Sumatra et de Bornéo. Ce grand singe a une longue fourrure roussâtre et vit la plupart du temps dans les arbres. Les fruits constituent l'essentiel de son alimentation, mais il mange aussi des feuilles, des insectes et même des œufs et des petits animaux. Il est actif durant la journée. La nuit, il dort à même le sol ou sur un nid de branchages dans les arbres.

QUEL EST LE SINGE LE PLUS GRAND ?

Le gorille – un mâle adulte en position verticale mesure jusqu'à 1,70 m et peut peser 180 kilos. Les gorilles vivent dans les forêts humides de l'ouest et du centre de l'Afrique. Une famille comprend un mâle adulte, plusieurs femelles et plusieurs jeunes de différents âges. Le mâle, qu'on dit « à dos argenté » à cause des poils blancs sur son dos, domine le groupe.

Les gorilles se déplacent à quatre pattes, appuyés sur les articulations de leurs membres antérieurs.

UNE FAMILLE DE GORILLES

LA GIRAFE

L'ÉLÉPHANT D'AFRIQUE

COMBIEN Y A-T-IL D'OS DANS UN COU DE GIRAFE ?

Une girafe a sept os dans le cou, exactement le même nombre que les autres mammifères. Mais les siens sont beaucoup plus longs que ceux des autres animaux et les articulations entre eux beaucoup plus flexibles.

La langue de la girafe peut s'étirer de 46 centimètres pour lui permettre de saisir les feuilles sur les arbres les plus hauts.

QU'EST-CE QU'UN OKAPI ?

L'okapi est un parent de la girafe, qui vit dans les forêts humides d'Afrique. Il a été découvert assez récemment, en 1901, par un explorateur anglais. Il a deux petites cornes sur la tête et une langue très longue comme la girafe, mais pas un grand cou comme elle.

LES RHINOCÉROS SONT-ILS DANGEREUX ?

Malgré son allure féroce et ses énormes cornes, le rhinocéros est un herbivore plutôt paisible. Mais s'il se sent menacé, il charge l'adversaire, fonçant tête baissée, prêt à l'assaut.
Les femelles qui défendent leurs petits peuvent se montrer particulièrement dangereuses.

QUELLE EST LA TAILLE D'UNE GIRAFE ?

Une girafe adulte mesure jusqu'à 5,50 m. Son cou est extraordinairement long, et les pattes de devant plus longues que celles de derrière, de sorte que le corps s'incline vers la queue. Son cou permet à la girafe de se nourrir avec les feuilles les plus hautes, celles que les autres animaux n'ont pu atteindre.

QUELLE TAILLE MESURE UN BÉBÉ ÉLEPHANT ?

Un éléphant nouveau-né peut peser 120 kilos et mesurer 1 mètre sur pattes. Il se nourrit pendant au moins deux ans du lait de sa mère, le temps d'atteindre 600 kilos. Il peut ensuite continuer à têter pendant encore six ans.

COMMENT FAIRE LA DIFFÉRENCE ENTRE UN ÉLÉPHANT D'AFRIQUE ET UN ÉLÉPHANT D'ASIE ?

L'éléphant d'Afrique est plus grand, a des oreilles plus larges et des défenses plus longues. De la tête à la queue, il mesure jusqu'à 7,50 m de long. L'éléphant d'Asie mesure jusqu'à 6,50 m. Il a la bosse du dos plus marquée. Une autre différence est visible au bout de la trompe : celle de l'éléphant d'Afrique se termine par deux lèvres en forme de doigts, tandis que celle de son cousin d'Asie n'en a qu'une.

QUELLE EST LA LONGUEUR DE LA TROMPE D'UN ÉLÉPHANT ?

La trompe d'un éléphant grandit toute sa vie, de sorte que les plus vieux éléphants ont la trompe la plus longue. Un vieux mâle peut avoir une trompe de 3,50 m qui pèse à elle seule 120 kilos.

L'éléphant agite ses oreilles immenses pour se rafraîchir.

La peau grise de l'éléphant a jusqu'à 4 centimètres d'épaisseur et est recouverte de poils très fins.

QUE FONT LES ÉLÉPHANTS AVEC LEUR TROMPE ?

Sa trompe est très utile à l'éléphant. Sans elle, il ne pourrait atteindre le sol pour se nourrir à cause de son cou qui est très court. Il s'en sert aussi pour atteindre la nourriture dans la partie haute des arbres et pour casser des branches. L'éléphant sent avec sa trompe, il l'utilise pour saisir de petits objets et caresser tendrement ses petits. Elle lui permet d'aspirer l'eau qu'il fait couler dans sa bouche. Il l'utilise aussi pour s'asperger d'eau ou de poussière afin de se nettoyer la peau.

QUE MANGE UN ÉLÉPHANT ?

Un éléphant de taille adulte mange de 100 à 200 kilos de végétaux chaque jour – herbe, brindilles, branches, feuilles et fruits…

Les suricates prospèrent dans l'hostile désert de Kalahari en travaillant en équipe. Un groupe d'adultes guette les prédateurs pendant que d'autres chassent.

QU'EST-CE QU'UN SURICATE ?

Un suricate est une variété de mangouste qui vit en Afrique. Les suricates vivent en bandes de 30 individus et plus qui se partagent la garde des petits et la recherche de la nourriture. Les sentinelles sont souvent dressées sur leurs pattes arrière pour déceler un éventuel danger.

COMBIEN Y A-T-IL D'ESPÈCES DE FÉLINS ?

Il existe environ 35 espèces de félins sauvages, depuis le tigre jusqu'au chat sauvage d'Afrique, l'ancêtre du chat domestique. Les félins vivent un peu partout dans le monde, aussi bien dans les forêts tropicales et les déserts que les étendues glaciales de Sibérie. On ne trouve aucun félin en Antarctique, en Australie ou en Nouvelle-Zélande.

QUEL EST LE FÉLIN LE PLUS RAPIDE À LA COURSE ?

Le guépard est le félin qui court le plus vite et l'un des animaux les plus rapides de tous sur de courtes distances. Il a été chronométré à 105 km/h sur plus de 100 mètres. Les coureurs olympiques n'atteignent que 48 km/h.

QUE MANGE UNE MANGOUSTE ?

La mangouste est un petit chasseur pressé. Elle tue de petites bêtes – rats, souris, grenouilles – et tout ce qu'elle trouve d'autre à manger, insectes et œufs d'oiseaux compris. On la verra même s'attaquer à un grand serpent.

QU'EST-CE QU'UNE ONCE ?

L'once – ou léopard des neiges – est un grand félin qui vit dans l'Himalaya. Son beau pelage clair avec des marques sombres en a fait la cible des braconniers. Tuer l'once pour sa fourrure est désormais interdit, mais les braconniers passent outre.

LE TIGRE

EN QUOI LES LIONS SONT-ILS DIFFÉRENTS ?

La plupart des félins sont solitaires. Le lion vit et chasse en troupe. Les tigres, les guépards et autres grands félins vivent en solitaires, sauf pour élever leurs petits. Une troupe de lions comprend plusieurs mâles adultes et des femelles, de jeunes lions et des petits. La vie en troupe implique que des adultes surveillent toujours les petits tandis que les autres sont à la chasse. En s'associant ainsi, les lions peuvent s'attaquer à des animaux beaucoup plus grands qu'eux, tels les gnous et les zèbres.

OÙ VIVENT LES JAGUARS ?

Les jaguars vivent dans les forêts d'Amérique centrale et du Sud. Ce sont les plus grands félins sud-américains. Ils mesurent jusqu'à 1,80 m de long avec une queue de 90 centimètres. Malgré sa taille, le jaguar est bon grimpeur. Il escalade souvent un arbre pour guetter ses proies. Il chasse les autres animaux de la forêt, pecaris et cabiais (capybaras), mais aussi les oiseaux, les tortues marines et les poissons.

QUEL EST LE PLUS GRAND DES GRANDS FÉLINS ?

Le tigre. Il mesure jusqu'à 3 mètres de long, queue comprise, et pèse 250 kilos et plus. Les tigres sont devenus très rares. Ils vivent dans certaines parties de l'Asie, des neiges de la Sibérie au nord jusqu'aux forêts tropicales de Sumatra. Il n'existe qu'une espèce de tigres, mais ceux qui vivent dans les régions nordiques sont plus grands et ont une fourrure plus épaisse et plus claire que leurs homologues du sud. Le tigre vit solitaire, ne se rapprochant que pour s'accoupler. La femelle élève ses petits sans l'aide du mâle. Au début, les petits ne quittent pas l'antre, mais dès qu'ils ont environ six mois, ils accompagnent leur mère et apprennent à chasser et à se nourrir par leurs propres moyens.

POURQUOI LES TIGRES ONT-ILS DES RAYURES ?

Les rayures permettent au tigre de se cacher parmi les herbes et les feuillages afin de surprendre ses proies. Les tigres ne courent pas sur de longues distances, aussi doivent-ils s'approcher près de leur proie avant de se jeter sur elles. Les rayures brouillent la silhouette, les rendant difficiles à repérer.

QU'EST-CE QU'UNE PANTHÈRE ?

Une panthère est simplement un léopard avec un pelage noir et non tacheté. Ce n'est pas une espèce distincte de félin. Les léopards vivent en Afrique et en Asie.

La forme des rayures sur le pelage du tigre est unique. Deux tigres n'ont jamais tout à fait des rayures identiques.

EN QUOI LE CHAT DOMESTIQUE DIFFÈRE-T-IL DU CHAT SAUVAGE ?

Les chats domestiques ont exactement la même structure et le même squelette que le chat sauvage. Les deux comptent sur l'odorat pour les renseigner et marquent leur territoire de leur urine ou en se frottant le corps contre les arbres ou les objets. Tous les félins sont carnivores et ne peuvent vivre d'un régime végétarien.

LA CIVETTE EST-ELLE UN FÉLIN ?

Non, la civette appartient à une famille distincte qui regroupe également les mangoustes, les suricates et les genettes. La plupart des civettes vivent dans les forêts tropicales du Sud-Est asiatique et de l'Afrique. Elles ont le corps long et gracieux, les pattes courtes et la queue longue.

COMMENT SE NOURRIT UNE BALEINE BLEUE ?

Une baleine bleue filtre dans l'eau de minuscules animaux qui ressemblent à des crevettes, le krill (plancton arctique). La baleine bleue dispose d'une rangée de lames cornées, les fanons, suspendues à sa mâchoire supérieure. Après avoir aspiré l'eau, elle l'expulse en la poussant avec la langue contre les fanons. Ceux-ci laissent passer l'eau mais retiennent le krill, que la baleine bleue n'a plus qu'à avaler.

QUELLE BALEINE PLONGE LE PLUS PROFOND ?

Le cachalot plonge à au moins 1 000 mètres de profondeur. Quand il chasse un calmar géant pour se nourrir, il peut dépasser cette profondeur.

LES BALEINES VONT-ELLES PARFOIS SUR LA TERRE ?

Non, les baleines passent toute leur vie dans la mer. Mais elles respirent à l'air libre et doivent remonter à la surface pour reprendre haleine.

À QUELLE VITESSE NAGENT LES BALEINES ?

Les baleines bleues nagent en temps normal à 8 km/h mais sont capables de dépasser 30 km/h s'il y a danger. Il arrive que de petites baleines, comme la baleine pilote ou le dauphin, nagent à plus de 50 km/h.

LA BALEINE À BOSSE CHANTE-T-ELLE ?

Oui. Elle produit une série de sons alternant des sifflements aigus et des grondements, cela pendant des heures. Nul ne sait pourquoi la baleine à bosse chante ainsi. Peut-être pour attirer un partenaire ou entrer en contact avec les autres baleines du groupe.

QUELLE EST LA BALEINE LA PLUS GRANDE ?

La baleine bleue est la plus grande des baleines, mais aussi des mammifères connus. Elle mesure plus de 30 mètres de long. Elle pèse au moins 90 tonnes et les plus grandes peuvent peser le double. Contrairement aux apparences, ce n'est pas un chasseur redoutable. Elle se contente de proies minuscules, de petits crustacés ou krill. Elle en consomme jusqu'à 4 millions par jour.

QUELLE EST LA TAILLE D'UN BALEINEAU BLEU ?

Un bébé de baleine bleue mesure 7 mètres de long à la naissance : c'est le plus gros bébé du règne animal. Il pèse environ 8 tonnes – plus qu'un éléphant adulte dans la force de l'âge !

BALEINE BLEUE

En nageant, les dauphins bondissent hors de l'eau et plongent la tête la première.

LE DAUPHIN EST-IL UNE BALEINE ?

Un dauphin est une petite baleine. Baleines et dauphins appartiennent tous deux à l'ordre des cétacés. La plupart des dauphins — il en existe une quarantaine d'espèces – peuplent les océans, mais cinq d'entre eux vivent en rivière. Le plus grand dauphin, l'épaulard (ou l'orque) mesure 9,4 m de long. Les dauphins ont une forme aérodynamique et un museau en forme de bec contenant un grand nombre de dents pointues. Ce sont des nageurs très rapides qui pourchassent les poissons et les calmars pour s'en nourrir. Une sorte de dispositif à ultrasons leur permet de localiser leurs proies. Un dauphin émet des séries de petits sons à haute fréquence qui se réverbèrent sur tout ce qui se trouve sur leur trajectoire. L'écho indique au dauphin la taille et la direction de la proie.

QU'EST-CE QU'UN MARSOUIN ?

Un marsouin est une petite baleine à tête ronde et non à bec comme les dauphins. Il existe six espèces de marsouins qui vivent dans les eaux littorales de l'Atlantique et du Pacifique. Ils se nourrissent de poissons et de calmars.

Les baleines bleues ont vécu autrefois dans tous les océans. La plupart se trouvent aujourd'hui dans les eaux de l'Arctique.

EST-CE QUE LES BALEINES METTENT BAS DANS L'EAU ?

Oui. Le baleineau se présente la queue la première, de sorte qu'il ne se noie pas en naissant. Dès que la tête est sortie, la mère et les autres femelles assistant à la naissance aident le bébé baleine à nager jusqu'à la surface pour y prendre sa première respiration.

LES POISSONS PLATS NAISSENT-ILS... PLATS ?

Non. Les jeunes ressemblent aux autres poissons, avec un œil de chaque côté. Quand ils grandissent, leur corps s'applatit et l'un des yeux se déplace de sorte que les deux se trouvent sur la face supérieure. Le poisson plat se pose sur le fond de la mer, les yeux vers le haut.

QUEL EST LE POISSON D'EAU DOUCE LE PLUS FÉROCE ?

Le piranha, qui vit dans les rivières tropicales d'Amérique centrale et du Sud, est le plus vorace de tous les poissons d'eau douce. Il ne mesure que 30 centimètres environ, mais un banc de centaines de piranhas s'attaquant à un gros animal peut le dévorer en quelques secondes. Les dents triangulaires très aiguisées du piranha lui servent à hacher littéralement la chair de ses victimes. Tous les piranhas ne sont pourtant pas dangereux. Certaines variétés ne mangent que des plantes.

Les dents du requin peuvent mesurer jusqu'à 7,5 cm de long.

LE GRAND REQUIN BLANC

TOUS LES REQUINS SONT-ILS DES TUEURS ?

Non, deux des plus grands requins, le requin baleine et le requin pèlerin mangent seulement de tout petits animaux semblables aux crevettes. Ils les filtrent dans l'eau grâce à une sorte de tamis dans la bouche.

Ce poisson se gonfle lorsqu'il est en danger.

POISSON-LUNE

EXISTE-T-IL DES POISSONS VENIMEUX ?

Oui, et le poisson-lune est l'un des plus dangereux. Il fabrique et emmagasine, dans le cœur et le foie notamment, un venin violent capable de tuer un être humain. Malgré cela, le poisson-lune est un mets de choix au Japon sous le nom de fugu. Les chefs cuisiniers sont entraînés à retirer les parties venimeuses avant de l'accommoder. Le poisson-lune dispose encore d'un autre moyen de défense : il remplit son corps d'eau et d'air jusqu'à doubler de volume. Ce qui le rend particulièrement difficile à avaler pour ses prédateurs. Certaines variétés sont couvertes d'épines qui se dressent quand le poisson-lune s'enfle.

EXISTE-T-IL DES POISSONS ÉLECTRIQUES ?

Oui. Le gymnote (ou anguille électrique) possède des muscles spéciaux qui lancent des décharges électriques dans l'eau, assez puissantes pour étourdir et tuer ses proies.

COMMENT VOLE UN POISSON VOLANT ?

D'ordinaire, un poisson volant émerge pour échapper à un danger. Il a de très grandes nageoires qui agissent comme des ailes. Après avoir pris son élan vers la surface, il ouvre ses nageoires et plane au-dessus de l'eau sur une courte distance.

QUELLE VITESSE ATTEINT UN POISSON ?

L'espadon voilier est l'un des poissons les plus rapides. On l'a chronométré à 100 km/h. Les marlins et les thons sont aussi d'excellents nageurs. Tous ces poissons ont un corps aux lignes pures et aérodynamiques.

QUELLE EST LA TAILLE DU GRAND REQUIN BLANC ?

Le plus souvent 7 mètres de long, mais certains requins blancs mesurent jusqu'à 12 mètres. Ils vivent dans les eaux chaudes un peu partout dans le monde. Ce sont de redoutables chasseurs qui s'attaquent à de grands poissons mais aussi aux otaries et aux marsouins. Leurs armes sont leurs énormes dents en lame de scie avec lesquelles ils tuent et mettent en pièce leur proie. Derrière ces dents, se trouvent des rangs de dents de rechange, prêtes à remplacer les dents de devant endommagées ou cassées.

Un requin peut nager jusqu'à 40 km/h pendant une courte période.

COMBIEN D'ESPÈCES DE SERPENTS EXISTE-T-IL ?

Il existe environ 2 700 espèces de serpents dans le monde. Ils vivent sur tous les continents sauf l'Antarctique, mais il n'y a aucun serpent en Irlande, en Islande ni en Nouvelle-Zélande. Tous les serpents sont carnivores, ce qui signifie qu'ils se nourrissent d'autres animaux.

TOUS LES SERPENTS SONT-ILS VENIMEUX ?

Un tiers seulement des serpents sont venimeux et une petite partie a un venin dangereux pour l'homme. Les serpents non venimeux étouffent leur proie ou l'avalent tout entière.

LE PYTHON RÉTICULÉ

Le python s'enroule autour de sa proie et la serre jusqu'à l'étouffer.

POURQUOI LE CROTALE FAIT-IL DU BRUIT ?

Les serpents à sonnette (ou crotales) émettent un cliquetis pour éloigner leurs ennemis. Ils secouent pour cela des plaques cornées situées à l'extrémité de la queue. Chacun de ces anneaux a formé l'extrémité de la queue, un nouvau s'ajoutant à chaque mue.

QUEL EST LE SERPENT LE PLUS GRAND ?

Le serpent le plus long du monde est le python réticulé, qui vit dans certaines zones de l'Asie du Sud-Est. Il peut atteindre la taille de 8,5 m. L'anaconda, qui vit dans les forêts tropicales d'Amérique du Sud, est plus lourd que le python mais pas aussi long. Les pythons et les anacondas ne sont pas venimeux. Ils tuent leurs proies avec leurs dents ou en les étouffant. Un python guette sa proie, puis rampe vers elle, l'entoure et la serre dans ses anneaux puissants jusqu'à ce qu'elle étouffe.

QUEL EST LE SERPENT LE PLUS DANGEREUX ?

La vipère d'Égypte est probablement le serpent le plus dangereux du monde. Elle est très agressive et son venin est mortel pour l'homme. La vipère d'Égypte vit en Afrique et en Asie.

Y A-T-IL DES SERPENTS DANS LA MER ?

Oui, il existe environ 47 espèces de serpents qui vivent exclusivement dans la mer. La plupart sont sans défense sur le sol. Ils se nourrissent de poissons et d'animaux marins comme les crevettes. Tous sont très venimeux. L'un d'eux, le « serpent à bec » (*Enhydrina schistosa*), a le venin le plus mortel de tous les serpents.

POURQUOI LES SERPENTS PERDENT LEUR PEAU ?

Les serpents perdent leur peau – on dit qu'ils muent – pour pouvoir grandir et parce que leur peau s'use et s'abîme. La première année, leur croissance est importante, aussi un jeune serpent mue-t-il sept fois, parfois plus, jusqu'à l'âge d'un an. Ensuite, il mue une fois par an, voire moins.

LES SERPENTS RAMPENT À QUELLE VITESSE ?

Le serpent réputé le plus rapide sur la terre ferme est le mamba noir d'Afrique. Il peut onduler à la vitesse de 19 km/h.

POURQUOI UN CAMÉLÉON CHANGE-T-IL DE COULEUR ?

Changer de couleur permet au caméléon de s'approcher au plus près de sa proie sans être vu et de se cacher de ses propres ennemis. La variation de la couleur est commandée par le système nerveux. Les nerfs activent des cellules colorées. La couleur se diffuse ou se concentre en petit points. On dit que la peau du caméléon devient plus sombre quand il est en colère et plus clair quand il a peur.

CAMÉLÉON

EXISTE-T-IL DES LÉZARDS VENIMEUX ?

Seuls deux lézards dans le monde sont venimeux, l'héloderme ou monstre de Gila et l'héloderme perlé du Mexique, tous deux vivant dans l'ouest de l'Amérique du Nord. Le venin est fabriqué par des glandes logées dans la mâchoire inférieure. Quand le lézard serre une proie et la mord, le venin coule dans la plaie. La victime, neutralisée par le poison, cesse de se débattre.

COMBIEN Y A-T-IL D'ESPÈCES DE LÉZARDS ?

On compte environ 3 000 espèces différentes de lézards – de groupes ou familles distincts, tels que les geckos, les iguanes, les scinques et les caméléons. On trouve des lézards sur tous les continents, sauf dans l'Antarctique, mais la plupart vivent dans les pays chauds.

OÙ VIVENT LES CAMÉLÉONS ?

Il existe environ 85 espèces différentes de caméléons, la plupart vivant en Afrique et à Madagascar. Il y a peu de variétés asiatiques et un seul type de caméléon vit dans le sud de l'Europe.

QUEL EST LE PLUS GRAND LÉZARD ?

Le dragon de Komodo, qui vit dans certaines îles de l'Asie du Sud-Est. Il mesure jusqu'à 3 mètres de long et chasse certains animaux comme les cochons sauvages et de petits cervidés.

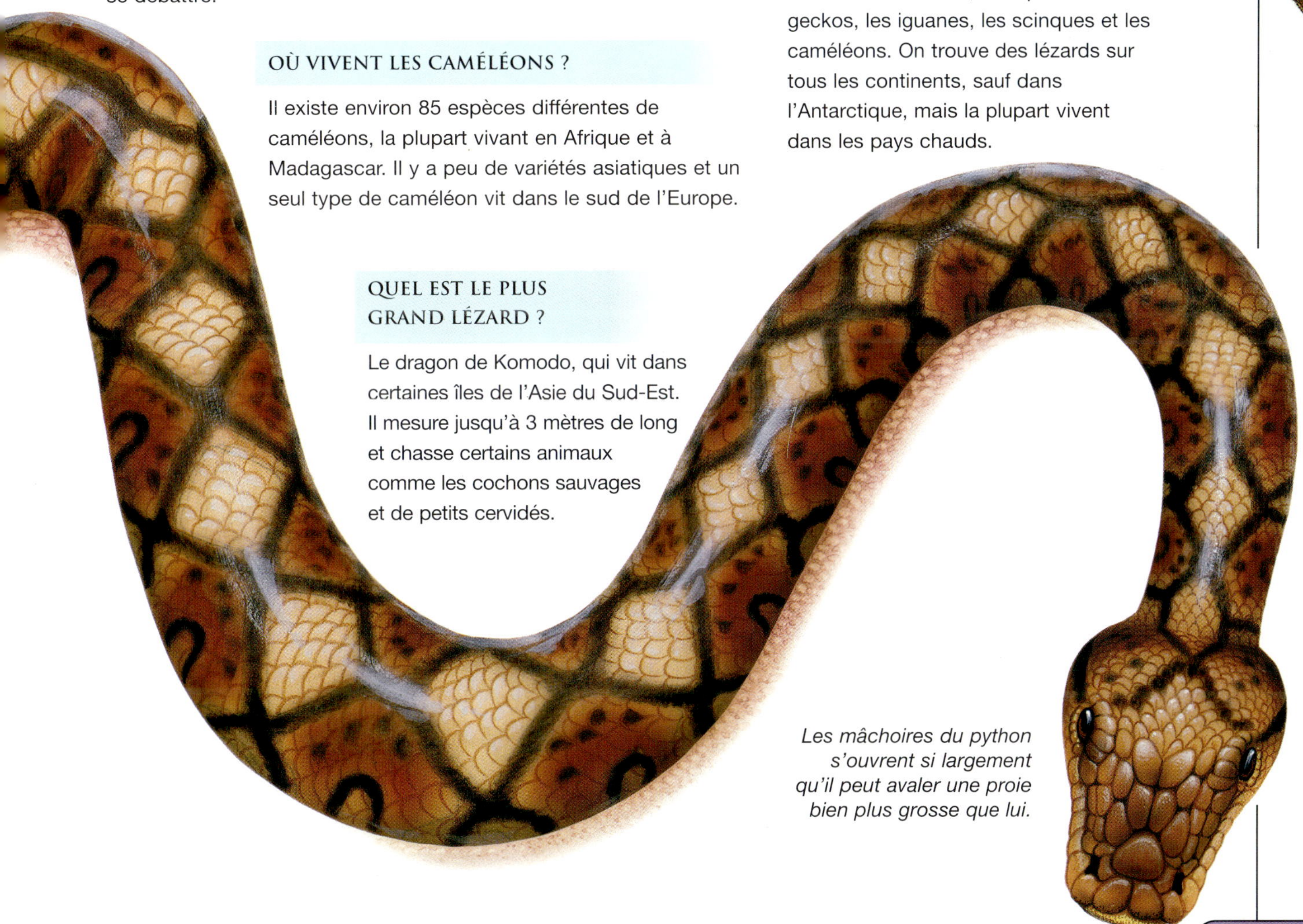

Les mâchoires du python s'ouvrent si largement qu'il peut avaler une proie bien plus grosse que lui.

QUEL EST L'AIGLE LE PLUS GRAND ?

Le plus grand aigle du monde est la grande harpie d'Amérique (dite aussi harpie féroce), qui vit dans les forêts tropicales d'Amérique du Sud. Sa taille est de 1,10 m, il a des pattes robustes aux serres particulièrement longues avec lesquelles il tue ses proies. Il chasse les singes et les paresseux dans les arbres, poursuivant ses victimes de branche en branche à toute vitesse. Presque aussi grand est l'aigle des singes, devenu rare, qui vit dans les forêts humides des Philippines.

LA HARPIE FÉROCE

L'aigle harpie a des ailes plus courtes que les autres aigles, pour pouvoir voler entre les branches des arbres tropicaux.

LES AIGLES CONSTRUISENT-ILS DES NIDS ?

Oui, et le nid de l'aigle d'Amérique à tête blanche est le plus grand que fabrique un oiseau, certains atteignant 5,5 m de profondeur. Un nid sert à plusieurs générations d'aigles, qui les consolident chaque année.

Le faucon pèlerin est un voilier rapide et puissant qui scrute ses proies de très haut dans les airs.

LE FAUCON PÈLERIN

QUEL EST L'OISEAU LE PLUS RAPIDE ?

Lorsqu'il plonge pour attraper un autre oiseau en vol, le faucon pèlerin atteint les 160 km/h, vitesse qu'aucun autre oiseau n'approche. Le faucon décrit des cercles au-dessus de ses victimes avant de fondre sur elles et de les tuer d'un puissant coup de serres.

DES AIGLES ATTRAPENT-ILS DES SERPENTS ?

Oui, les serpentaires se nourrissent essentiellement de serpents et de lézards. La peau rugueuse de leurs doigts les aide à saisir le serpent, dont le corps est glissant.

COMMENT LES AIGLES TUENT LEURS PROIES ?

Un aigle tue sa proie à l'aide des quatre longues serres incurvées de ses pattes. Il s'élance sur sa victime, la saisit et la broie dans ses serres. Ensuite, il en déchire la chair avec son bec puissant et recourbé. Le bec d'un aigle royal atteint environ 10 centimètres de longueur.

QUE MANGE UN BALBUZARD ?

Le balbuzard se nourrit surtout de poissons. Dès qu'il en aperçoit un à la surface de l'eau, il plonge et saisit le poisson entre ses serres. Le dessous de ses pattes est couvert de fines épines qui retiennent le corps glissant du poisson.

QUEL EST LE PLUS GRAND OISEAU DE PROIE ?

Le condor des Andes est le plus grand oiseau de proie au monde. Sa taille est de 1,10 m pour un poids de 12 kilos. Son envergure surtout est impressionnante : plus de 3 mètres...

COMMENT LES CHOUETTES CHASSENT-ELLES LA NUIT ?

Les chouettes ont une excellente vue, même dans la pénombre, et une ouïe très aiguë. Dans l'obscurité complète, elle peuvent localiser avec précision d'où vient le bruit et fondre en piqué sur la proie. Leurs ailes ont des plumes spéciales à bord souple et léger qui les rendent très peu bruyantes. La chouette s'approche ainsi de sa proie en silence.

COMBIEN Y A-T-IL D'ESPÈCES DE CHOUETTES ?

On en compte 142 réparties en deux familles : les chats-huants avec 12 espèces et les chouettes proprement dites pour les 130 autres. Les chouettes vivent dans le monde entier, excepté sur quelques îles. Elles chassent la nuit les petits mammifères, les oiseaux, les grenouilles, les lézards, les insectes et même les poissons.

EST-CE QUE LE VAUTOUR CHASSE ?

Les vautours ne tuent habituellement pas leurs proies. Ce sont des charognards, c'est-à-dire qu'ils se nourrissent d'animaux déjà morts ou tués par des chasseurs. Ils ont des serres et un bec puissants et leur tête chauve leur permet de plonger dans les carcasses sans se salir les plumes. Le gypaète barbu ramasse volontiers les os, qu'il laisse tomber sur les rochers pour les fracasser et, une fois ouverts, en manger la moelle.

Le vautour fauve, que l'on peut observer dans les Pyrénées, mesure 2,50 m d'envergure.

UN VAUTOUR ROYAL À TÊTE ROUGE ET DES VAUTOURS FAUVES AUTOUR D'UNE CHAROGNE

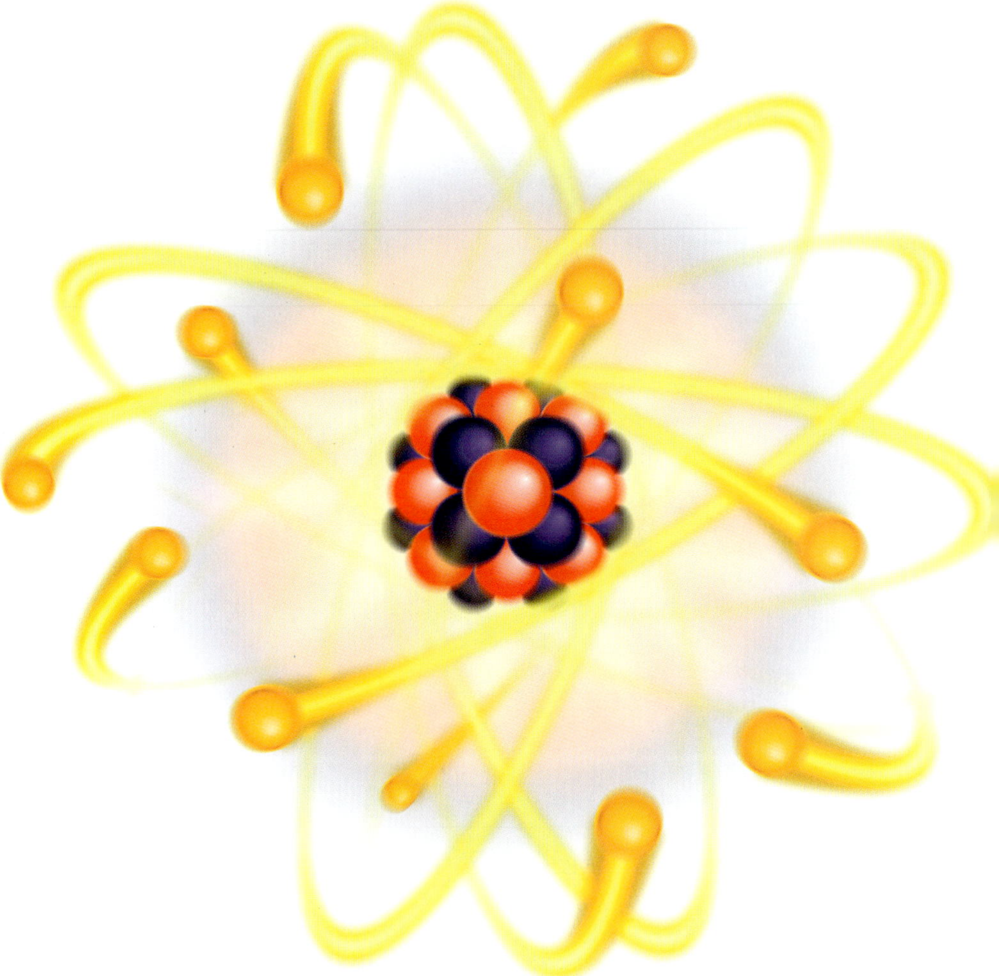

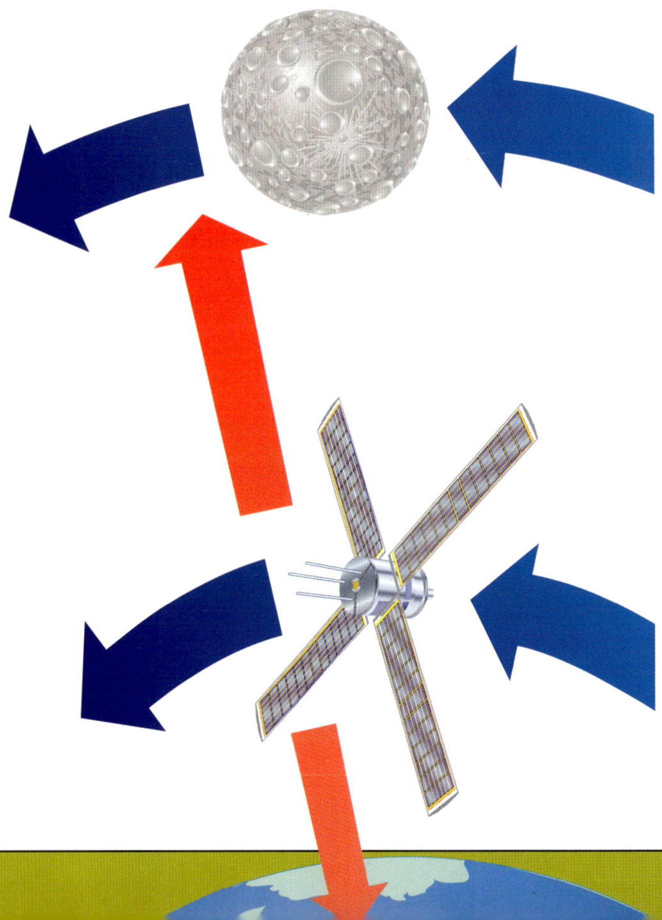

CHAPITRE HUIT

COMMENT ÇA MARCHE ?

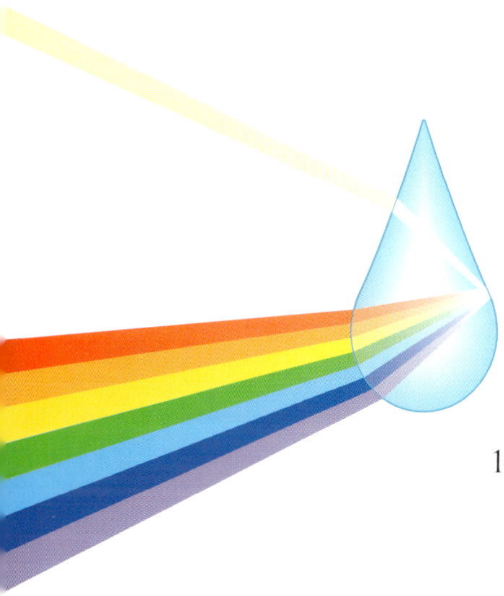

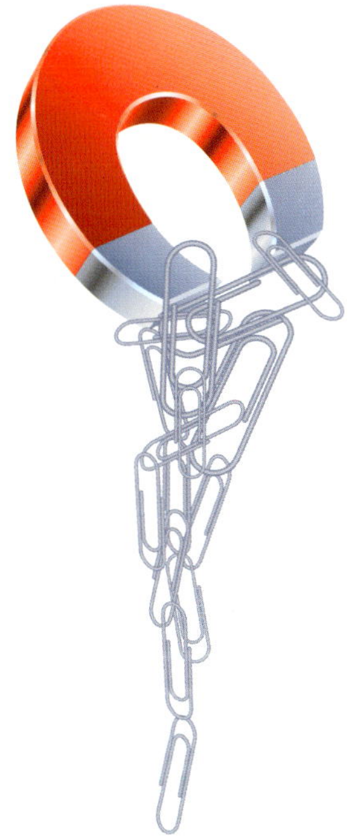

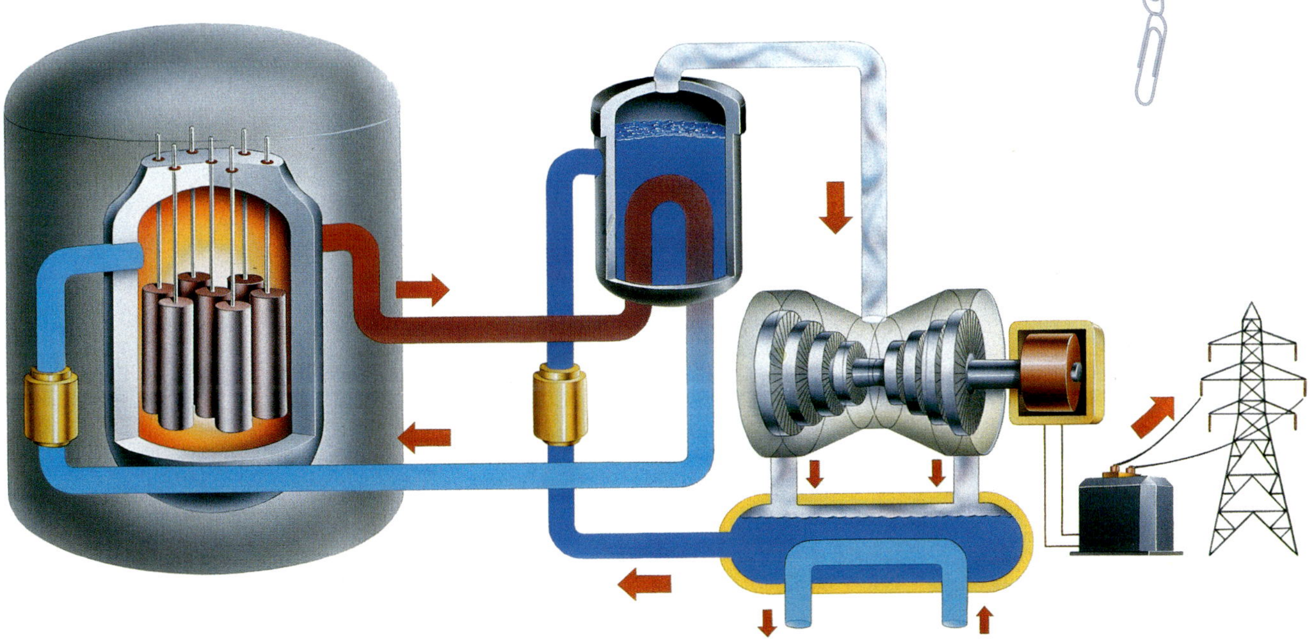

QUE SONT LES SOLIDES ?

Les « choses » peuvent être solides, liquides, ou gazeuses – les trois principaux états de la matière. Elles passent de l'un à l'autre sous l'action de la chaleur ou du froid, accélérant ou ralentissant l'énergie des particules dont elles sont faites. Dans les solides, les particules sont soudées, donnant aux solides leur forme et leur volume précis. Dans les liquides, les particules se déplacent un peu, de sorte qu'un liquide s'écoule et prend n'importe quelle forme tout en gardant son volume. Dans les gaz, les particules virevoltent dans tous les sens. Le gaz se répand et remplit n'importe quel volume, quelles que soient sa forme et sa taille. Un liquide qui se change en gaz est une vapeur.

QU'EST-CE QU'UN PLASMA ?

Le plasma est le cinquième état de la matière. Il se forme lorsque le gaz devient si chaud que les particules éclatent. Ce qui se produit à l'intérieur du Soleil et dans les tubes au néon.

QUAND UNE CHOSE FOND-ELLE ?

Les choses fondent en atteignant le point de fusion. Chaque substance a le sien. Celui de l'eau est à 0 °C ; celui du plomb à 327,5 °C.

QUAND LES CHOSES GÈLENT-ELLES ?

Les choses passent de l'état liquide à solide en atteignant le point de congélation, l'équivalent du point de fusion. La plupart des substances rétrécissent en gelant, car les particules s'agrègent plus étroitement. Mais l'eau augmente de volume en gelant, c'est pourquoi l'hiver les tuyaux gelés éclatent.

QUAND LES CHOSES SE METTENT-ELLES À BOUILLIR ?

Les liquides se mettent à bouillir au point d'ébullition, température maximale que peut atteindre un liquide. Pour l'eau, c'est 100 °C. Si la pression augmente, le point d'ébullition est plus élevé, ce qui permet aux cocotes-minute de cuire les aliments à haute température.

L'EAU À L'ÉTAT SOLIDE, LIQUIDE ET GAZEUX

Les solides ne gardent pas exactement leur forme. La glace des glaciers peut s'écouler très lentement.

NUAGES D'ORAGE

Les grands nuages d'orage sont constitués de goutelettes d'eau et de cristaux de glace.

COMMENT CHANGE LA PRESSION ?

Si l'on réduit de moitié le volume dans lequel se trouve un gaz, la pression double (à température égale). C'est la loi de Boyle. Si l'on chauffe un gaz, la pression augmente proportionnellement (à volume égal). C'est la loi de la pression.

QUE SE PASSE-T-IL PENDANT L'ÉVAPORATION ET LA CONDENSATION ?

L'évaporation se produit lorsqu'un liquide est réchauffé et se change en vapeur. Les particules vibrent si vite à la surface du liquide qu'elle s'échappent. La condensation se produit lorsque de la vapeur refroidit et redevient liquide. Évaporation et condensation ne se produisent pas seulement au point d'ébullition mais aussi à des températures beaucoup plus basses.

QU'EST-CE QUE LA PRESSION ?

La pression est la somme des forces qui pèsent sur quelque chose. La pression atmosphérique est la force avec laquelle les particules d'air en mouvement « bombardent » le sol : plus il y a de particules qui se déplacent vite, plus il y a de pression.

Les nuages se forment lorsque l'air en altitude devient si froid que la vapeur d'eau qu'il contient se condense en gouttelettes.

QU'EST-CE QU'UN ÉLÉMENT ?

C'est un « morceau de matière » qui ne peut être morcelé. L'eau n'est pas un élément, elle peut être décomposée en deux gaz, l'oxygène et l'hydrogène – qui, eux, sont des éléments. Chaque élément a son numéro atomique propre, qui correspond au nombre de protons contenus dans son noyau (qu'un nombre identique d'électrons équilibre).

QUEL EST L'ÉLÉMENT LE PLUS LÉGER ?

L'élément le plus léger est l'hydrogène. Il a un unique proton dans son noyau et une masse atomique de 1,0079.

QUI A DÉCOUVERT LE RADIUM ?

La physicienne française d'origine polonaise Marie Curie (1867–1934) est la seule femme qui obtint deux prix Nobel : celui de physique en 1903, avec son mari Pierre Curie, pour sa participation à la découverte de la radioactivité, celui de chimie en 1911 pour sa découverte du polonium et du radium.

FLUOR

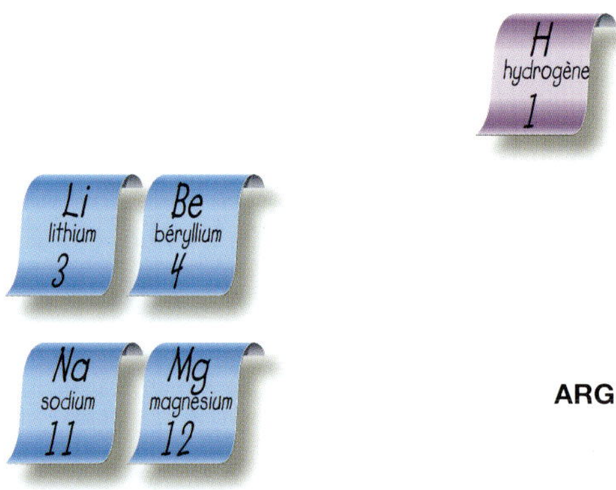

ARGENT

QU'EST-CE QU'UN MÉTAL ?

On reconnaît un métal au fait qu'il est dur, dense et souvent brillant et fait un bruit… métallique quand on le heurte à un autre objet en métal. Il conduit l'électricité et la chaleur. Les chimistes définissent un métal comme un élément électropositif, ce qui signifie qu'il perd facilement ses électrons (chargés négativement). Ce sont ces « électrons libres » qui font justement des métaux d'excellents conducteurs de l'électricité.

COMBIEN Y A-T-IL D'ÉLÉMENTS ?

On découvre régulièrement de nouveaux éléments. On en est aujourd'hui à 118. Les 26 derniers, les transuraniens, sont conçus artificiellement en laboratoire. Les plus lourds (au-delà du 110) ont un « édificie nucléaire » instable et se désintègrent en quelques secondes.

Le savant russe Dmitri Ivanovitch Mendeleïev est l'auteur de la première version du tableau périodique en 1869.

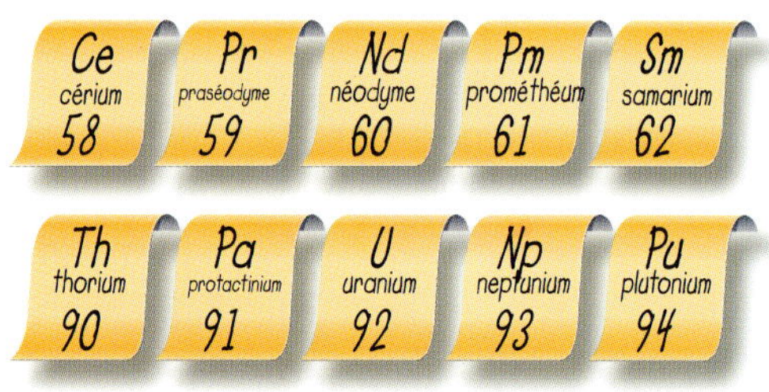

QUEL EST L'ÉLÉMENT LE PLUS LOURD ?

Au-delà de l'élément 114, de masse atomique 298, une quarantaine d'éléments « superlourds » n'ont à ce jour qu'une existence théorique.

OR

POURQUOI CERTAINS ÉLÉMENTS SONT-ILS RÉACTIFS ?

Les éléments sont dits réactifs s'ils gagnent ou perdent aisément des électrons. Ceux qui figurent sur la gauche du tableau périodique, appelés métaux, perdent facilement des électrons. Plus ils sont sur la gauche, plus ils sont réactifs. Le groupe 1, les métaux alcalins, comprenant le sodium, le potassium et le francium, sont très réactifs.

QU'EST LA CLASSIFICATION PÉRIODIQUE ?

Tous les éléments sont classés selon leurs propriétés dans un tableau dont les colonnes sont nommées « groupes » et les lignes horizontales « périodes ». Dans un même groupe, les éléments ont le même nombre d'électrons sur la couche périphérique de leur atome et les mêmes propriétés.

CUIVRE

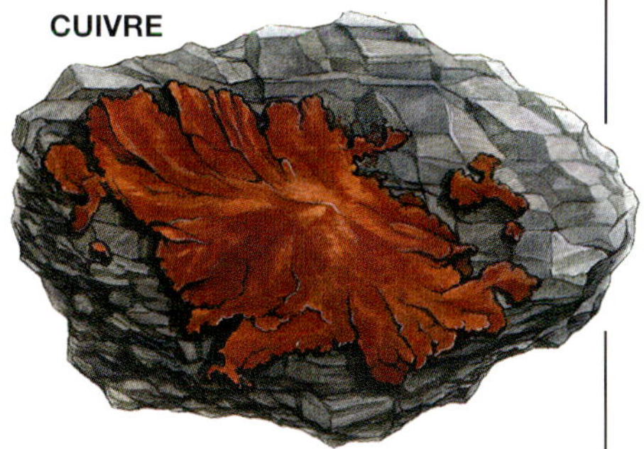

URANIUM

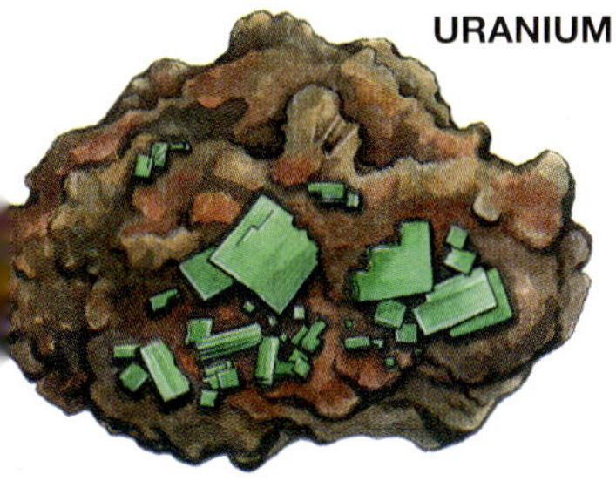

								He hélium 2
			B bore 5	C carbone 6	N azote 7	O oxygène 8	F fluore 9	Ne néon 10
			Al aluminium 13	Si silicium 14	P phosphore 15	S soufre 16	Cl chlore 17	Ar argon 18
Ni nickel 28	Cu cuivre 29	Zn zinc 30	Ga gallium 31	Ge germanium 32	As arsenic 33	Se sélénium 34	Br brome 35	Kr krypton 36
Pd palladium 46	Ag argent 47	Cd cadmium 48	In indium 49	Sn étain 50	Sb antimoine 51	Te tellure 52	I iode 53	Xe xénon 54
Pt platine 78	Au or 79	Hg mercure 80	Tl thallium 81	Pb plomb 82	Bi bismuth 83	Po polonium 84	At astate 85	Rn radon 86

Eu europium 63	Gd gadolinium 64	Tb terbium 65	Dy dysprosium 66	Ho holmium 67	Er erbium 68	Tm thulium 69	Yb ytterbium 70	Lu lutécium 71
Am américium 95	Cm curium 96	Bk berkélium 97	Cf californium 98	Es einsteinium 99	Fm fermium 100	Md mendélévium 101	No nobélium 102	Lr lawrencium 103

Les actinides sont un groupe de 15 éléments rassemblés en bas du tableau. Leur nom vient de l'actinium (élément 89). Ils comprennent le radium et le plutonium et sont tous très radioactifs.

BISMUTH

QUE SONT LES GAZ NOBLES ?

Le groupe 0, qui occupe la dernière colonne de droite du tableau périodique, est celui des gaz rares (ou inertes, ou nobles). La couche périphérique de leur atome étant saturée d'électrons, ils ne sont pas réactifs et n'établissent que très difficilement des liaisons avec les atomes d'autres éléments. Comme les nobles…

POURQUOI LE CARBONE EST-IL SI PARTICULIER ?

Le carbone est l'élément le plus accueillant : avec quatre électrons sur la couche périphérique de son atome, il se lie volontiers avec d'autres atomes.

SOUFRE

QU'EST LA MASSE ATOMIQUE ?

La masse atomique d'un élément est le « poids » d'un de ses atomes au complet – avec tous ses protons, neutrons et électrons. C'est évidemment minuscule !

QU'EST-CE QU'UN ATOME ?

Les atomes sont les plus petites unités identifiables de toute matière. Ils sont si petits qu'ils ne sont visibles qu'à travers des microscopes très puissants – on pourrait faire tenir deux milliards d'atomes sur le point final de cette phrase… Pourtant, les atomes sont constitués en grande partie de vide – un espace vide parsemé cependant de « nuages » d'énergie encore plus petits constitués de particules subatomiques.

UN ATOME A QUELLE TAILLE ?

Les atomes mesurent un dix-millionième de millimètre et pèsent (approximativement !) un cent-milliardième de milliardième de milliardième de gramme… Le plus petit atome est l'hydrogène, l'un des plus gros observés le meitnérium. L'unité de mesure des atomes est la « mole », la quantité de matière contenant autant d'atomes que 12 g d'une variété de carbone appelée carbone 12.

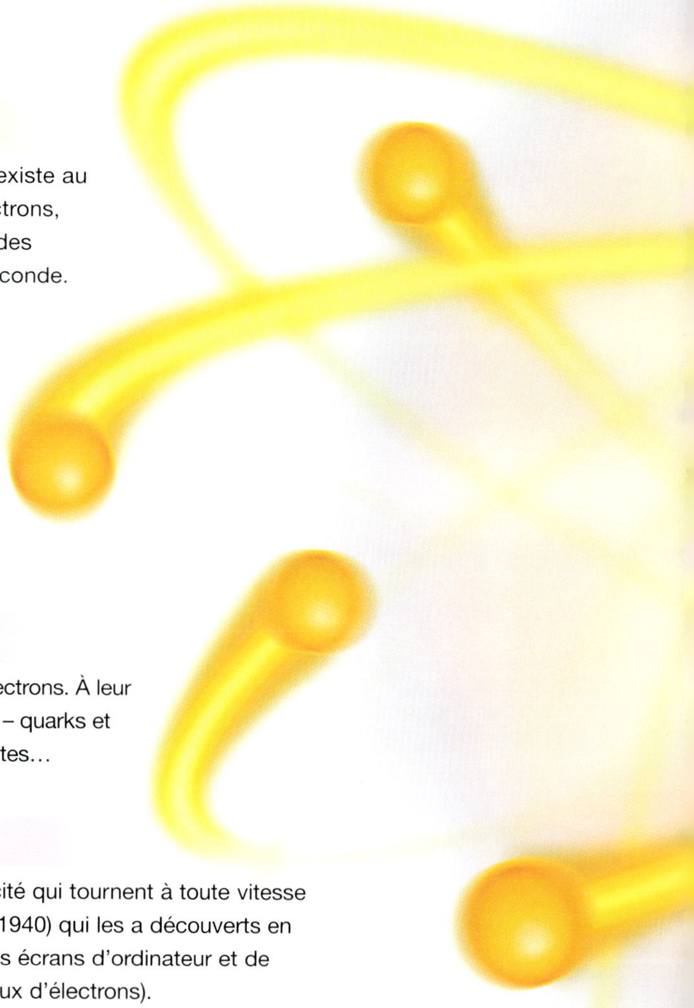

COMBIEN Y A-T-IL DE SORTES DE PARTICULES ?

Depuis les années 1920, les scientifiques ont déterminé qu'il existe au moins 200 types de particules subatomiques en plus des électrons, des protons et des neutrons. La plupart sont élaborées dans des conditions très spécifiques et n'existent qu'une fraction de seconde.

QU'EST-CE QU'UNE MOLÉCULE ?

Très souvent, les atomes ne peuvent exister par eux-mêmes et doivent s'agréger à d'autres – soit de la même nature, soit d'une autre nature pour former des composés chimiques. Une molécule est le plus petit « grain » de matière capable d'exister par lui-même.

QUELLE EST LA PLUS PETITE PARTICULE ?

On l'ignore. Les atomes sont faits de protons, de neutrons et d'électrons. À leur tour, ceux-ci pourraient être faits de particules encore plus petites – quarks et leptons. Un jour, on peut découvrir des particules encore plus petites…

QUE SONT LES ÉLECTRONS ?

Les électrons sont les minuscules particules chargées d'électricité qui tournent à toute vitesse dans un atome. C'est le physicien anglais J.J. Thomson (1856–1940) qui les a découverts en 1879 au cours d'expérimentations sur les tubes cathodiques (les écrans d'ordinateur et de télévision sont des tubes cathodiques, qui utilisent en fait des flux d'électrons).

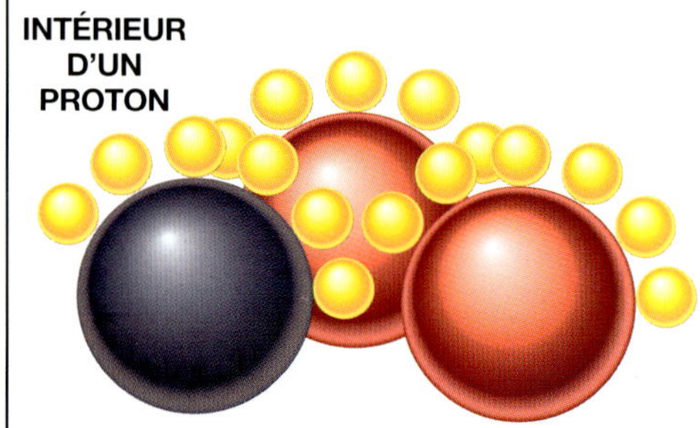

Les protons peuvent être constitués de particules plus petites, les quarks, jointes par des gluons.

QU'EST-CE QUI SOUDE LES ATOMES ENTRE EUX ?

Les électrons sont maintenus au noyau par l'attraction électrique, car ils ont une charge électrique inverse de celle des protons du noyau. Les particules du noyau sont agrégées par une force appelée la « force nucléaire forte ».

UN ATOME

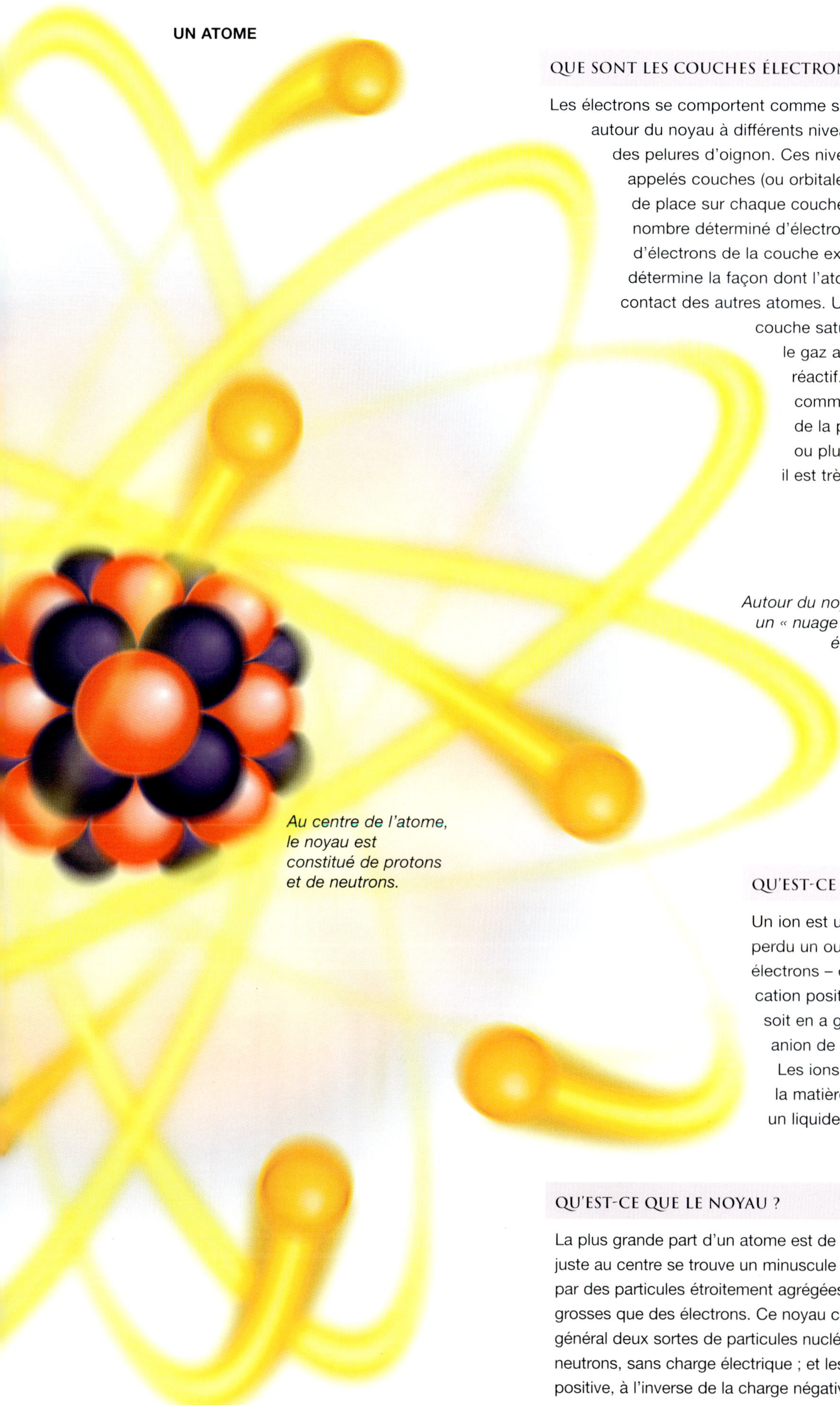

Au centre de l'atome, le noyau est constitué de protons et de neutrons.

Autour du noyau, tourbillonne un « nuage » de minuscules électrons chargés négativement.

QUE SONT LES COUCHES ÉLECTRONIQUES ?

Les électrons se comportent comme s'ils s'empilaient autour du noyau à différents niveaux, à la façon des pelures d'oignon. Ces niveaux sont appelés couches (ou orbitales), et il n'y a de place sur chaque couche que pour un nombre déterminé d'électrons. Le nombre d'électrons de la couche extérieure détermine la façon dont l'atome réagit au contact des autres atomes. Un atome à la couche saturée, comme le gaz argon, est non réactif. S'il a encore, comme l'oxygène, de la place pour un ou plusieurs électrons, il est très réactif.

QU'EST-CE QU'UN ION ?

Un ion est un atome qui a soit perdu un ou plusieurs électrons – ce qui en fait un cation positivement chargé –, soit en a gagné, devenant un anion de charge négative. Les ions se forment quand la matière se dissout dans un liquide.

QU'EST-CE QUE LE NOYAU ?

La plus grande part d'un atome est de l'espace vide, mais juste au centre se trouve un minuscule volume occupé par des particules étroitement agrégées, bien plus grosses que des électrons. Ce noyau comprend en général deux sortes de particules nucléaires : les neutrons, sans charge électrique ; et les protons, à charge positive, à l'inverse de la charge négative des électrons.

POURQUOI EST-ON FASCINÉ PAR L'ÉNERGIE NUCLÉAIRE ?

L'énergie qui lie entre eux les constituants d'un noyau d'atome est énorme, bien que le noyau lui-même soit minuscule. En fait, ainsi que l'a montré Einstein en 1905 avec sa théorie de la relativité restreinte, les particules du noyau peuvent être considérées comme de l'énergie pure. Ce qui permet aux centrales nucléaires de produire d'énormes quantités d'énergie avec seulement quelques tonnes de combustible nucléaire. Ce qui donne également aux bombes nucléaires un effrayant pouvoir de destruction massive.

FISSION NUCLÉAIRE

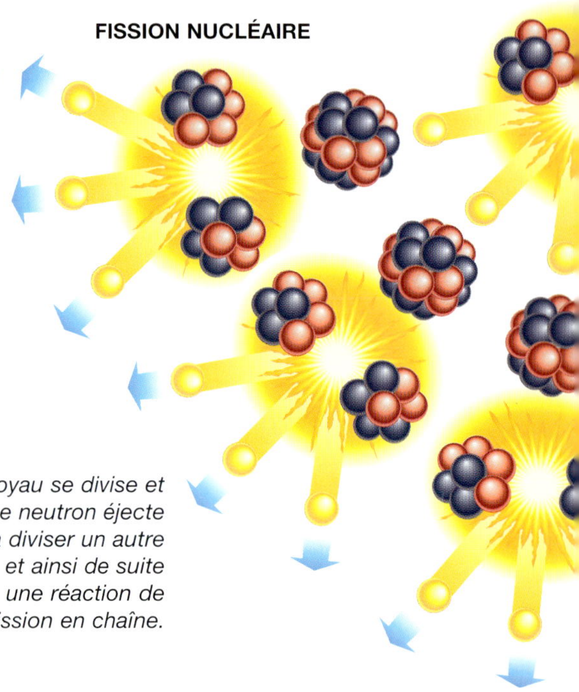

Un noyau se divise et chaque neutron éjecte va diviser un autre noyau, et ainsi de suite dans une réaction de fission en chaîne.

QU'EST EXACTEMENT LA RADIOACTIVITÉ ?

Les atomes d'un élément peuvent prendre diverses formes – ou isotopes. Chaque forme possède un nombre différent de neutrons dans le noyau, mentionné par le nom (carbone 12, carbone 14). Le noyau de certains de ces isotopes, que les scientifiques nomment radio-isotopes, sont instables et se désintègrent, libérant une radiation faite de flux de particules appelées rayons alpha, beta et gamma. Voilà en quoi consiste la radioactivité.

QUEL EST L'EFFET DE LA RADIATION SUR L'HOMME ?

Elle provoque le mal des rayons. À très haute dose, la victime meurt en quelques heures de lésions nerveuses : à dose moindre, au bout d'une semaine à peu près, de lésions intestinales ou d'un effondrement des défenses immunitaires (résistance du corps aux maladies). Des doses infimes de radiation peuvent entraîner des cancers (y compris la leucémie) et des difformités chez le bébé.

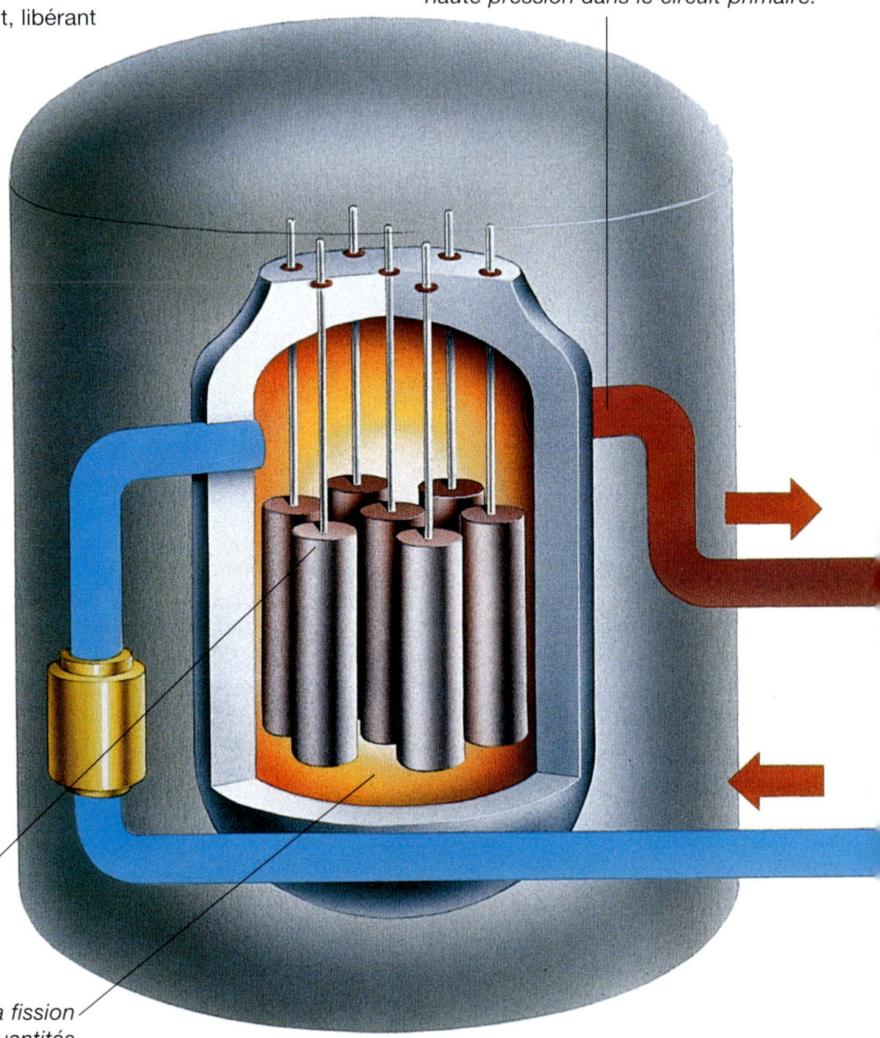

La chaleur dégagée par la réaction nucléaire surchauffe l'eau sous très haute pression dans le circuit primaire.

Un dispositif de confinement abrite la cuve du réacteur, isolant de l'environnement extérieur la chaleur, la radioactivité et les autres énergies.

La réaction nucléaire intervient dans les crayons combustibles, dans le cœur du réacteur.

Dans la cuve du réacteur, la fission nucléaire libère d'énormes quantités d'énergie sous forme de chaleur.

UNE CENTRALE NUCLÉAIRE

QU'EST-CE QUE LA FUSION NUCLÉAIRE ?

L'énergie nucléaire est libérée par la fusion ou l'assemblage de minuscules atomes comme ceux du deutérium (une forme d'hydrogène). La fusion nucléaire est la même réaction qui fait luire les étoiles et qui procure l'énergie des ogives nucléaires. Le scientifiques espèrent trouver un moyen d'utiliser la fusion nucléaire pour produire de l'énergie.

QU'EST-CE QUE LA FISSION NUCLÉAIRE ?

La fission nucléaire dégage l'énergie nucléaire en faisant éclater un gros noyau d'atome – généralement ceux d'uranium. Des neutrons sont mitraillés sur le noyau, dans lequel ils font éclater d'autres neutrons qui, à leur tour, bombardent d'autres noyaux, créant une réaction en chaîne.

QUI A INVENTÉ LA BOMBE ATOMIQUE ?

Les premières bombes atomiques furent mises au point aux États-Unis vers la fin de la Seconde Guerre mondiale par une brillante équipe de scientifiques sous la direction de Robert Oppenheimer (1904–1967). Parmi eux Leo Szilard (1898–1964) et Otto Frisch (1904–1979). Ensemble ils conçurent les deux premières bombes A aux effets dévastateurs qui furent larguées sur Hiroshima et Nagasaki en 1945.

QU'EST-CE QU'UNE BOMBE ATOMIQUE ?

Une bombe atomique ou bombe A est l'une des deux principales armes nucléaires. Une bombe A utilise les effets de la fission de l'uranium 235 ou du plutonium 239. Les bombes à hydrogène, appelées bombes H ou armes thermonucléaires, exploitent la fusion des atomes d'hydrogènes pour créer des explosions un millier de fois plus puissantes.

COMMENT FONCTIONNE UNE CENTRALE NUCLÉAIRE ?

À l'intérieur du réacteur se trouvent des « crayons combustiles » fait de pastilles de dioxyde d'uranium et séparés par des « grappes de commande ». Lorsque la centrale est en marche, une fission en chaîne est provoquée dans les crayons. Elle est maîtrisée par les grappes de commande, qui absorbent les neutrons pour que la chaleur faisant tourner les turbines à vapeur soit produite de façon régulière.

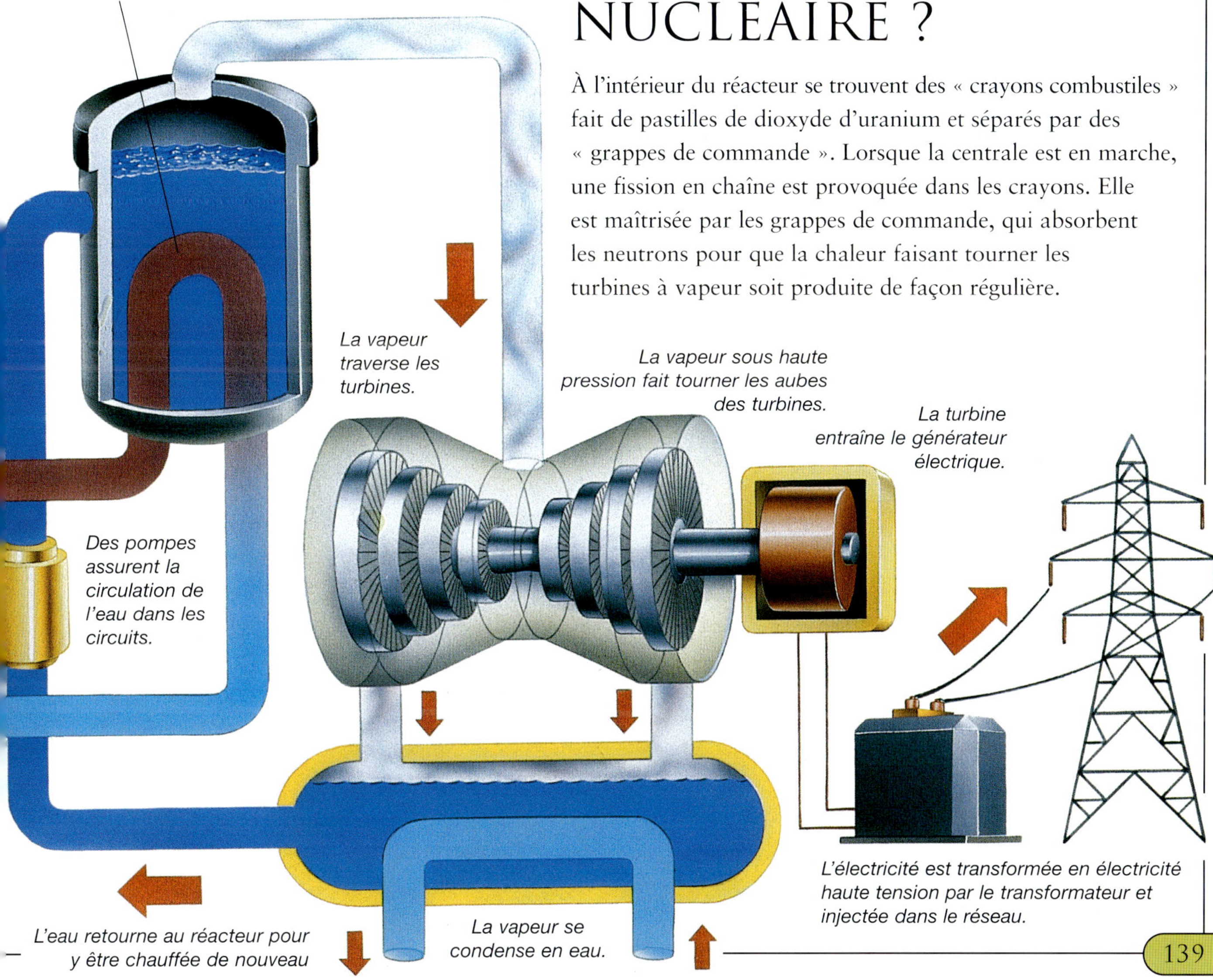

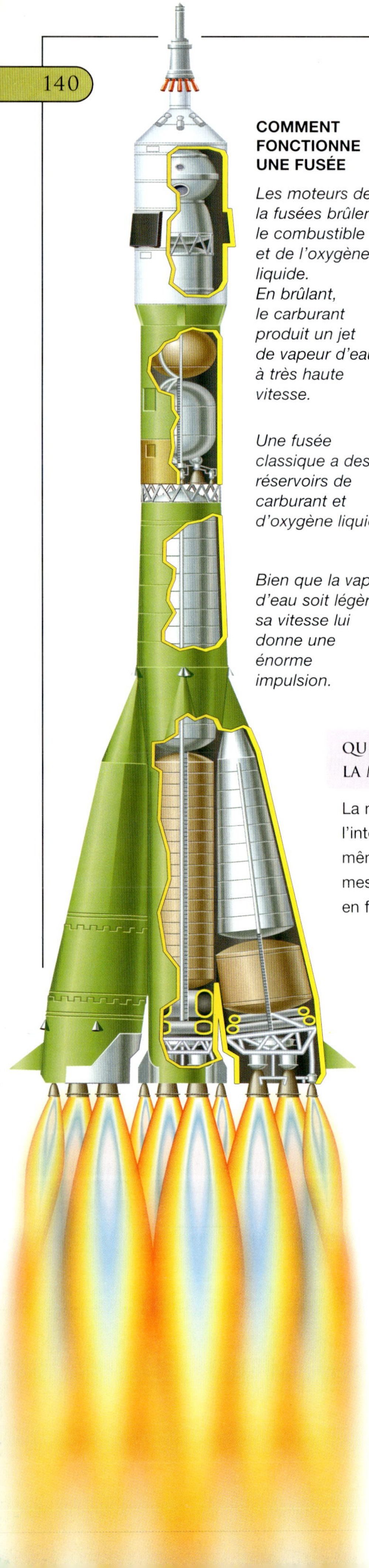

QU'EST-CE QU'UNE FORCE ?

Une force est ce qui transmet du mouvement à une chose – en la poussant ou en la tirant dans une direction donnée. Ce peut être une force invisible, comme la pesanteur, ou visible, comme un coup de pied, mais elle produit toujours un effet : accélérer, ralentir, déformer. Les forces agissent toujours par deux – quand une force pousse, elle doit rencontrer une force contraire égale – ce qui explique que les armes à feu subissent un violent « recul ».

COMMENT FONCTIONNE UNE FUSÉE

Les moteurs de la fusées brûlent le combustible et de l'oxygène liquide. En brûlant, le carburant produit un jet de vapeur d'eau à très haute vitesse.

Une fusée classique a des réservoirs de carburant et d'oxygène liquide.

Bien que la vapeur d'eau soit légère, sa vitesse lui donne une énorme impulsion.

Conformément à la loi de Newton sur le mouvement, la vitesse acquise (l'impulsion) du gaz transmet à la fusée une impulsion égale en direction opposée, la propulsant vers le haut.

QU'EST-CE QUE LA PUISSANCE ?

La puissance est le régime auquel un travail est exécuté – une machine à haute puissance peut déplacer un grand poids très vite. C'est aussi le régime selon lequel une énergie est transformée – une grande quantité de puissance électrique sera nécessaire pour chauffer une grande quantité d'eau.

QU'EST-CE QUE LA FRICTION ?

La friction est la force entre deux choses qui frottent l'une sur l'autre, qu'il s'agisse des plaquettes de frein d'une bicyclette ou des molécules d'air contre un avion. La friction ralentit les objets et les chauffe en transformant en chaleur leur force cinétique (force de mouvement).

QUELLE EST LA DIFFÉRENCE ENTRE LA MASSE ET LE POIDS ?

La masse est la quantité de matière à l'intérieur d'un objet. Elle ne change pas, même mesurée sur la Lune. Le poids est la mesure de la pesanteur sur un objet. Il varie en fonction de l'endroit où il est mesuré.

QU'EST-CE QUE LA PESANTEUR ?

C'est la force d'attraction invisible entre chaque parcelle de matière dans l'Univers. Sa puissance dépend des objets concernés et de la distance qui les sépare.

QU'EST-CE QU'UN GRAND SCIENTIFIQUE PEUT BIEN APPRENDRE D'UNE POMME ?

On dit que le mathématicien et physicien Isaac Newton a eu l'intuition de la pesanteur un jour qu'il était assis sous un pommier. Voyant une pomme tomber à terre, il pressentit soudain que la pomme n'était pas simplement en train de tomber, mais qu'une force invisible la projetait vers le sol. C'est cette force qu'il nomma la pesanteur.

QUE FIT GALILÉE SUR LA TOUR DE PISE ?

L'homme de science et astronome italien Galilée (1564-1642) aurait lâché depuis la tour penchée de Pise des balles en métal de poids différents pour démontrer qu'elles tombaient toutes à la même vitesse.

COMMENT SE MESURE LA FORCE ?

En newtons, en hommage à Isaac Newton. Un newton est la force nécessaire pour communiquer à un corps de 1 kilo une accélération de 1 mètre par seconde.

POURQUOI LES SATELLITES TOURNENT AUTOUR DE LA TERRE ?

Les satellites filent à toute vitesse dans l'espace à la hauteur exacte qui correspond à leur vitesse. La pesanteur de la Terre les tire vers elle, mais ils vont si vite qu'ils poursuivent leur course à la vitesse exacte qui leur permet de « résister » à la Terre.

COMMENT LA PESANTEUR NOUS FAIT GARDER LES PIEDS SUR TERRE ?

L'attraction gravitationnelle réciproque entre la masse de notre corps et celle de la Terre les tire l'un vers l'autre. Si nous sautons par-dessus un mur, la Terre nous tire vers le sol. Nous tirons aussi la Terre vers nous, mais parce que nous sommes une masse infime par rapport à la Terre, notre saut nous déplace de façon visible, tandis que la Terre ne bouge pas – ou si peu...

POURQUOI SAUTE-T-ON PLUS HAUT QUAND ON EST SUR LA LUNE ?

La Lune est beaucoup plus petite que la Terre, de sorte que sa pesanteur est plus faible. Les astronautes pèsent six fois moins sur le sol lunaire qu'à terre – et sautent d'autant plus haut !

LA PESANTEUR VARIE-T-ELLE ?

La gravitation d'un objet varie en fonction de sa masse et de sa distance. Dans les faits, la pesanteur diminue précisément à proportion du carré de sa distance. On calcule la force de gravitation entre deux objets en multipliant leur masse puis en divisant le résultat par le carré de la distance qui les sépare. Ce résultat reste d'une précision intangible dans l'univers entier.

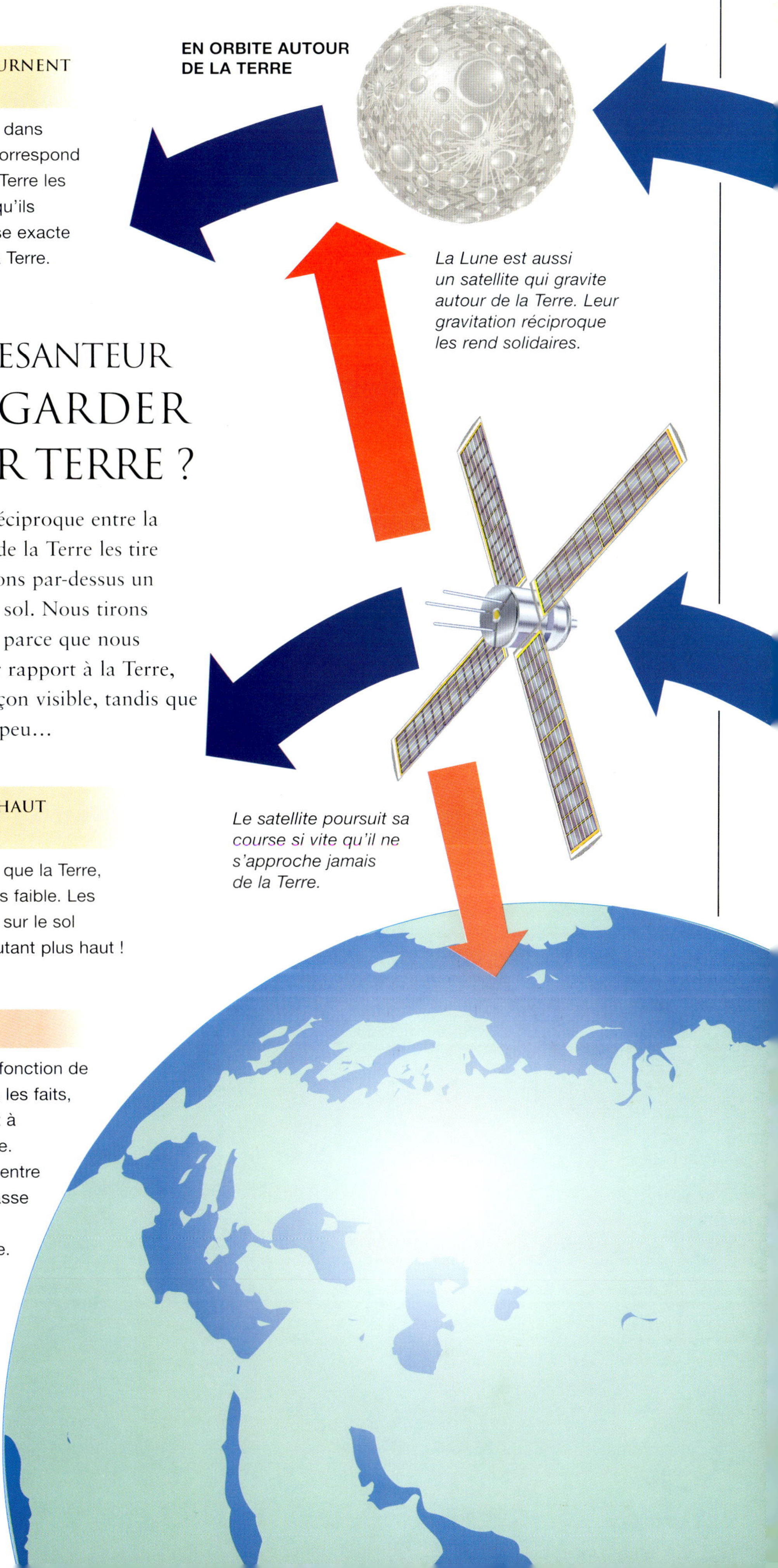

EN ORBITE AUTOUR DE LA TERRE

La Lune est aussi un satellite qui gravite autour de la Terre. Leur gravitation réciproque les rend solidaires.

Le satellite poursuit sa course si vite qu'il ne s'approche jamais de la Terre.

La force de gravitation (pesanteur) tire sans relâche le satellite vers le bas

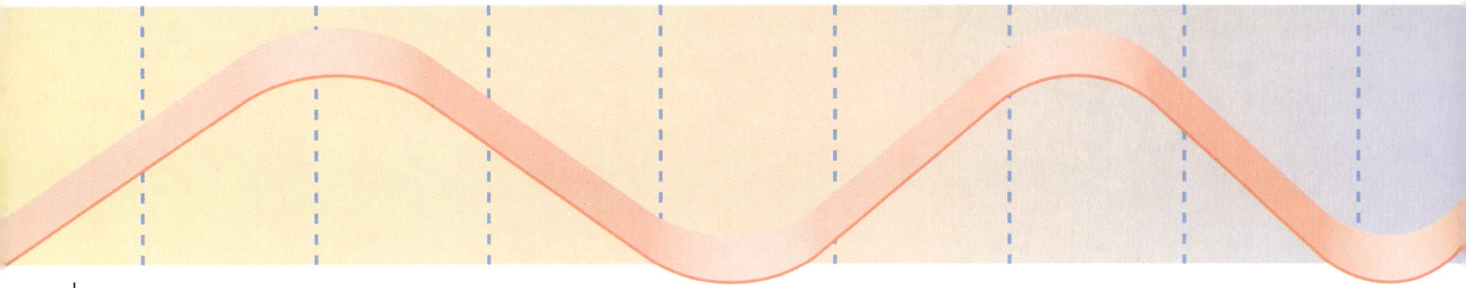

Les couleurs de la lumière ont toutes une longueur d'onde différente. Les plus longues que perçoit l'œil humain sont rouges.

COMMENT CIRCULENT LES SIGNAUX TV ?

Selon l'un des trois modes suivants : soit par voie terrestre, transmis depuis les émetteurs sous forme d'ondes radio, pour être captés par les antennes TV ; soit transmis sous forme de micro-ondes aux satellites et captés par les antennes paraboliques ; soit sous forme de signaux électriques ou lumineux et acheminés par câbles souterrains directement jusqu'au récepteur TV.

Les arcs-en-ciel se forment par la réflexion de la lumière solaire à travers des milliards de gouttelettes en suspension dans l'air.

QUELLES SONT LES COULEURS DE L'ARC-EN-CIEL ?

Les couleurs de l'arc-en-ciel sont toutes les couleurs contenues dans la lumière blanche. Quand celle-ci rencontre des gouttes de pluie dans l'air, elle est dissociée en un arc de couleurs, car chaque couleur est alors réfractée sur une longueur d'onde différente. Les couleurs apparaissent dans l'ordre suivant : rouge, orange, jaune, vert, bleu, indigo, violet.

POURQUOI NE VOIT-ON PAS LES ULTRAVIOLETS ?

Les ultraviolets sont une lumière aux ondes trop courtes pour être perçues par l'œil humain.

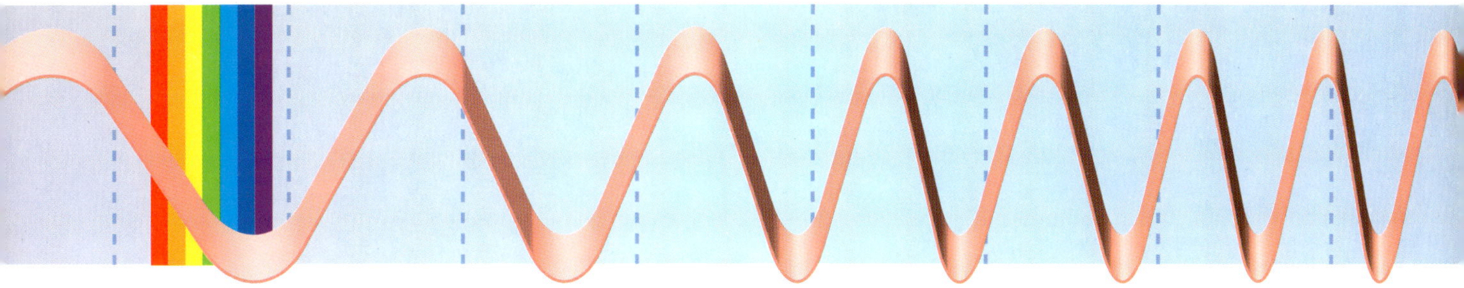

LE SPECTRE ÉLECTROMAGNÉTIQUE

Les ondes lumineuses les plus courtes perçues par l'œil humain sont violettes.

QU'EST-CE QUE LE SPECTRE ÉLECTROMAGNÉTIQUE ?

La lumière est une petite partie du grand nombre de radiations émises par les atomes – la seule visible. La gamme entière de ces radiations est appelée spectre électromagnétique et s'étend des grandes ondes, telles que les ondes radio et les micro-ondes, jusqu'aux ondes courtes comme les rayons X et les rayons gamma.

QU'EST L'INFRAROUGE ?

L'infrarouge est une lumière dont la longueur d'ondes est trop longue pour l'œil humain. On ressent toutefois la chaleur de l'infrarouge.

COMMENT LES RAYONS X NOUS TRAVERSENT-ILS ?

Les rayons X sont seulement arrêtés par les os et les parties les plus denses du corps. Ils traversent les parties molles et vont impressionner la plaque photographique placée derrière le corps. Ils y dessinent une silhouette du squelette.

QU'EST-CE QU'UN SCANNER CT ?

Le scanner CT (*computed tomography*) envoie des faisceaux de rayons X à travers le corps et détecte quelle quantité de rayons est absorbée. Un ordinateur analyse les données et restitue l'image d'une « coupe » du corps.

LA LUMIÈRE RÉFRACTÉE À TRAVERS UNE GOUTTE D'EAU

COMMENT UN PRISME DISSOCIE-T-IL LES COULEURS ?

Un prisme décompose en couleurs distinctes la lumière blanche qu'elle réfracte – qu'elle dévie, en fait. Plus l'onde est longue, plus elle est infléchie, réfractée. De sorte que les couleurs à grandes ondes ressortent du prisme à des endroits différents des couleurs à ondes courtes.

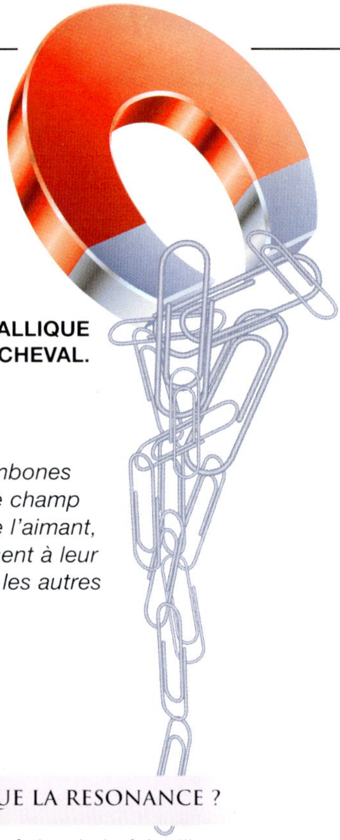

AIMANT MÉTALLIQUE EN FER À CHEVAL.

Quand les trombones entrent dans le champ magnétique de l'aimant, ils se magnétisent à leur tour et attirent les autres trombones.

QU'EST-CE QU'UN CHAMP MAGNÉTIQUE ?

Le champ magnétique est la zone qui entoure l'aimant, dans laquelle son effet est sensible. Il devient plus faible à mesure qu'on s'éloigne de l'aimant. Le champ magnétique de la Terre s'étend sur environ 80 000 km dans l'espace.

QU'EST-CE QU'UN ÉCHO ?

Lorsqu'on crie dans une grande salle vide ou dans un tunnel, on entend le bruit retentir de nouveau peu après. L'écho n'est autre que le son de la voix qui est renvoyé par les murs. La plupart du temps, on n'entend pas les échos car ceux-ci ne sont répercutés distinctement que par des surfaces lisses et dures, et dans les espaces fermés. Même dans un lieu clos, le mur doit être éloigné au moins de 17 mètres, car on ne perçoit l'écho qu'à la condition qu'il soit renvoyé au moins un dixième de seconde après que l'on a crié.

POURQUOI LA TERRE EST UN AIMANT ?

À mesure que la Terre tourne, sa rotation magnétise son noyau ferreux, un peu comme la dynamo d'un vélo produit de l'électricité. Comme tout aimant, la Terre dispose de deux pôles magnétiques, au nord et au sud. C'est parce que la Terre est un aimant gigantesque que les aimants plus petits qu'elle tournent toujours dans la même direction, s'ils pivotent sans entrave.

QU'EST-CE QUE LA RESONANCE ?

Si rien ne l'empêche de le faire librement, chaque objet a tendance à toujours vibrer sur le même rythme. C'est sa fréquence naturelle. On peut faire vibrer un objet plus ou moins vite en le secouant à des intervalles particuliers. Si on le secoue au rythme de sa fréquence naturelle, il vibre en accord les secousses et ses vibrations augmentent. Voilà ce qu'est la résonance.

COMMENT CIRCULE LE SON ?

Tous les sons proviennent d'une vibration, selon le modèle d'une bande élastique qui se retend brusquement ou du cône de haut-parleur qui tremble d'avant en arrière. Mais on n'entend aucun son dans le vide, tout simplement parce qu'il faut que quelque chose vibre. Normalement, c'est l'air. Quand une source sonore vibre, son onde fait vibrer l'air tout autour. Le son circule à travers l'air par répercussion – c'est-à-dire en étant tour à tour comprimé et étiré. Le déplacement dans l'air de cette suite de contractions et d'étirements est appelé une onde sonore.

Les ondes sonores courtes à haute fréquence produisent les sons aigus.

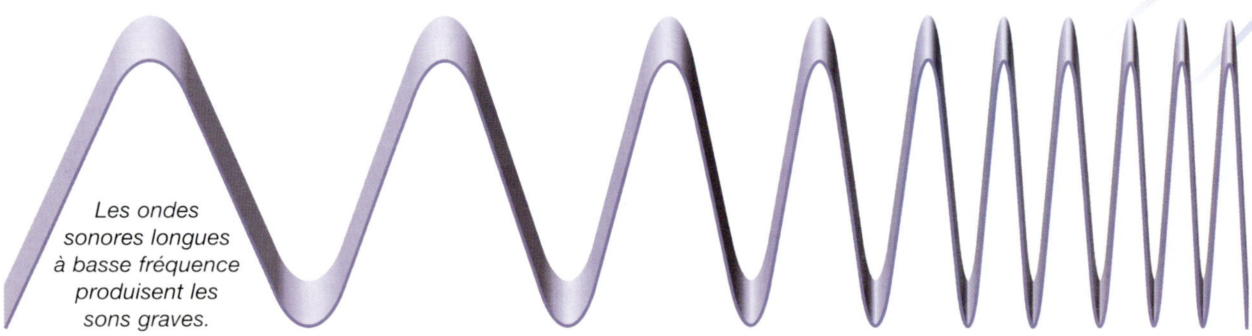

Les ondes sonores longues à basse fréquence produisent les sons graves.

QU'EST-CE QUE LA FRÉQUENCE D'UN SON ?

Certains sons, comme le grincement des freins d'une voiture, sont très aigus. D'autres, comme des coups de grosse caisse, sont très graves. Ce qui les rend différents est la fréquence de leur onde sonore. Si les ondes se suivent rapidement, ce sont des hautes fréquences qui produisent des sons aigus. Si les intervalles sont longs entre chaque onde, ce sont de basses fréquences qui donnent des sons graves. Un son à basse fréquence très grave est environ de 20 Hz (ou ondes par seconde), un son à haute fréquence très aigu de 20 000 Hz.

Le champ magnétique de la Terre est appelé la magnétosphère et s'étend loin dans l'espace.

LE CHAMP MAGNÉTIQUE TERRESTRE

Les lignes de ce dessin montrent la trame des forces magnétiques de la Terre. Les aimants et les particules magnétiques à l'intérieur du champ terrestre suivent ces lignes.

QU'EST-CE QU'UN PÔLE MAGNÉTIQUE ?

Le magnétisme est la force invisible qui attire l'un vers l'autre certains métaux, comme le fer et l'acier – ou qui les repousse. Cette force est particulièrement efficace à chaque extrémité de l'aimant, que l'on nomme des pôles. L'un est nommé pôle nord, car si l'aimant est suspendu librement, ce pôle va osciller jusqu'à ce qu'il pointe vers le nord. L'autre est appelé pôle sud. Si les pôles opposés de deux aimants se rencontrent, ils s'attirent. Si ce sont les deux pôles identiques, les deux aimants se repoussent l'un l'autre.

QUI A DÉCOUVERT LA FORME DE L'ADN ?

La découverte en 1953 que chaque molécule d'ADN a la forme d'une échelle de corde ou d'une double hélice fut l'une des avancées scientifiques capitales du XXe siècle. Maurice Wilkins et Rosalind Franklin préparèrent la découverte par leurs travaux. Francis Crick et James Watson, deux jeunes chercheurs de l'université de Cambridge en Angleterre s'en inspirèrent et obtinrent le prix Nobel.

QU'EST-CE QUE LES MOLÉCULES AROMATIQUES ?

Le benzène est un produit chimique organique liquide clair qui est issu du goudron de houille. Il peut être nocif mais rentre dans la fabrication des produits d'entretien et des teintures industrielles. Il se distingue par ses molécules hexagonales, dites « anneaux de benzène », à six atomes de carbone et six d'hydrogène. À cause de leur odeur, les produits chimiques à anneaux de benzène sont appelés des aromatiques.

QU'EST-CE QUE L'ADN ?

L'ADN est l'acide désoxyribonucléique. C'est l'étonnante molécule en double hélice, qui se trouve dans toute cellule vivante, constituée de longues chaînes de glucides et de phosphates liées entre elles par des paires de « bases » chimiques – l'adénine, la cytosine, la guanine et la thymine. L'ordre dans lequel ces bases se répètent constitue un code porteur des informations nécessaires à l'activité spécialisée des cellules mais aussi du « programme vital » de l'organisme tout entier.

QU'EST-CE QU'UN POLYMÈRE ?

Les polymères sont des substances faites de longues chaînes de milliers de petites molécules à base de carbone (des monomères) liées entre elles. La laine et le coton sont des polymères naturels. Des matières plastiques comme le nylon et le polyéthylène sont des polymères artificiels.

QU'EST-CE QUE LA CELLULOSE ?

La cellulose est une fibre naturelle contenue dans les parois de toutes les cellules végétales. C'est un polymère fait de longues chaînes de molécules de glucose. Elles rendent cette fibre coriace et filandreuse, donc indigeste – elle traverse l'organisme pratiquement intacte.

MOLÉCULE D'ADN

Les bâtonnets d'ADN sont des paires de bases (produits chimiques) liées entre elles par des « appariements » (liens) chimiques.

QU'EST-CE QUE LA CHIMIE ORGANIQUE ?

On nomme ainsi la chimie du carbone et de ses composés. Sa structure atomique unique permet au carbone de lier les atomes en chaînes, en anneaux et autres formes pour donner des milliers de composés différents. Parmi eux des molécules complexes, comme l'ADN, qui sont les constituants essentiels de la vie, d'où l'appellation d'*organique* donnée à la chimie du carbone.

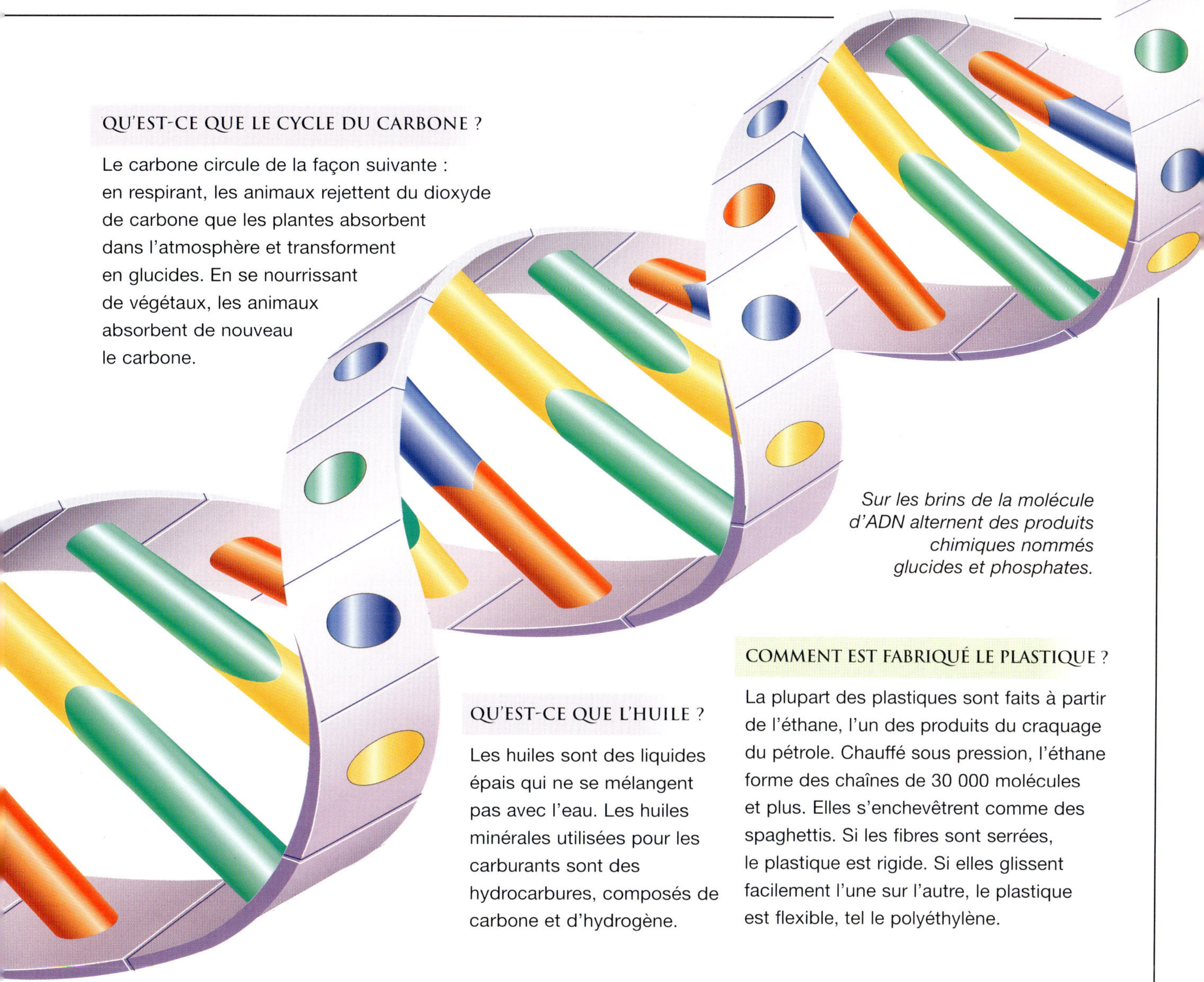

Sur les brins de la molécule d'ADN alternent des produits chimiques nommés glucides et phosphates.

QU'EST-CE QUE LE CYCLE DU CARBONE ?

Le carbone circule de la façon suivante : en respirant, les animaux rejettent du dioxyde de carbone que les plantes absorbent dans l'atmosphère et transforment en glucides. En se nourrissant de végétaux, les animaux absorbent de nouveau le carbone.

COMMENT EST FABRIQUÉ LE PLASTIQUE ?

La plupart des plastiques sont faits à partir de l'éthane, l'un des produits du craquage du pétrole. Chauffé sous pression, l'éthane forme des chaînes de 30 000 molécules et plus. Elles s'enchevêtrent comme des spaghettis. Si les fibres sont serrées, le plastique est rigide. Si elles glissent facilement l'une sur l'autre, le plastique est flexible, tel le polyéthylène.

QU'EST-CE QUE L'HUILE ?

Les huiles sont des liquides épais qui ne se mélangent pas avec l'eau. Les huiles minérales utilisées pour les carburants sont des hydrocarbures, composés de carbone et d'hydrogène.

QU'EST-CE QU'UNE CHAÎNE DE CARBONE ?

Les atomes de carbone se relient comme les maillons d'une chaîne et forment de longues et fines molécules : ainsi, une molécule de propane est faite de trois atomes de carbone auxquels sont rattachés des atomes d'hydrogène.

QU'EST-CE QUE LES GLUCIDES ?

Ce sont des produits chimiques constitués d'atomes de carbone, d'hydrogène et d'oxygène, tels les sucres, les amidons et les celluloses. La plupart des animaux tirent leur énergie des glucides (glucose, saccharose).

QU'EST UNE FOOTBALLÈNE ?

Avant 1990, on connaissait deux formes (ou variétés allotropiques) du carbone : le diamant et le graphite. En 1990, on en créa une troisième. Sa molécule ressemble à un ballon de foot ou à ces dômes géodésiques de stades créés par l'architecte américain Buckminster Fuller. C'est en référence à cet homme que cette variété allotropique a été nommée *buckyball* en anglais, fullerène ou footballène en français.

Voici une molécule de fullerène (ou footballène) constituée de dizaines d'atomes de carbone reliés entre eux.

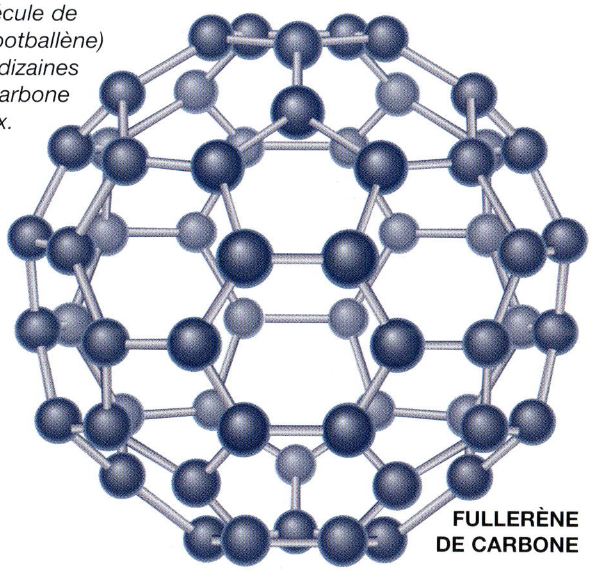

FULLERÈNE DE CARBONE

CHAPITRE NEUF

DANS L'ESPACE

COMMENT EST « NÉE » LA TERRE ?

Il y a environ quatre milliards et demi d'années, ni la Terre, ni aucune planète n'existaient. Seul un grand nuage très chaud de gaz et de poussière tourbillonnait autour du Soleil, récemment formé. Peu à peu, ce nuage se refroidit et les gaz se condensèrent en une infinité de gouttelettes. Lentement, celles-ci se réunirent, attirées par leur pesanteur, en des amas de matière – des « planétoïdes» – qui, en s'agrégeant, formèrent les planètes, dont la Terre. Mais il fallut encore un demi-milliard d'années avant que notre planète soit assez refroidie pour que sa surface durcisse et que se forme l'atmosphère.

QUELLE PARTICULARITÉ PRÉSENTE LA TERRE ?

La Terre est la seule planète dont la température permette la présence de l'eau sur sa surface, et la seule qui dispose d'une atmosphère contenant de l'oxygène. L'eau et l'oxygène sont tous deux indispensables à la vie.

QUELLE EST LA DURÉE EXACTE D'UNE ANNÉE ?

Chaque année, la Terre tourne une fois autour du Soleil, un voyage au long cours de 938 886 400 km qui dure très précisément 365,24 jours. L'année de notre calendrier est de 365 jours. L'excédent de 0,24 jour est pris en compte en ajoutant tous les quatre ans un 29e jour au mois de février : l'année est alors bissextile. Pour encore plus de précision, tous les quatre siècles, trois années, bissextiles selon cette règle, ont leur mois de février normal de 28 jours. Ainsi, 2000 fut bissextile, 2100, 2200 et 2300 ne le seront pas.

En refroidissant, la Terre a dégagé des gaz et de la vapeur d'eau qui ont constitué l'atmosphère.

La Terre fut d'abord une boule en ébullition. Sa surface est devenue une croûte solide en se refroisissant.

La Terre provient de gaz brûlants et de poussières qui tournaient autour du (tout jeune) Soleil et qui s'amalgamèrent en une boule.

QUELLE EST LA TAILLE DE LA TERRE ?

Les mesures, réalisées par satellite, indiquent une circonférence de 40 024 km à l'équateur pour un diamètre de 12 578 km. De pôle à pôle, ce diamètre est légèment inférieur d'environ 43 km.

Il y a 4 millions d'années environ, la croûte terrestre était couverte de cratères de météores et d'immenses volcans.

La Terre se refroidit un peu plus et des nuages de vapeur fournirent l'eau d'immenses océans.

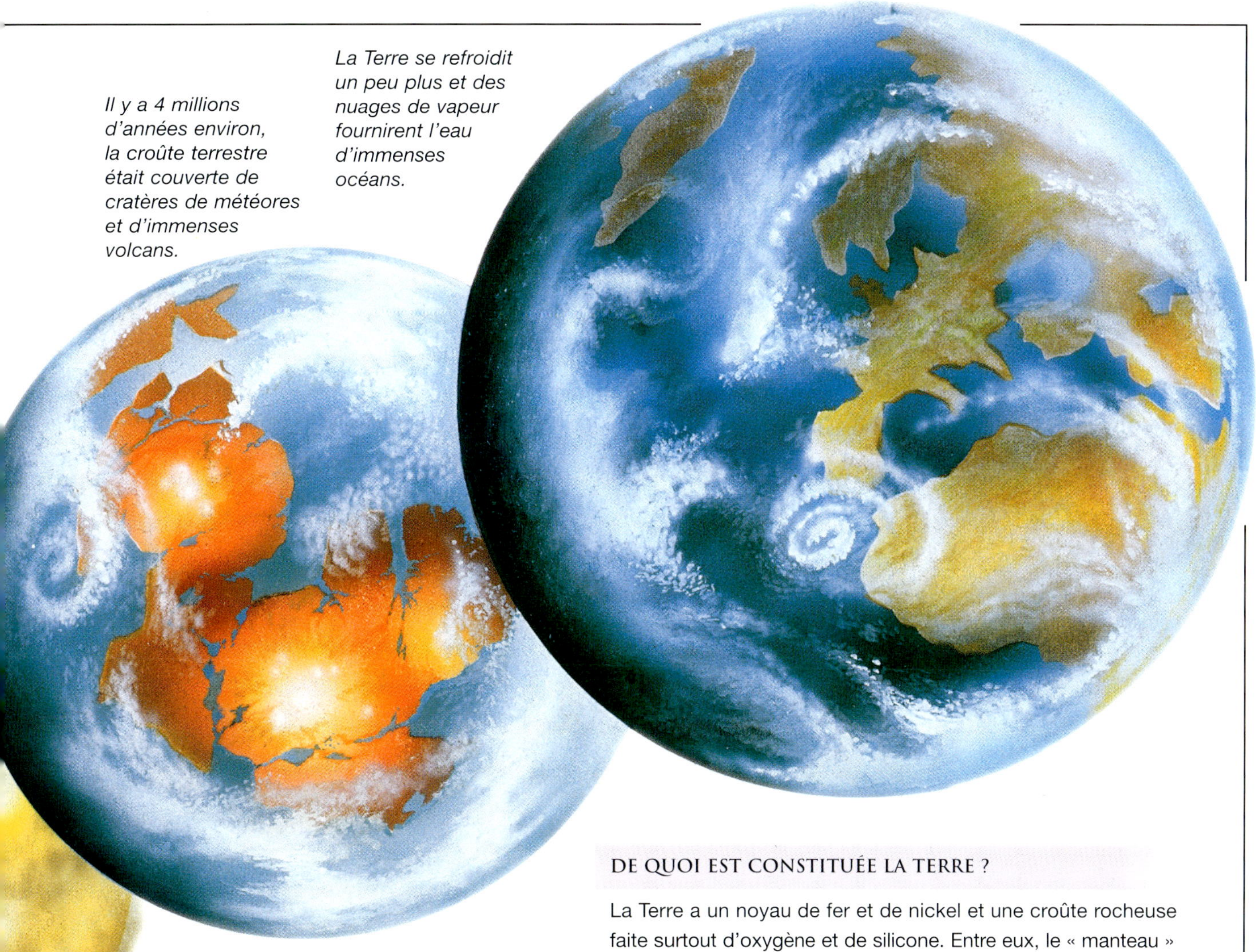

DE QUOI EST CONSTITUÉE LA TERRE ?

La Terre a un noyau de fer et de nickel et une croûte rocheuse faite surtout d'oxygène et de silicone. Entre eux, le « manteau » en fusion fait de silicates (minéraux), de sulfures et d'oxydes.

QUELLE EST LA DURÉE D'UNE JOURNÉE ?

Le jour est la durée que met la Terre à tourner sur elle-même. Les étoiles retrouvent la même position dans le ciel toutes les 23 heures 56 minutes 4,09 secondes (jour sidéral), mais le Soleil toutes les 24 heures seulement (notre jour solaire), en raison d'un décalage de 1° dû à la rotation de la Terre autour du Soleil.

QUEL EST L'ÂGE DE LA TERRE ?

La Terre est vieille d'environ 4,6 milliards d'années, la roche la plus ancienne, de 3,8 milliards d'années. Les scientifiques pensent que les météorites tombés sur notre planète ont dû se former à la même époque qu'elle.

POURQUOI LA TERRE TOURNE ?

La Terre tourne sur elle-même car elle ne cesse de tomber ! Elle tourne à toute allure autour du Soleil, dont la gravitation la fait tourner comme une toupie – tout comme la gravitation de la Terre fait rouler un ballon sur un terrain en pente.

L'ORBITE TERRESTRE

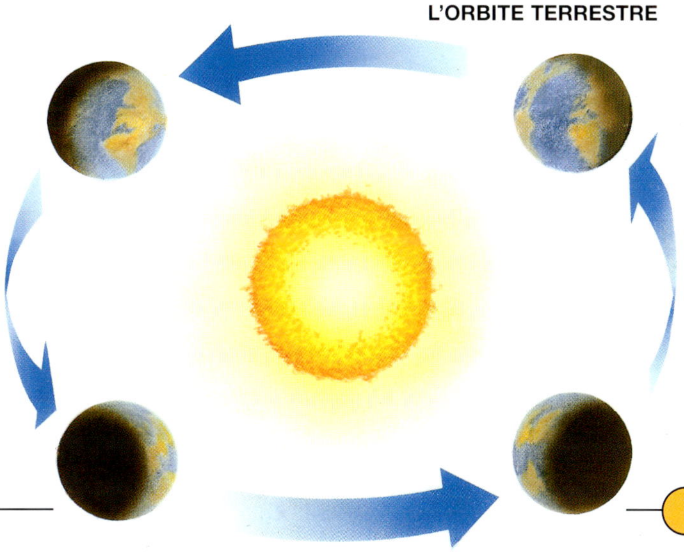

À mesure que la Terre tourne autour du Soleil, c'est l'été sur l'hémisphère de notre planète qui est face au Soleil, et l'hiver sur l'hémisphère opposé.

QU'EST-CE QUE LA LUNE ?

La Lune est le satellite naturel de la Terre et tourne autour de notre planète depuis au moins quatre milliards d'années. C'est une boule rocheuse du quart de la taille de la Terre environ. Elle est maintenue en orbite par l'attraction gravitationnelle mutuelle des deux planètes. Les scientifiques pensent que la Lune s'est formée quand une autre planète a percuté la Terre. L'impact fut si terrible que rien ne subsista de la planète en question, sinon quelques débris qui, projetés dans l'espace et aussitôt agrégés par la pesanteur, formèrent la Lune.

LES PHASES DE LA LUNE

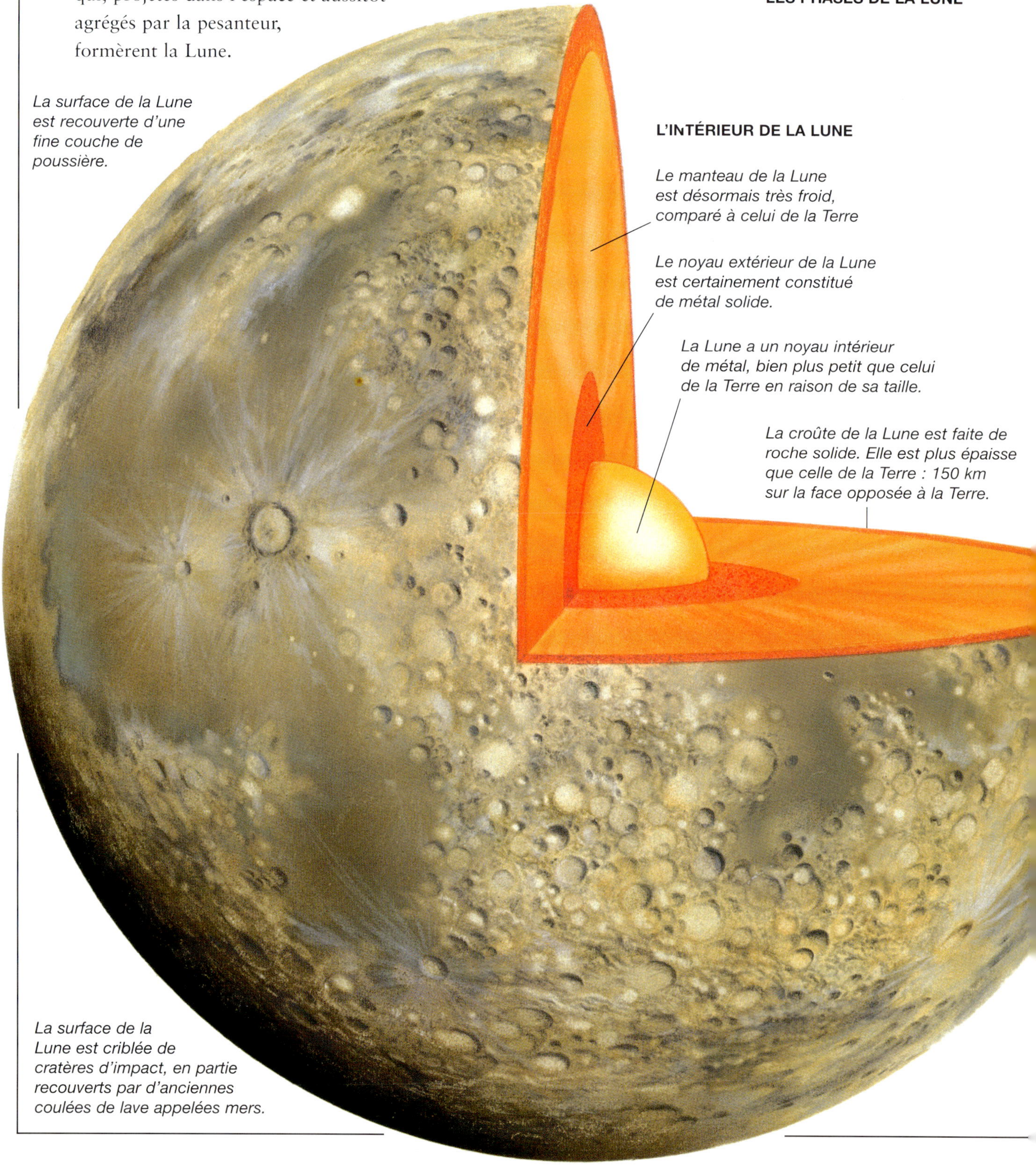

La surface de la Lune est recouverte d'une fine couche de poussière.

L'INTÉRIEUR DE LA LUNE

Le manteau de la Lune est désormais très froid, comparé à celui de la Terre

Le noyau extérieur de la Lune est certainement constitué de métal solide.

La Lune a un noyau intérieur de métal, bien plus petit que celui de la Terre en raison de sa taille.

La croûte de la Lune est faite de roche solide. Elle est plus épaisse que celle de la Terre : 150 km sur la face opposée à la Terre.

La surface de la Lune est criblée de cratères d'impact, en partie recouverts par d'anciennes coulées de lave appelées mers.

Les phases de la Lune (de gauche à droite) : premier croissant, premier quartier, lune gibbeuse (croissante), pleine lune, lune gibbeuse (décroissante), dernier quartier, dernier croissant.

QU'EST-CE QUE LA NOUVELLE LUNE ?

La Lune semble changer de forme au fil du mois : comme elle tourne autour de la Terre, sa face éclairée nous apparaît sous des angles différents. À la nouvelle lune, elle passe entre la Terre et le Soleil, c'est à peine si on distingue un fil lumineux sur son pourtour. Pendant 14 jours, un croissant vivement éclairé s'élargit depuis la droite jusqu'à la pleine lune, où toute sa face éclairée est tournée vers la Terre. Pendant les deux semaines suivantes, elle s'étrécit vers la gauche, jusqu'à ne plus offrir que son « dernier croissant », une fine lamelle brillante...

POURQUOI LA MER A-T-ELLE DES MARÉES ?

L'attraction de la Lune s'exerce sur la masse des eaux des océans, dont elle fait monter le niveau à l'intérieur d'une zone de forme ovale. Celle-ci, régie par l'influence de la Lune, se déplace donc à mesure que la Terre tourne et fait monter et descendre la marée sur son passage.

QU'EST-CE QU'UNE ÉCLIPSE DE LUNE ?

Il arrive qu'en tournant autour de la Terre, la Lune passe juste dans l'ombre de la Terre, où la lumière solaire ne parvient pas. C'est cela une éclipse de Lune. Pendant une telle éclipse, on voit le disque sombre de l'ombre terrestre traverser lentement le disque lunaire.

QU'EST-CE QUE LA LUNE DES MOISSONS ?

C'est la pleine lune la plus proche de l'équinoxe d'automne (moment où les nuits et les journées sont d'égale longueur). Plusieurs soirs de suite, la Lune se tient au-dessus de la ligne d'horizon, à l'est. Sa lumière était utile aux moissonneurs.

QUELLE EST LA DURÉE D'UN MOIS LUNAIRE ?

Il faut à la Lune 27,3 jours pour tourner autour de la Terre, mais 29,53 jours d'une pleine lune à la suivante, car la Terre se déplace. Le mois lunaire correspond à ce cycle de 29,53 jours. Les mois du calendrier sont entièrement artificiels.

QU'EST-CE QUE LE CLAIR DE LUNE ?

Le clair de lune n'est rien d'autre que la lumière du Soleil réfléchie par la poussière blanche à la surface de la Lune.

QUI EST ALLÉ LE PREMIER SUR LA LUNE ?

Les premiers hommes qui allèrent sur la Lune furent Neil Armstrong et Buzz Aldrin de la mission américaine *Apollo 11*, le 21 juillet 1969. (Armstrong dit en posant le pied sur la Lune : « Pour un homme, c'est un tout petit pas, mais un pas de géant pour le genre humain. »)

UN MODULE LUNAIRE

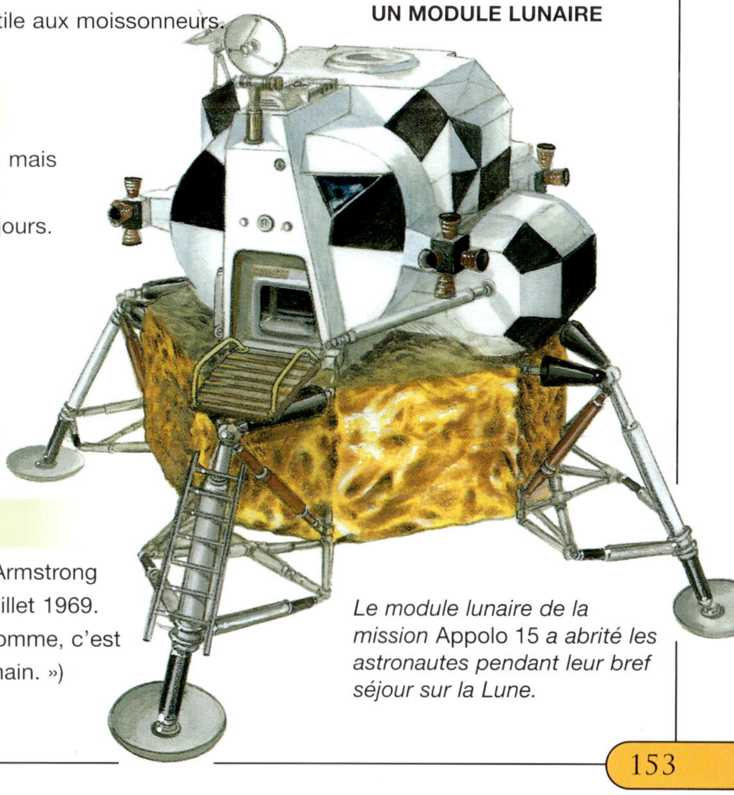

Le module lunaire de la mission Appolo 15 *a abrité les astronautes pendant leur bref séjour sur la Lune.*

QU'EST-CE QUE LE SOLEIL ?

Le Soleil est une étoile moyenne, comme il en existe d'innombrables dans l'univers. Formé des gaz résiduels d'une étoile antérieure bien plus grande, le Soleil brûle avec régularité de l'hydrogène, procurant à la Terre sa lumière ainsi que des températures d'une remarquable constance. Outre la lumière et la chaleur, il dégage de dangereux rayons gamma, des rayons X, des ultraviolets et des infrarouges ainsi que des ondes radio. Le champ magnétique et l'atmosphère de la Terre, heureusement, nous en protègent.

LE SOLEIL EST GRAND COMMENT ?

Le Soleil est une étoile de taille entre petite et moyenne, d'un diamètre de 1 392 000 km. Il pèse un peu moins de 2 000 trillions de trillions de tonnes.

QUELLE EST SA TEMPÉRATURE ?

Il règne à la surface du Soleil la température déjà exceptionnelle de 6 000 °C, qui ferait fondre toute chose. Mais son noyau est des milliers de fois plus chaud : plus de 16 000 000 °C !

QUE SONT LES TACHES SOLAIRES ?

Les taches solaires sont des zones sombres à la surface du Soleil. Elles ont des milliers de kilomètres de diamètre et apparaissent le plus souvent par paires. Elles sont plus sombres parce qu'elles sont un peu moins chaudes que le reste de la surface. À mesure que le Soleil tourne sur lui-même, elles le traversent lentement – en environ 37 jours à l'équateur et en 26 jours aux pôles. Le nombre moyen de taches semble atteindre son maximum tous les 11 ans, et de nombreux scientifiques pensent qu'à ces « pics » correspondent, sur Terre, des périodes de climat perturbé.

QU'EST-CE QUI FAIT QUE LE SOLEIL BRÛLE ?

Le Soleil tire sa chaleur de la fusion nucléaire. Les très hautes pressions à l'intérieur du Soleil contraignent les noyaux des atomes d'hydrogène à fusionner pour former des atomes d'hélium, dégageant d'énormes quantités d'énergie nucléaire.

QUEL EST L'ÂGE DU SOLEIL ?

Le Soleil est une étoile « d'âge mûr », sans doute formée il y a cinq milliards d'années. Il brûlera encore autant d'années avant de disparaître dans un éclair si puissant que la Terre sera carbonisée et elle-même détruite.

QU'EST-CE QU'UNE ÉCLIPSE DE SOLEIL ?

Une éclipse solaire se produit quand la Lune s'interpose entre le Soleil et la Terre, créant sur celle-ci une ombre de quelques centaines de kilomètres de diamètre.

QUE SONT LES FACULES SOLAIRES ?

Les facules sont des éruptions de la surface solaire qui jaillissent avec l'énergie d'un million de bombes atomiques pendant environ cinq minutes. Elles correspondent aux protubérances en arche, ces langues géantes d'hydrogène surchauffé qui font des arches de 100 000 km dans l'espace.

QUELLES SONT LES PLANÈTES INTÉRIEURES ?

Les planètes intérieures sont les quatre planètes du système solaire les plus proches du Soleil : Mercure, Vénus, la Terre et Mars sont de petites planètes faites de roche, à la différence des planètes plus grosses et plus éloignées, essentiellement faites de gaz. Parce qu'elles sont constituées de roche, elles ont une surface dure sur laquelle un vaisseau spatial peut se poser, c'est pourquoi on les appelle parfois des planètes « terrestres ». Toutes ont une mince couche d'atmosphère, mais elles sont très différentes.

DE QUOI SONT CONSTITUÉES LES PLANÈTES INTÉRIEURES ?

Chaque planète intérieure est constituée comme un œuf : une coquille dure – la croûte rocheuse, un « blanc » – le manteau mou de roches en semi-fusion, et un « jaune » – le noyau constitué le plus souvent de fer et de nickel en fusion.

Mars est rougeâtre, avec des ombres visibles ici et là sur la surface de la planète.

3/4 de la surface de la Terre sont recouverts par l'eau, c'est pourquoi la Terre apparaît bleue.

Vénus est une boule blanc rosé sans relief visible en raison de son atmosphère particulièrement dense.

Mercure n'a quasiment pas d'atmosphère et sa surface est criblée de cratères comme la Lune.

POURQUOI MARS EST-ELLE ROUGE ?

Mars est rouge parce qu'elle est rouillée... Sa surface contient une forte proportion de poussière de fer que le dioxyde de carbone de son atmosphère a oxydée.

FAIT-IL CHAUD SUR MERCURE ?

Les températures sur Mercure oscillent d'un extrême à l'autre parce que cette planète a une atmosphère trop mince pour l'isoler. Le jour, la température monte jusqu'à 430 °C ; la nuit, elle descend à –180 °C.

Y A-T-IL UNE VIE SUR MARS ?

Les sondes *Viking* de 1976 n'y ont pas relevé la moindre trace de vie. Mais en 1996 des fossiles microscopiques (de mini-virus ?) ont été observés dans une roche rapportée de Mars. Alors, qui sait ?

QUEL AIR RESPIRERAIT-ON SUR VÉNUS ?

L'atmosphère de Vénus serait mortelle pour l'homme. Elle est très épaisse, de sorte que la pression au sol est énorme. Elle est constituée principalement de dioxyde de carbone toxique et de nuages d'acide sulphurique.

QUELLE TAILLE A JUPITER ?

Énorme ! Bien que surtout formée de gaz, Jupiter pèse 320 fois plus que la Terre. Son diamètre est de 142 984 km.

Jupiter a des anneaux, comme Saturne, mais bien plus petits.

Les anneaux de Saturne sont faits de particules de poussière et de glace.

Des vents soufflent à 1 800 km/h autour de l'équateur de Saturne.

Quand il pleut sur Saturne, il tombe des gouttes d'hélium liquide.

QUEL EST LE POIDS DE SATURNE ?

Saturne est plutôt grosse, mais parce qu'elle est constituée en grande partie d'hydrogène liquide, elle est aussi exceptionnellement légère. Si l'on pouvait imaginer une piscine assez vaste, Saturne y flotterait…

QUELLES SONT LES PLANÈTES GÉANTES ?

Jupiter et Saturne – cinquième et sixième planètes par rapport au Soleil. Jupiter est deux fois plus lourde que le poids total de toutes les autres planètes et 1 300 fois plus grosse que la Terre. Saturne est presque aussi grande. À la différence des planètes intérieures, elles sont toutes deux constituées principalement de gaz, seul leur noyau même est rocheux. Ce qui ne veut pas dire que ce soient des boules de nuages. L'énorme pression de la pesanteur rend le gaz liquide et même le solidifie.

QUE SONT LES ANNEAUX DE SATURNE ?

Les anneaux de Saturne sont un halo lumineux. Ils sont fait d'innombrables grains de poussière et de glace, les uns gros comme des frigos, la plupart comme des cubes de glace.

QU'EST LA TACHE ROUGE DE JUPITER ?

Les scientifiques la nomment la Grande Tache rouge. C'est un immense orage tourbillonnant de 40 000 km de diamètre qui n'a pas bougé de place depuis au moins 330 ans.

Uranus roule sur le côté. Elle est en septième position par rapport au Soleil.

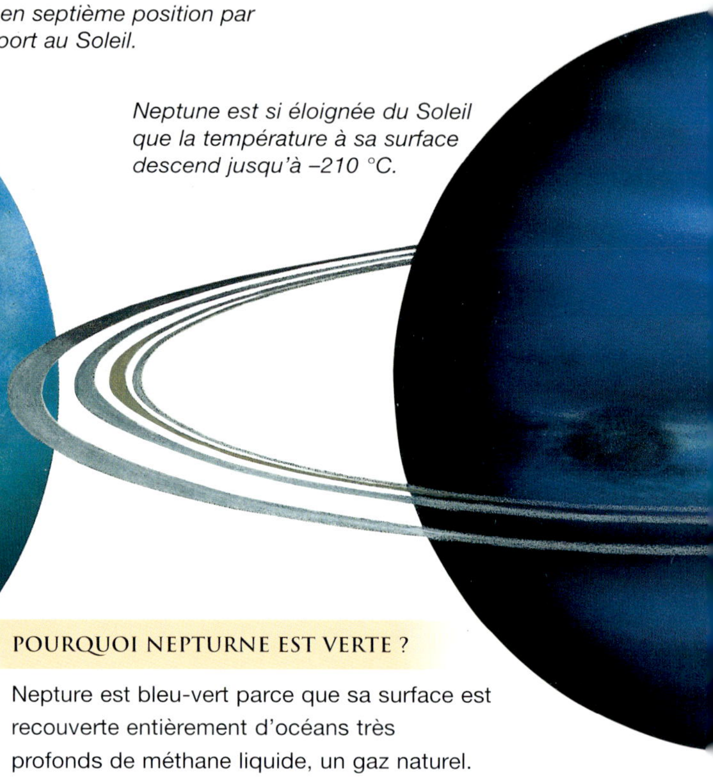

Neptune est si éloignée du Soleil que la température à sa surface descend jusqu'à –210 °C.

POURQUOI NEPTURNE EST VERTE ?

Nepture est bleu-vert parce que sa surface est recouverte entièrement d'océans très profonds de méthane liquide, un gaz naturel.

QUELLES SONT LES PLANÈTES EXTÉRIEURES ?

Les planètes extérieures sont Uranus, Neptune et Pluton, ainsi que son satellite Charon. À la différence des autres planètes, celles-ci étaient tout à fait ignorées des anciens astronomes. Elles sont si éloignées et si peu visibles qu'Uranus ne fut découverte qu'en 1781, Neptune en 1846, Pluton en 1930 et Charon très récemment, en 1978. Uranus et Neptune sont des géantes comme Jupiter et Saturne, mais Pluton et Charon sont formées de roches : ce sont certainement d'anciens astéroïdes nomades attirés dans la zone de gravitation du Soleil aux confins du système solaire.

QU'EST-CE QU'UN MÉTÉORITE ?

Ce sont des rochers venus de l'espace, assez gros pour pénétrer dans l'atmosphère de la Terre et atteindre le sol sans se consumer.

QU'EST UNE COMÈTE ?

Ces comètes qui nous fascinent ne sont que des boules de glace sale de quelques kilomètres de diamètre. En temps normal, elles tournent aux confins du système solaire. Parfois, l'une d'elles se dirige vers le Soleil. En filant ainsi, elle fond et le vent solaire déploie derrière elle une immense queue de gaz. Pendant quelques semaines, cette queue spectaculaire que le Soleil fait briller est visible la nuit. Puis elle disparaît derrière le Soleil. La plus récente est celle de Hale-Bopp en 1997.

Le cœur d'une comète est un noyau bosselé de quelques kilomètres de diamètre fait de glace et de poussière.

NEPTUNE

PLUTON ET CHARON

PLUTON A QUELLE TAILLE ?

Pluton est très petite, c'est pourquoi elle a été si difficile à repérer. Cinq fois plus petite que la Terre – 2 284 km de diamètre – et 500 fois plus légère.

QU'EST-CE QU'UN ASTÉROÏDE ?

Les astéroïdes sont des milliers de gros morceaux de roche qui tournent autour du Soleil, comme un grand ruban entre Mars et Jupiter. Cérès, le plus gros, fait 1 000 km de diamètre. La plupart sont bien plus petits. Plus de 3 200 ont été identifiés à ce jour.

COMBIEN DURE L'ANNÉE DE NEPTUNE ?

Neptune est si éloignée du Soleil (jusqu'à quatre milliards de kilomètres) que sa révolution prend 164,79 années terrestres. Donc, une année de Neptune équivaut à 164,79 de nos ans.

COMÈTE DANS LE CIEL NOCTURNE

Une queue d'atomes ionisés est soufflée à des millions de kilomètres en arrière de la comète par le vent solaire.

QU'EST UNE ANNÉE-LUMIÈRE ?

L'année-lumière vaut 9 460 000 000 000 km. C'est la distance que parcourt la lumière en une année, à la vitesse de 300 000 km par seconde.

COMMENT LES ASTRONOMES MESURENT-ILS LES DISTANCES ?

Pour les étoiles voisines, ils utilisent la parallaxe*. Pour les étoiles à moyenne distance, ils comparent leur brillance avec des « chandelles standard » – des étoiles dont ils connaissent la distance. Plus elles sont sombres, plus elles sont éloignées.

**Voir* « Qu'est-ce qu'un parsec ? »

QU'EST-CE QU'UN PARSEC ?

Un parsec vaut 3,26 années-lumière. Cette unité de mesure s'appuie sur la notion de parallaxe, soit la distance apparemment modifiée entre deux astres par la rotation de la Terre autour du Soleil.

QUELLE EST L'ÉTOILE OBSERVABLE LA PLUS ÉLOIGNÉE ?

Les objets les plus éloignés sont les quasars, qui pourraient se trouver à plus de 13 milliards d'années-lumière.

Les distances jusqu'aux étoiles les plus proches sont mesurées en années-lumière.

Les distances à l'intérieur du système solaire s'expriment en kilomètres.

Les distances jusqu'aux galaxies les plus éloignées se mesurent en milliards d'années-lumière.

À QUELLE DISTANCE SE TROUVE L'ÉTOILE LA PLUS PROCHE ?

C'est Proxima (constellation du Centaure), qui se trouve à 4,3 années-lumière – 40 billions de km.

QU'EST-CE QUE LE « RED SHIFT » ?

C'est le « décalage vers le rouge » : quand une galaxie s'éloigne rapidement, sa lumière devient plus rouge. L'intensité du *red shift* permet aux astronomes de mesurer la vitesse à laquelle une galaxie s'éloigne de nous.

LES ÉTOILES S'ÉLOIGNENT-ELLES DE NOUS ?

L'analyse du «décalage vers le rouge » (*red schift*) a démontré que toute galaxie s'éloigne de nous. Plus elle est éloignée de nous, plus vite elle s'éloigne. Celles dont les plus grandes distances nous séparent s'éloignent de nous à la vitesse de la lumière.

À QUELLE DISTANCE LE SOLEIL EST-IL DE LA TERRE?

Cette distance varie entre 147 et 152 millions de km. Elle est mesurée avec une très grande précision en envoyant des ondes de radar vers les planètes.

À QUELLE DISTANCE SE TROUVE LA LUNE ?

Au plus près, la Lune passe à 356 410 km de la Terre, et au plus loin à 406 697 km. Ces mesures très précises ont été effectuées par le rayon laser réfléchi sur les miroirs déposés à la surface de la Lune par les astronautes d'*Apollo* et par les sondes lunaires soviétiques. La distance se calcule par le temps que le rayon laser met à aller et revenir de la Lune.

COMMENT LES ASTRONOMES ONT-ILS D'ABORD CALCULÉ LA DISTANCE DU SOLEIL ?

En 1672, deux astronomes, Cassini en France et Richer en Guyane, ont repéré la position exacte de Mars. Ils ont déduit la distance qui nous sépare de Mars de la légère différence entre leurs deux relevés. Une fois cette distance connue, ils ont pu déduire par un calcul géométrique la distance de la Terre au Soleil. L'estimation de Cassini était simplement de 7 % trop basse.

UN OBSERVATOIRE

Le dôme pivote afin de pouvoir suivre le mouvement des étoiles.

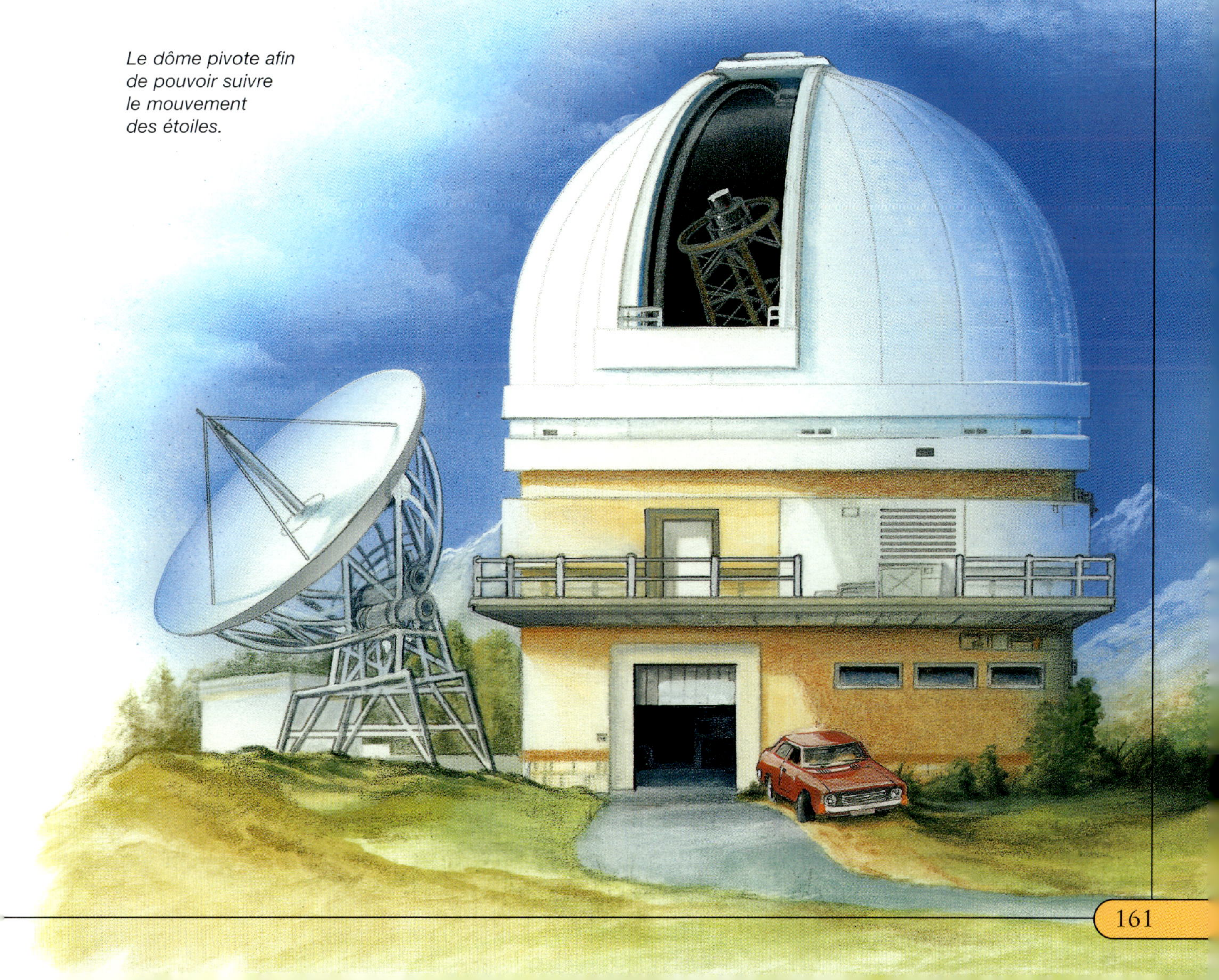

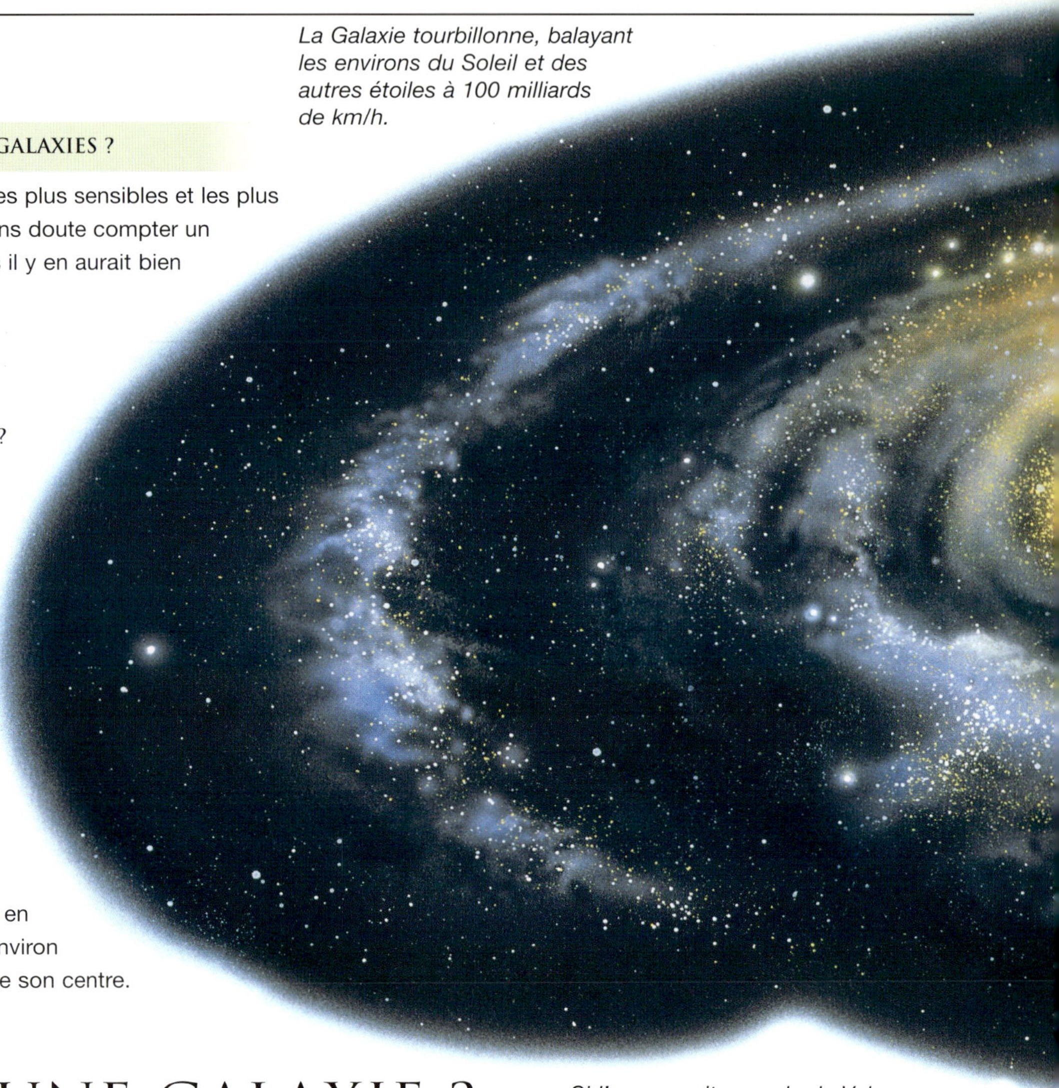

La Galaxie tourbillonne, balayant les environs du Soleil et des autres étoiles à 100 milliards de km/h.

Si l'on pouvait regarder la Voie lactée de dessus, on vérifierait que c'est une galaxie en spirale géante.

COMBIEN Y A-T-IL DE GALAXIES ?

À l'aide des télescopes les plus sensibles et les plus puissants, on pourrait sans doute compter un milliard de galaxies. Mais il y en aurait bien plus hors de leur portée.

QUE SONT LES ÉTOILES DOUBLES ?

Notre Soleil est solitaire mais de nombreuses étoiles ont un ou plusieurs satellites. Les étoiles doubles sont appelées des binaires.

OÙ SE TROUVE LA TERRE ?

La Terre est située à mi-chemin sur l'un des bras en spirale de la Galaxie, à environ 30 000 années-lumière de son centre.

QU'EST UNE GALAXIE ?

Notre Soleil n'est qu'une des deux milliards d'étoiles disposées dans un ensemble en forme d'œuf sur le plat de 100 000 années-lumière de diamètre. Cet ensemble est appelé la Galaxie car c'est elle que nous voyons comme un ruban dans le ciel, la nuit, et qui s'appelle la Voie lactée (galaxie vient du mot grec qui signifie lacté.) Mais, au début du XXe siècle, on a découvert que la galaxie n'est que l'un des ces millions d'agrégats d'étoiles éparpillés dans l'espace, que nous appelons aussi des galaxies. La plus proche est celle d'Andromède.

QU'EST-CE QUI EXISTE DE PLUS GRAND DANS L'UNIVERS ?

C'est le Grand Mur – une nappe de galaxies de 500 millions d'années-lumière de long et de 16 millions d'épaisseur.

Les galaxies en spirale, telle la Voie lactée, tournoient comme des roues de Sainte-Catherine.

GALAXIE EN SPIRALE

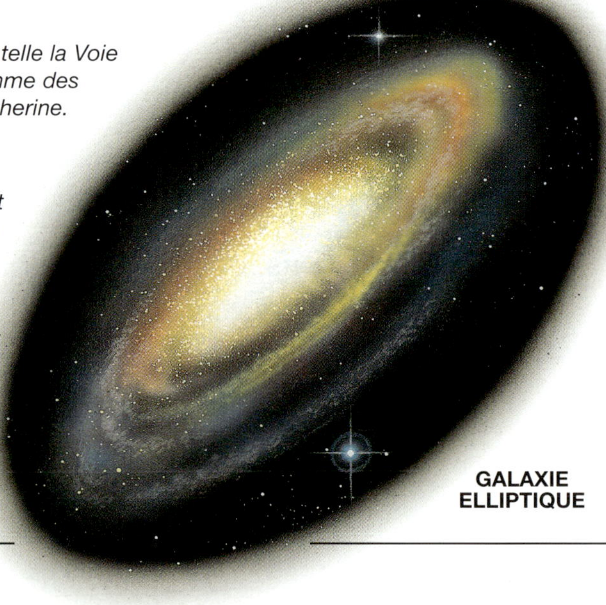

Les galaxies elliptiques ont la forme d'un ballon de rugby.

GALAXIE ELLIPTIQUE

La Voie lactée a plus de 100 000 années-lumière de diamètre, 1 000 d'épaisseur et contient plus de 100 milliards d'étoiles.

LA VOIE LACTÉE

QU'EST-CE QUE LA VOIE LACTÉE ?

La Voie lactée est un ruban clair tacheté de blanc qui s'étire dans le ciel nocturne. Un téléscope puissant montre qu'elle est constituée de milliers d'étoiles. Elle offre une image privilégiée de notre Galaxie.

QUE SONT EXACTEMENT LES NÉBULEUSES ?

Les nébuleuses sont des nuages de gaz et de poussière géants disséminés dans les galaxies. On en discerne certaines au téléscope car elles reflètent légèrement la lumière des étoiles. Des autres, les nébuleuses obscures, nous ne distinguons que les taches noires qui dissimulent les étoiles derrière elles. C'est là que les étoiles se forment. Un petit nombre, les nébuleuses brillantes, brillent faiblement d'elles-mêmes car les gaz qu'elles contiennent sont chauffés par les étoiles les plus proches.

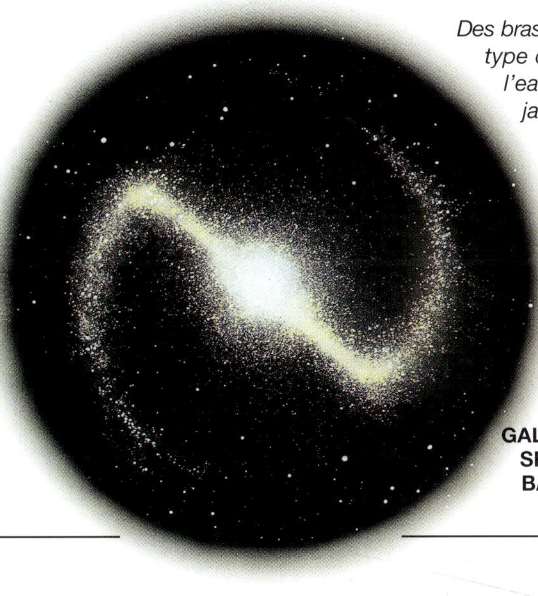

Des bras s'échappent de ce type de galaxie comme l'eau d'un arroseur de jardin rotatif.

GALAXIE EN SPIRALE BARRÉE

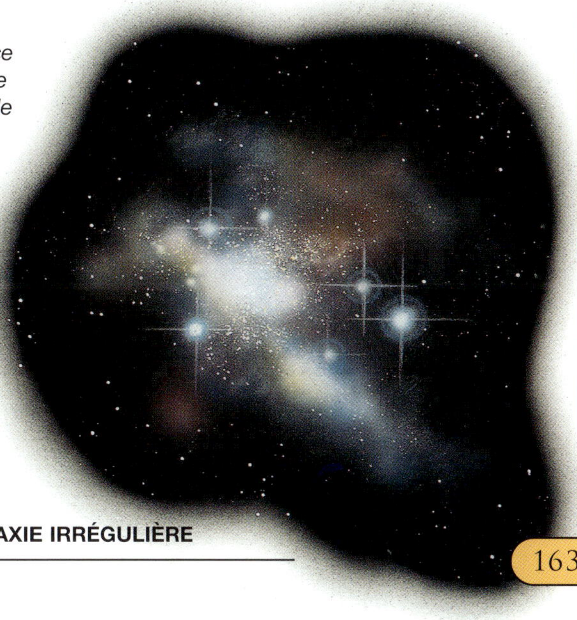

Les galaxies irrégulières sont celles qui n'ont pas de forme précise.

GALAXIE IRRÉGULIÈRE

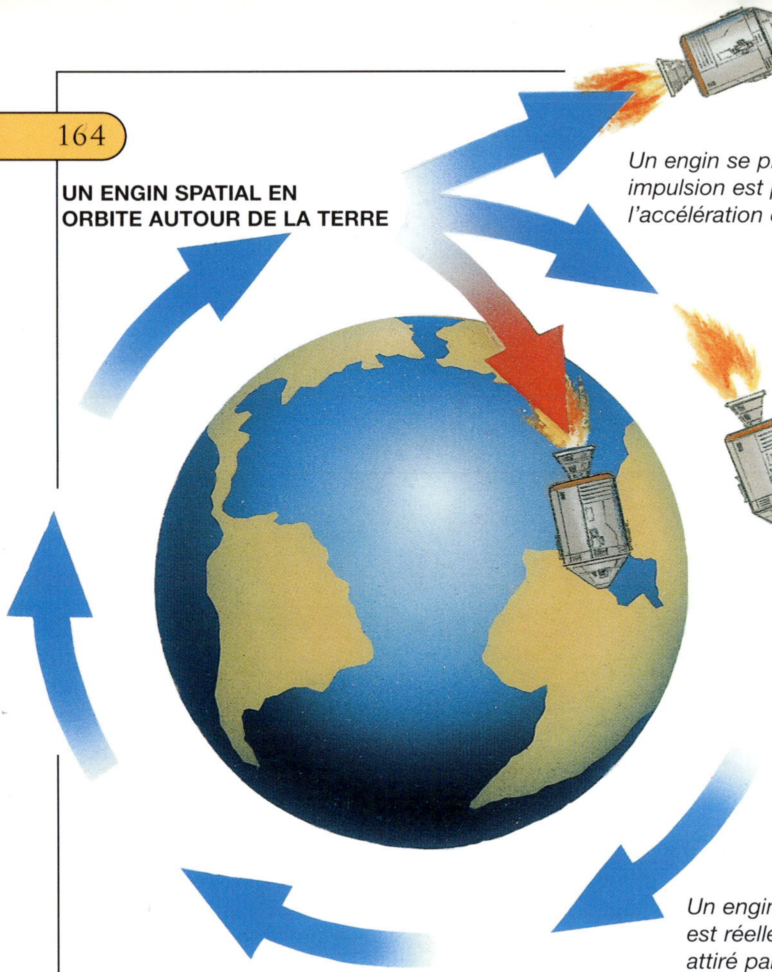

UN ENGIN SPATIAL EN ORBITE AUTOUR DE LA TERRE

Un engin se projette dans l'espace si son impulsion est plus puissante que l'accélération due à la pesanteur terrestre.

Un engin en orbite autour de la Terre est réellement en train de tomber, attiré par la pesanteur de la Terre.

QU'EST-CE QUE NEWTON A DÉCOUVERT ?

Les découvertes d'Isaac Newton (1642-1727) sont les trois lois fondamentales du mouvement. Il a également découvert la force appelée la pesanteur qui maintient la Lune en orbite autour de la Terre et les planètes en orbite autour du Soleil.

DE QUOI DÉPEND LA PESANTEUR D'UNE PLANÈTE ?

Plus est grande la masse d'une planète (la quantité de sa matière), plus forte est sa pesanteur. Les astronautes sur la Lune pouvaient sauter très haut dans leurs lourdes combinaisons parce que la Lune est bien plus petite que la Terre et sa pesanteur six fois plus faible.

QU'EST LA PESANTEUR ?

La pesanteur est l'attraction mutuelle entre chaque morceau de matière au sein de l'univers. Plus il y a de matière et plus elle est proche, plus l'attraction est forte. Une grosse planète dense attire beaucoup plus qu'une petite, ou qu'une planète éloignée. Le Soleil est si grand que son attraction se ressent sur des millions de kilomètres. La Terre est plus petite, mais assez grande pour garder la Lune sous son influence. Le poids d'un objet n'est que l'effet sur lui de la pesanteur.

Le trou noir contient tellement de matière dans un si petit espace que sa force gravitationnelle absorbe la lumière.

QU'EST-CE QU'UN TROU NOIR ?

Si une petite étoile est très dense, elle peut commencer à rétrécir sous l'attraction de sa propre pesanteur. À mesure qu'elle rétrécit, elle devient de plus en plus dense et sa pesanteur augmente – jusqu'à ce qu'elle ne soit plus qu'un point minuscule d'une infinie densité appelé « singularité ». La force de gravitation d'une singularité est si puissante qu'elle creuse dans l'espace un « trou », comme un tunnel : le trou noir. Sa force gravitationnelle absorbe tout ce qui l'approche, y compris la lumière, ce qui explique l'expression de « trou noir ».

Un trou noir géant pourrait se trouver au centre de notre galaxie.

Nous pourrions repérer un trou noir à partir des signaux radio puissants émis par les étoiles mises en lambeaux lorsqu'elles sont absorbées par lui.

QUELLE EST LA TAILLE D'UN TROU NOIR ?

La « singularité » qui constitue le cœur d'un trou noir est de l'ordre de l'infiniment petit. La taille du trou qui l'entoure dépend de la masse de matière qui l'a formé. Le trou noir au centre de notre galaxie pourrait avoir la taille du système solaire.

QU'EST-CE QUI SE PASSE À L'INTÉRIEUR D'UN TROU NOIR ?

Rien de ce qui entre dans un trou noir n'en ressort, et il y a un point de non-retour appelé « horizon d'événement ». Si l'on passait au-delà de celui-ci, on serait transformé en spaghetti – étiré et déchiré par l'effrayante force de gravitation.

JOUONS ! QUESTIONS

CHAPITRE UN

NOTRE PLANÈTE

1 Comment appelle-t-on les trois principales ères de l'histoire de la Terre ?

2 Qu'est-ce que la lave ?

3 Comment s'appellent les structures qui pendent depuis le plafond des grottes ?

4 Que sont les deltas ?

5 Où se trouvent les plus grandes formations glaciaires ?

6 Comment appelle-t-on le lit asséché d'une rivière dans le désert ?

7 Comment s'appelle un grand bloc de glace qui avance dans la mer ?

8 Quel est le fleuve le plus long du monde ?

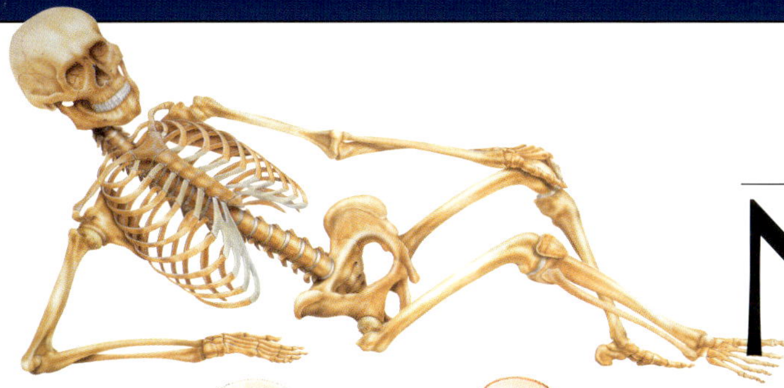

CHAPITRE DEUX

NOTRE CORPS

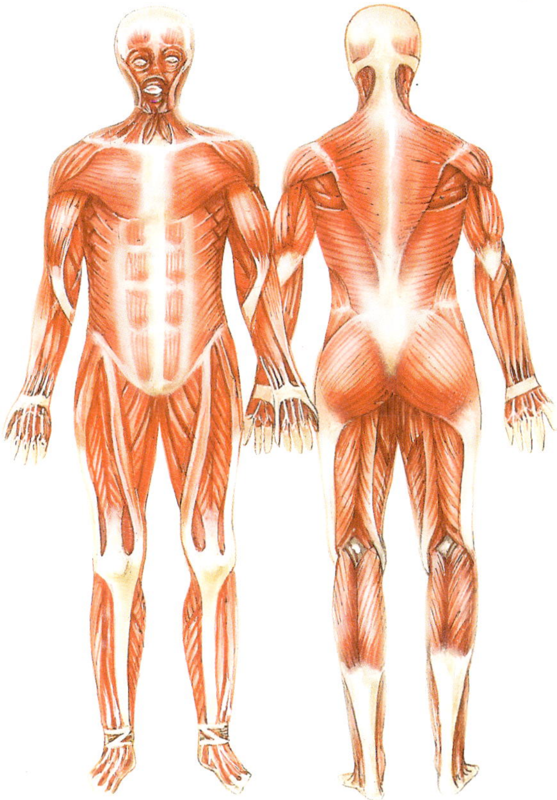

1 Comment nomme-t-on le point où deux os se joignent ?

2 Les muscles peuvent-ils pousser, tout comme ils tirent ?

3 Pourquoi avons-nous besoin de dormir ?

4 Pourquoi nous faut-il cligner des yeux ?

5 Comment mesure-t-on le son ?

6 Quelle partie de la langue est sensible aux goûts sucrés ?

7 Quelle est la couleur du sang riche en oxygène ?

8 Quel est le nom de l'organe qui alimente le bébé dans le ventre de sa mère ?

CHAPITRE TROIS

DANS LE PASSE

1 Quand les primates ont-ils apparu ?

2 Qu'utilisaient les Égyptiens pour protéger leurs réserves de grains ?

3 Quels étaient les soldats réputés les meilleurs dans la Grèce antique ?

4 À quoi devait servir le mur d'Hadrien ?

5 Quel était le nom du dieu solaire des Incas ?

6 Qui étaient les samouraïs ?

7 Quand le premier chemin de fer a-t-il roulé ?

8 Qui a lancé dans l'espace le premier satellite ?

CHAPITRE QUATRE

LES PAYS ET LEURS PEUPLES

1 Quel est le continent le plus vaste ?

2 Quelle est la plus petite nation du monde ?

3 Quel est le nom donné aux personnes qui n'ont pas de demeure et se déplacent d'un endroit à un autre ?

4 Quel édifice célèbre ressemble à un voilier ?

5 Comment fonctionne un aéroglisseur ?

6 Quels sont les conditions les meilleures pour faire pousser le riz ?

7 Quel est le nom de la fête de la lumière dans l'hindouisme ?

8 Où se trouve le plus ancien théâtre ?

CHAPITRE CINQ

PRODIGIEUSES MACHINES

1 Comment appelle-t-on les bras horizontaux d'une grue ?

2 Dans l'espace, d'où provient l'électricité dont les satellites ont besoin ?

3 À quoi sert souvent un scanner à ultrasons ?

4 À quoi a abouti le projet ARPAnet du Département de la défense américain ?

5 Quand les premiers baladeurs stéréo ont-ils été mis sur le marché ?

6 À quoi sert un dispositif MMU ?

7 Qui a eu le premier l'idée de concevoir un tank ?

8 Quelle est la machine qui aidera les chirurgiens à opérer dans l'avenir ?

CHAPITRE SIX

LA VIE DES PLANTES

1 Quel est le nom du procédé que les plantes vertes utilisent pour se nourrir ?

2 Pourquoi les fleurs développent leur couleur et leur parfum pour attirer les animaux ?

3 Comment les algues contribuent-elles à nettoyer les eaux usées ?

4 Quel est le nom du cactus le plus grand ?

5 Pourquoi certaines plantes de montagne se reproduisent sans fleurs ?

6 Quel est le nom donné au sol qui reste gelé en permanence ?

7 Quelle est la principale nourriture qui provient des zones humides ?

8 Quelles plantes utilise-t-on pour fabriquer le sucre ?

CHAPITRE SEPT

TOUS LES ÊTRES VIVANTS

1 Quel est le plus petit singe ?

2 Où vivent les léopards ?

3 Une girafe a-t-elle un plus grand nombre d'os dans le cou que les autres mammifères ?

4 Combien de chimpanzés y a-t-il dans une bande ?

5 Quel est le plus gros bébé du règne animal ?

6 Quel est le poisson d'eau douce le plus dangereux ?

7 Quel est le serpent le plus dangereux du monde ?

8 Quel est le plus grand oiseau de proie ?

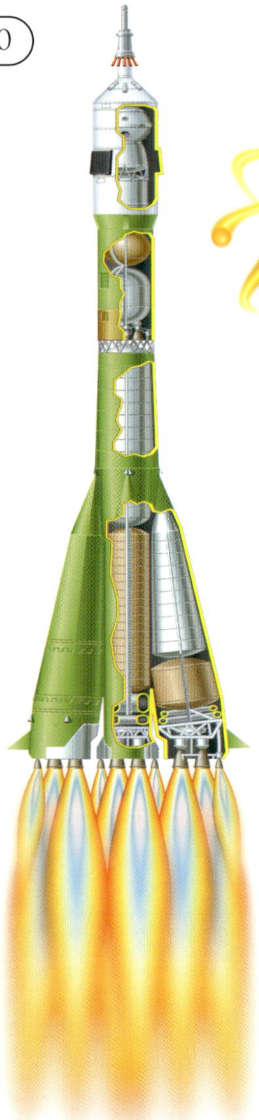

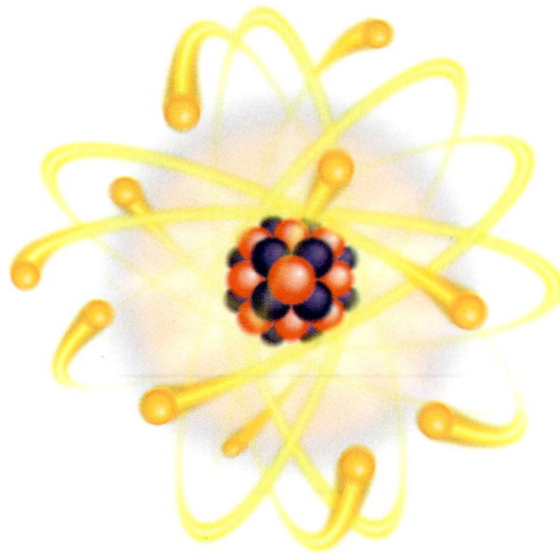

CHAPITRE HUIT

COMMENT ÇA MARCHE ?

1 Quels sont les trois principaux états de la matière ?

2 Qu'est-ce qu'une molécule ?

3 Qu'est-ce que Marie Curie a découvert ?

4 Où et quand fut mise au point la première bombe atomique ?

5 Quel nom a été donné à la molécule en double hélice qui se trouve à l'intérieur de chaque cellule vivante ?

6 Quel est le nom de la force d'attraction qu'exercent entre eux n'importe quels morceaux de matière dans l'univers ?

7 Comment se forment les arcs-en-ciel ?

8 À quel distance s'étend le champ magnétique de la Terre ?

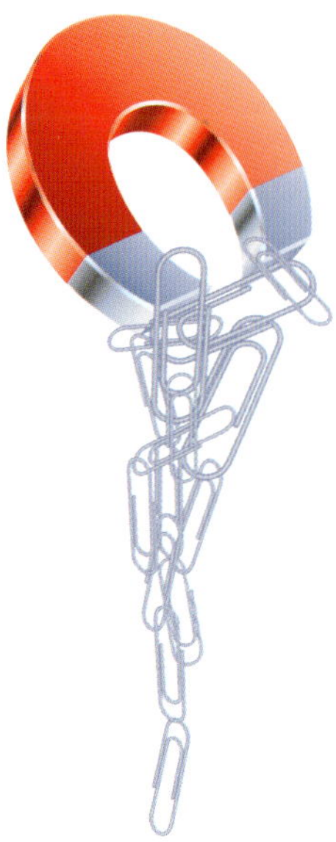

CHAPITRE NEUF

DANS L'ESPACE

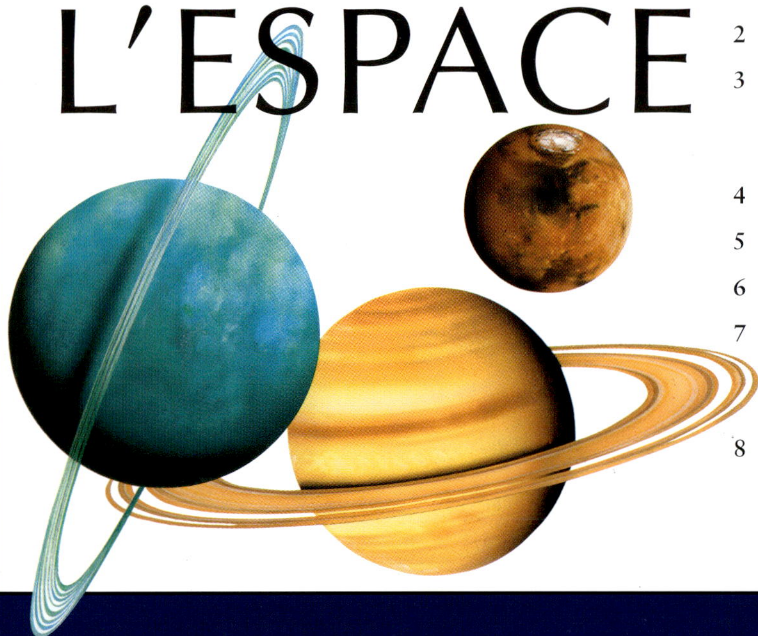

1 Quelles sont les deux choses nécessaires pour que la vie se développe sur une planète ?

2 Quand les hommes sont-ils allés sur la Lune ?

3 Quel est le nom de l'ombre diffusée sur la terre quand la Lune vient s'interposer entre le Soleil et notre planète ?

4 Quelles sont les planètes intérieures ?

5 Qu'est-ce qu'un météorite ?

6 Quel est le nom de l'étoile la plus proche ?

7 Quel est le nom d'une zone de l'espace qui absorbe tout ce qui approche, y compris la lumière ?

8 Quel est le nom de la galaxie la plus proche de la nôtre ?

JOUONS ! RÉPONSES

NOTRE PLANÈTE

1 Le paléozoïque, le mésozoïque et le cénozoïque
2 De la roche en fusion
3 Les stalactites
4 Des zones où les sédiments s'accumulent à l'embouchure d'un fleuve
5 En Antarctique et au Groenland
6 Un oued
7 La banquise
8 Le Nil

NOTRE CORPS

1 Une articulation
2 Non
3 Pour permettre à nos muscles de se reposer et aux cellules endommagées d'être reconstituées
4 Pour nettoyer et pour protéger l'œil
5 En décibels
6 Le bout de la langue
7 Rouge vif
8 Le placenta

DANS LE PASSÉ

1 Il y a environ 50 millions d'années
2 Des chats
3 Les soldats spartiates
4 Pour protéger les frontières de l'Empire romain contre les attaques des Celtes
5 Inti
6 Des guerriers japonais
7 1825
8 L'Union soviétique

LES PAYS ET LES PEUPLES

1 L'Asie
2 La cité du Vatican
3 Les nomades
4 L'opéra de Sydney
5 Il flotte sur un coussin d'air
6 Les champs inondés (les rizières)
7 Diwali
8 À Vicence, en Italie

PRODIGIEUSES MACHINES

1 Les flèches
2 De l'énergie solaire grâce à des capteurs
3 À observer le bébé avant sa naissance
4 Internet
5 En 1979
6 Il est utilisé par les astronautes pour marcher en apesanteur
7 Léonard de Vinci
8 Les dispositifs de réalité virtuelle

LA VIE DES PLANTES

1 La photosynthèse
2 Pour que les animaux les aident dans la pollinisation
3 Ils se nourrisent des organismes polluants contenus dans l'eau et contribuent à l'assainir
4 Le cactus géant, appelé aussi saguaro
5 Parce qu'il y a trop peu d'insectes pour les polliniser
6 Le pergélisol
7 Le riz
8 La canne à sucre et la betterave sucrière

TOUS LES ÊTRES VIVANTS

1 Le ouistiti mignon
2 En Afrique et en Asie
3 Non
4 Entre 25 et 100 bêtes
5 Le bébé baleine
6 Le piranha
7 La vipère d'Égypte
8 Le condor des Andes

COMMENT ÇA MARCHE

1 États solide, liquide, gazeux
2 La plus petite particule d'une substance capable d'exister par elle-même
3 Les éléments appelés le polonium et le radium
4 Aux États-Unis vers la fin de la Seconde Guerre mondiale
5 L'ADN (acide désoxyribonucléique)
6 La pesanteur
7 Par la réflexion du Soleil dans des milliards de gouttelettes d'humidité qui se trouvent dans l'air
8 80 000 km

DANS L'ESPACE

1 De l'eau et de l'oxygène
2 En juillet 1969
3 Une éclipse de Soleil
4 Mercure, Vénus, la Terre et Mars
5 Un gros morceau de roche provenant de l'espace
6 Proxima, de la constellation du Centaure
7 Un trou noir
8 La galaxie d'Andromède

INDEX

D

E

F

G

N

O

P

Q

R